En alabanza de

CUANDO ERA PUERTORRIQUEÑA

de Esmeralda Santiago

"Esmeralda Santiago describe su niñez . . . con una prosa poética [que] nos regresa a nuestros propios días de inocencia. El tono cautivador y humano del libro acentúa nuestras propias inquietantes y estimulantes experiencias infantiles."

—la revista *Hispanic*

"Estilísticamente fluida y finamente detallada . . . la autobiografía de Santiago casi cinemáticamente reproduce su pasado y la cultura de su isla. Lo más atrayente de la historia de Santiago es la revelación que ofrece a los lectores que no conozcan el dilema vivido por todo puertorriqueño: la identidad en conflicto. ¿Es negra o blanca? ¿Es del campo o de la ciudad? Y más importante aún, ¿es puertorriqueña o norteamericana? El lector se sentirá agradecido de que Esmeralda Santiago se decidiera a explorar su cultura y a compartir lo que halló."

—*Los Angeles Times Book Review*

"*Cuando era puertorriqueña* es la agridulce historia de una muchacha atrapada entre dos culturas . . . [está] llena de anécdotas sobre su desarrollo hacia la adultez y de dulces memorias acerca de su familia. Hermanos, hermanas, tías y tíos están deliciosamente entretejidos en la textura del libro."

—*The Boston Globe*

Esmeralda Santiago

CUANDO ERA PUERTORRIQUEÑA

El trabajo de Esmeralda Santiago ha sido publicado por *The New York Times*, el *Boston Globe*, el *Christian Science Monitor* y la revista *Vista*. Se graduó de Harvard University y obtuvo un MFA de Sarah Lawrence College. Con su marido, el director Frank Cantor, dirije CAN-TOMEDIA, una compañía de producción de cin. Tienen dos hijos, Lucas e Ila. Este es su primer libro.

CUANDO ERA
PUERTORRIQUEÑA

CUANDO ERA PUERTORRIQUEÑA

Esmeralda Santiago

Vintage Español

Vintage Books
Una división de Random House, Inc.
New York

UN LIBRO VINTAGE ORIGINAL ESPAÑOL, OCTUBRE 1994
PRIMERA EDICIÓN

Introducción y traducción copyright © 1994 Random House, Inc.

Todos los derechos reservados conforme a las Convenciones de Registro Literario Internacionales y de Pan-América (International and Pan-American Copyright Conventions). Publicado en los Estados Unidos de América por Vintage Books, una división de Random House, Inc., New York, y simultáneamente en Canadá por Random House of Canada Limited, Toronto. Fue publicado por primera vez, en inglés, por Addison-Wesley Publishing Company, Inc., en 1993, bajo el título *When I Was Puerto Rican*. Copyright © 1993 Esmeralda Santiago.

Library of Congress Cataloging-in-Publication Data
Santiago, Esmeralda.
[When I was Puerto Rican. Spanish]
Cuando era puertorriqueña / Esmeralda Santiago
p. cm.—(Vintage español)
ISBN 0-679-75677-9
1. Santiago, Esmeralda—Childhood and youth. 2. Puerto Ricans—New York (N.Y.)—Biography. 3. Puerto Rico—Biography. 4. New York (N.Y.)—Biography. I. Title. II. Series.
[F128.9.P85S2718 1994]
974.7'1004687295'0092—dc20
[B] 94-11467
CIP

Diseño del libro por Janis Owens

Impreso en los Estados Unidos de América
30 29 28 27 26 25

para Mami

INDICE

ÍNDICE

El bohio de la loma,
bajo sus alas de paja,
siente el frescor mañanero
y abre sus ojos al alba.
Vuela el pájaro del nido.
Brinca el gallo de la rama.
A los becerros, aislados
de las tetas de las vacas,
les corre por el hocico
leche de la madrugada.
Las mariposas pululan
—rubí, zafir, oro, plata. . .—:
flores huérfanas que rondan
buscando a las madres ramas. . .

"Claroscuro"
por Luis Lloréns Torres

INTRODUCCIÓN

La vida relatada en este libro fue vivida en español, pero fue inicialmente escrita en inglés. Muchas veces, al escribir, me sorprendí al oírme hablar en español mientras mis dedos tecleaban la misma frase en inglés. Entonces se me trababa la lengua y perdía el sentido de lo que estaba diciendo y escribiendo, como si el observar que estaba traduciendo de un idioma al otro me hiciera perder los dos.

Me gustaría decir que esta situación sólo ocurre cuando estoy escribiendo, pero la verdad es que muchas veces, al conversar con amigos o familiares, me encuentro en el limbo entre español e inglés, queriendo decir algo que no me sale, envuelta en una tiniebla idiomática frustrante. Para salir de ella, tengo que decidir en cuál idioma voy a formular mis palabras y confiar en que ellas, ya sean en español o en inglés, tendrán sentido y en que la persona con quien estoy hablando me comprenderá.

El idioma que más hablo es el inglés. Yo vivo en los Estados Unidos, rodeada de personas que sólo hablan en inglés, así que soy yo la que tengo que hacerme entender. En mi función como madre me comunico con maestros, médicos, chóferes de guaguas escolares, las madres de los amiguitos de mis niños. Como esposa, me esfuerzo en hacerme entender por mi marido, quien no habla español, sus familiares, sus amigos, sus colegas de trabajo. Como profesional, mis ensayos, cuentos y ficciones son todos escritos en inglés para un público, ya sea latino o norteamericano, a quien es más cómodo leer en ese idioma.

Pero de noche, cuando estoy a punto de quedarme dormida,

los pensamientos que llenan mi mente son en español. Las canciones que me susurran al sueño son en español. Mis sueños son una mezcla de español e inglés que todos entienden, que expresa lo que quiero decir, quién soy, lo que siento. En ese mundo oscuro, el idioma no importa. Lo que importa es que tengo algo que decir y puedo hacerlo sin tener que redactarlo para mis oyentes.

Pero claro, eso es en los sueños. La vida diaria es otra cosa.

Cuando la editora Merloyd Lawrence me ofreció la oportunidad de escribir mis memorias, nunca me imaginé que el proceso me haría confrontar no sólo a mi pasado monolingüístico, sino también a mi presente bilingüe. Al escribir las escenas de mi niñez, tuve que encontrar palabras norteamericanas para expresar una experiencia puertorriqueña. ¿Cómo, por ejemplo, se dice "cohitre" en inglés: ¿o "alcapurrias"? ¿o "pitirre"? ¿Cómo puedo explicar lo que es un jíbaro? ¿Cuál palabra norteamericana tiene el mismo sentido que nuestro puertorriqueñismo, "cocotazo"?

A veces encontraba una palabra en inglés que se aproximaba a la hispana. Pero otras veces me tuve que conformar con usar la palabra en español, y tuve que incluir un glosario en el libro para aquellas personas que necesitaran más información de la que encontraban en el texto.

Cuando la editora Robin Desser me ofreció la oportunidad de traducir mis memorias al español para esta edición, nunca me imaginé que el proceso me haría confrontar cuánto español se me había olvidado. En la edición norteamericana, las maneras en que ciertas personas expresan el placer tienen palabras específicas. Algunas personas *"smile,"* pero otras *"grin,"* o *"chuckle"* o *"guffaw."* En español sonríen o ríen de una manera u otra; pero no existe una sóla palabra que exprese su manera de hacerlo, y se necesita dos, tres o cuatro palabras descriptivas.

El proceso de traducir del inglés al español me forzó a aprender de nuevo el idioma de mi niñez. Pero también me ha demostrado que el idioma que ahora hablo, el cual yo pensaba que era el español, es realmente el espanglés, ese dialecto forjado del español y el inglés que toma palabras de los dos idiomas, las añade a las expresiones familiares puertorriqueñas y cambia la manera en que se escriben hasta crear palabras nuevas. En mi casa, por ejemplo, lavamos el piso con un *mapo,* compramos *tique* pa'l cine, *nos damos de cuenta,* leemos *panfletos, damos el OK, y llamamos pa' atrás* cuando estamos muy *bisi* pa' hablar por teléfono.

Años atrás, si alguien me hubiese indicado los muchos espanglicismos en mi vocabulario, el bochorno me hubiese dejado muda. Hoy en día tengo que aceptar que este idioma inventado por necesidad es el que me permite expresarme a mi manera. Cuando escribo en inglés, tengo que traducir del español que guarda mis memorias. Cuando hablo en español, tengo que traducir del inglés que define mi presente. Y cuando escribo en español, me encuentro en medio de tres idiomas, el español de mi infancia, el inglés de mi adultez, y el espanglés que cruza de un mundo al otro tal como cruzamos nosotros de nuestro barrio en Puerto Rico a las barriadas de Brooklyn.

El título de este libro está en el tiempo pasado: cuando era puertorriqueña. No quiere decir que he dejado de serlo, sino que el libro describe esa etapa de mi vida definida por la cultura del campo puertorriqueño. Cuando "brincamos el charco" para llegar a los Estados Unidos, cambié. Dejé de ser, superficialmente, una jíbara puertorriqueña para convertirme en una híbrida entre un mundo y otro: una puertorriqueña que vive en los Estados Unidos, habla inglés casi todo el día, se desenvuelve en la cultura norteamericana día y noche.

Aquí se me considera Latina o Hispana, con letras mayúsculas. No sé, en realidad, qué quiere decir ser eso. Me identifico así cuando me es necesario: cuando tengo que llenar formularios que no dan otra alternativa, o cuando tengo que apoyar a nuestros líderes en sus esfuerzos para adelantar nuestra situación económica y social en los Estados Unidos. Pero sí sé lo que quiere decir, para mí, el ser puertorriqueña. Mi puertorriqueñidad incluye mi vida norteamericana, mi espanglés, el sofrito que sazona mi arroz con gandules, la salsa de tomate y la salsa del

Gran Combo. Una cultura ha enriquecido a la otra, y ambas me han enriquecido a mí.

Pero muchas veces siento el dolor de haber dejado a mi islita, mi gente, mi idioma. Y a veces ese dolor se convierte en rabia, en resentimiento, porque yo no seleccioné venir a los Estados Unidos. A mí me trajeron. Pero esa rabia infantil es la que alimenta a mis cuentos. La que me hace enfrentar a una página vacía y llenarla de palabras que tratan de entender y explicarle a otros lo que es vivir en dos mundos, uno norteamericano y otro puertorriqueño. Es esa rabia la que se engancha a mi alma y guía mis dedos y enseña sus garras entre las sonrisas y las risas que en inglés son tan específicas y en español son dos palabras que necesitan ayuda para expresar, a veces, no el placer, sino el dolor detrás de ellas. Sonrisa dolorida. Risa ahogada. Palabras entre dientes. Y es esa rabia la que me ha hecho posible el perdonar quién soy. Cuando niña yo quise ser una jíbara, y cuando adolescente quise ser norteamericana. Ya mujer, soy las dos cosas, una jíbara norteamericana, y llevo mi mancha de plátano con orgullo y dignidad.

CUANDO ERA
PUERTORRIQUEÑA

PRÓLOGO:
CÓMO SE COME
UNA GUAYABA

Barco que no anda, no llega a puerto.

Venden guayabas en el Shop & Save. Elijo una del tamaño de una bola de tenis y acaricio su tallo espinoso, su familiar textura nudosa y dura. Esta guayaba no está lo suficientemente madura; la cáscara está muy verde. La huelo y me imagino un interior rosado pálido, las semillitas bien incrustadas en la pulpa.

La guayaba madura es amarilla, aunque algunas variedades tienen un tinte rosado. La cáscara es gruesa, dura y dulce. Su corazón es de un rosado vivo, lleno de semillas. La parte más deliciosa de la guayaba está alrededor de las semillitas. Si no sabes cómo comerte una guayaba, se te llenan los entredientes de semillas.

Cuando muerdes una guayaba madura, tus dientes deben apretar la superficie nudosa y hundirse en la gruesa cáscara comestible sin tocar el centro. Se necesita experiencia para hacer esto, ya que es difícil determinar cuánto más allá de la cáscara quedan las semillitas.

En ciertos años, cuando las lluvias han sido copiosas y las

noches frescas, es posible hundir el diente dentro de una guayaba
y no encontrar muchas semillas. Los palos de guayaba se doblan
hacia la tierra, sus ramas cargadas de frutas verdes, luego amarillas, que parecen madurar de la noche a la mañana. Estas
guayabas son grandes y jugosas, con pocas semillas, invitándonos
a comer una más, sólo una más, porque el año que viene quizás
no vendrán las lluvias.

Cuando niños, nunca esperábamos a que la guayaba se ma-
durara. Atacábamos los palos en cuanto el peso de las frutas
arqueaba las ramas hacia la tierra.

Una guayaba verde es agria y dura. Se muerde en la parte más
ancha, porque así no resbalan los dientes contra la cáscara. Al
hincar el diente dentro de una guayaba verde, oirás la cáscara,
pulpa y semillitas crujiendo dentro de tu cerebro, y chorritos
agrios estallarán en tu boca.

Descoyuntarás tu faz en muecas, lagrimearán tus ojos, tus
mejillas desaparecerán, a la vez que tus labios se fruncirán en
una O. Pero te comes otra, y luego otra más, deleitándote en el
sonido crujiente, el sabor ácido, la sensación arenosa del centro
agraz. Esa noche, Mami te hace tomar aceite de castor, el cual
ella dice que sabe mejor que una guayaba verde. Entonces sabes
de seguro que tú eres niña, y que ella ya dejó de serlo.

Comí mi última guayaba el día que nos fuimos de Puerto
Rico. Era una guayaba grande, jugosa, la pulpa casi roja, de olor
tan intenso que no me la quería comer por no perder el aroma
que quizás jamás volvería a capturar. Camino al aeropuerto,
raspaba la cáscara de la guayaba con los dientes, masticando
pedacitos, enrollando en mi lengua los granitos dulces y aromá-
ticos.

Hoy me encuentro parada al frente de una torre de guayabas
verdes, cada una perfectamente redonda y dura, cada una $1.59.
La que tengo en la mano me seduce. Huele a las tardes luminosas
de mi niñez, a los largos días de verano antes de que empezaran
las clases, a niñas mano en mano cantando "ambos y dos matarile
rile rile." Pero es otoño en Nueva York, y hace tiempo dejé de
ser niña.

Devuelvo la guayaba al abrazo de sus hermanas bajo las penetrantes luces fluorescentes del mostrador decorado con frutas exóticas. Empujo mi carrito en la dirección opuesta, hacia las manzanas y peras de mi vida adulta, su previsible madurez olvidable y agridulce.

JÍBARA

Al jíbaro nunca se le quita la mancha de plátano.

Llegamos a Macún cuando yo tenía cuatro años. Nuestro nuevo hogar, un rectángulo de zinc elevado en pilotes sobre un círculo de tierra rojiza, parecía una versión enorme de las latas de manteca en las que Mami traía agua de la pluma pública. Las ventanas y puertas también eran de zinc, y cuando toqué la pared al entrar, me quemé los dedos.

—Eso es pa' que aprendas —me regañó Mami— que nunca se toca una pared donde le dá el sol.

Rebuscó dentro de un bulto lleno de ropas y pañales y sacó su Vick's, con el cual me embarró los dedos. Por el resto del día me ardieron las yemas de los dedos, y esa noche no me pude chupar el pulgar. —Ya tú estás muy grande pa' eso —me dijo.

El piso de madera estaba remendado con tablas irregulares que formaban una joroba en el medio de la casa, sus costados inclinados hacia los umbrales brillosos y bien gastados. Papi puso nuevas tablas bajo la máquina de coser de Mami y debajo de la cama, pero el piso todavía crujía y se empinaba hacia las esquinas, hasta que parecía que la menor brisa nos tumbaría la casa encima.

—Voy a arreglar el piso —afirmó Papi—. Pero mientras tanto, tendremos que vivir con un piso de tierra . . .

Mami miró hacia sus pies y se frotó los brazos. Alguien nos había dicho que en las casas con piso de tierra los alacranes y las culebras se salen de sus huecos y se meten dentro de la casa. Mami no sabía si eso era mentira o no, y yo, siendo niña, todavía no comprendía que no todo lo que se decía era verdad. Así que reaccionamos a nuestra manera: Si ella le tenía miedo a algo, a mí me fascinaba, y lo que más me atemorizaba a mí, a ella le entusiasmaba. Al levantar ella sus pies al travesaño del mecedor y sobarse los escalofríos de los brazos, imaginé un mundo de criaturas serpentinas trazando círculos debajo de la casa.

El día que Papi desprendió el piso, yo le acompañé, llevando un pote donde él ponía clavos que todavía se podían utilizar. Los dedos me picaban del polvo mohoso, y cuando lo probé, un sabor seco y metálico me rizó la punta de la lengua. Mami, parada en el umbral, rascándose el tobillo con las uñas del otro pie, nos observaba.

—Negi, ven acá. Vamo' a buscar leña pa'l fogón.

—Ahora no, Mami, que estoy trabajando con Papi.

En mi voz traté de poner un ruego para que él me pidiera que me quedara. Pero Papi siguió de rodillas sacando clavos del piso con la horquilla del martillo, tarareando su cha-cha-chá favorito.

—Vénte conmigo —ordenó Mami. Papi mantuvo su espalda hacia nosotras. Tiré el pote lleno de clavos contra el piso para que Papi me oyera y me dijera que me quedara con él, pero no lo hizo. Haroneando detrás de Mami, bajamos los tres escalones hacia el batey. Delsa y Norma, mis dos hermanas menores, jugaban en un columpio que Papi había colgado de las ramas de un mangó.

—¿Por qué no le dices a ellas que ayuden con la leña?

—¡No me faltes el respeto! —me dio un cocotazo—. Ustedes no se acerquen a la casa mientras su papá está trabajando —advirtió cuando pasábamos cerca de mis hermanas.

Mami se metió por un matorral que había al otro lado de la letrina. Ramitas secas crepitaban bajo mis pies descalzos, puyándome las plantas. Una reinita voló hasta la rama espinosa de un limón y miró de lado a lado. Contra las paredes verdes del boscaje, puntitas de sol bailaban entre las ramas cargadas con vainas de gandules, la tierra cubierta de chamarasca, moriviví y cohitre de florecillas azules. Mami canturreaba un danzón. Las flores amarillas y anaranjadas de su vestido matizaban contra la verdez, hasta que parecía ser un maravilloso jardín con piernas y brazos y una dulce melodía. Su cabello, amarrado en la nuca con una goma, flotaba negro y espeso hasta su cintura, y cuando se doblaba a recoger palitos, llovía por sus hombros y alrededor de sus brazos, cubriendo su cara y enredándose en la leña que cargaba. Una mariposa roja se le acercó y voló alrededor de su cabeza. Ella se asustó y le dio un golpazo que mandó a la mariposa contra el suelo.

—¡Huy! Parecía como que se me metía al cerebro —murmuró con una sonrisa turbada.

Delsa y Norma entraron gateando por la maleza.

—Mami, ¡mira lo que encontramos! —gritó Delsa.

Una gallina había escarbado un nido de paja debajo de una mata de bellotas de achiote. Había puesto cuatro huevos, más pequeños y menos blancos de los que nos traía la vecina, Doña Lola.

—¿Los llevamos pa'casa? —preguntó Delsa.

—No.

—Pero Mami, si los dejamos aquí, se los comen las culebras —dije, imaginándome una serpiente larga y gorda tragándose cada huevo con cáscara y todo.

Mami se estremeció y se frotó los brazos, donde los pelitos se le habían parado derechitos como soldados. Me miró de reojo, medio asustada, medio irritada, y nos llamó a su lado.

—Vamos, ayúdenme a recoger esta leña y llevarla a la cocina.

Antes de recoger su leña, miró alrededor. —Uno, dos, tres, cuatro —cantó—. Uno, dos, tres, cuatro.

Marchamos una por una hasta el batey, donde Papi apilaba las tablas del piso.

—Vengan a ver —nos dijo.

La tierra dentro de la casa era de un color anaranjado, con hileras formadas por las migas que se habían colado entre las grietas cuando Mami barría el piso. Papi había dejado unas cuantas tablas en el centro del cuarto y alrededor de la cama, para así tener dónde pararnos hasta que se barriera y aplastara la tierra. Pero Mami no se atrevía a entrar. Había huecos en el suelo, huecos donde culebras y alacranes se escondían. Al querer darse la vuelta y escapar hacia la cocina, casi se cae de boca.

—Vámonos a cocinar —cantó como si fuera un juego. Delsa y Norma le siguieron las faldas, pero yo me quedé mirando al suelo, donde pequeñas líneas enroscadas serpenteaban de una pared a la otra. Mami me esperó.

—Negi, ven a ayudar en la cocina.

La ignoré, pero sentí sus ojos taladrando hoyos en mi espalda. Papi se interpuso.

—Déjala, que no me está molestando, y me puede ayudar.

La miré de por detrás de Papi y noté que me miraba de trasvés y que apretó los labios como si fuera a escupir. El tiró una risita —jé, jé,— y ella giró hacia la cocina, donde el fogón ya se estaba apagando.

—Toma esta tabla —me dijo Papi— y llévala al lado de la cocina. Cuidado con las astillas.

Con cada tabla, yo pasaba lo más lejos posible de donde Mami estaba pelando ñames. Cada vez que le pasaba me miraba, y yo bajaba la vista, o pretendía que no la veía. Cuando pasé con una tabla ancha y llena de astillas, Mami me dijo que me arrimara.

—Déjame ver eso.

La tabla estaba cubierta de insectos que parecían hormigas, pero más grandes y negros.

—¡Huy santo! —gritó Mami—. ¡Comején!

Mi cuerpo estaba cubierto de insectos, enjambrados dentro de mi chaqueta y pantis, en mi cabello, en los sobacos. Hasta que Mami los vio, no los había sentido picar. Pero sus mordiscazos formaban zanjas en mi piel que dolían y picaban a la misma vez. Mami me levantó y me llevó a la tina de lavar ropas, donde me remojó entre las camisas de Papi.

—¡Pablo, corre! ¡Ven acá! ¡Ay, Dios mío, se la están comiendo viva!

Al oír eso, empecé a berrear, imaginando mi piel desapareciendo en trozos dentro de las bocas invisibles de insectos metiéndose por partes de mi cuerpo que yo ni podía alcanzar. Mami me quitó la ropa y la tiró al suelo. El jabón de lavar quemaba mi piel, y Mami me estregaba tanto que sus uñas escarbaban surcos en mis brazos y piernas. Me volteó con tanta furia que casi me caí de la tina.

—Estate quieta —me dijo—. Tengo que sacártelos todos.

Me empujaba y me volteaba y me sacudía tanto que yo no sabía qué hacer con mi cuerpo. Azotaba el aire con brazos y piernas, pareciendo resistir los esfuerzos de Mami, cuando en realidad lo que más deseaba era despojarme de esos pavorosos animales que me cubrían de pies a cabeza. Mami me envolvió en una toalla y me sacó de la tina con un gemido. Millares de chinches flotaban entre las burbujitas del agua.

Mami me cargó contra su pecho, oloroso a leche agria. Delsa y Norma nos siguieron, pero Papi agarró a una en cada brazo y se las llevó al columpio. Mami se balanceó sobre las tablas en el centro del piso y me llevó a su cama, me acostó a su lado, me abrazó, me besó la frente, los ojos, y murmuró:

—No te apures, ya se fueron, se acabó. Ya no te va a doler.

Enrollé mis piernas alrededor de su cintura y hundí mi cara debajo de su barbilla. ¡Qué bueno era tener a Mami así, tan cerca, tan cálida, envuelta en su ternura, su olor a humo y orégano!

Me frotó círculos en la espalda, con caricias me apartó el pelo de los ojos. Me besó, secó mis lágrimas con sus dedos, limpió mi nariz con la toalla o con el ruedo de su vestido.

—¿Ya ves? —murmuró en mi oído— ¿Lo que pasa cuando no me haces caso?

Me separé de ella, le dí mi espalda, y me enrollé —una pelota de vergüenza. Mami se bajó de la cama y se fue afuera. Yo me quedé en su cama, gimiendo, preguntándome cómo los chinches supieron que yo le había faltado el respeto a Mami.

☙ Mis hermanas y yo dormíamos en hamacas colgadas de las vigas con nudos fuertes que Mami o Papi hacían y deshacían todas las noches. Una cortina separaba nuestra parte de la casa del área donde Mami y Papi dormían en una cama de caoba velada con mosquitero. Los días de trabajo, Papi salía antes de la madrugada y decía que era él quien despertaba a los gallos que despertaban el barrio. No lo veíamos hasta el anochecer, cuando bajaba por el camino con su caja de herramientas jalándole del brazo, haciéndole caminar ladeado. Cuando no salía a trabajar, él y Mami murmuraban detrás de la cortina, haciendo rechinar los muelles de su cama, cuchicheando palabras que yo trataba de oír pero no podía.

Yo era madrugadora, pero no se me permitía salir afuera hasta que un rayito de sol se metiera por entre las grietas de la pared al lado de la máquina de coser y barriera una franja dorada en el piso anaranjado.

Al otro día, salté de la hamaca y salí corriendo afuera tan pronto el sol se metió dentro de la casa. Mami y Papi tomaban su pocillo de café fuera del ranchón que servía de cocina. Mis brazos y vientre estaban salpicados de puntillos rojos. La noche anterior, Mami me había bañado en alcoholado, lo que alivió la picazón y refrescó el ardor en mi piel.

—¡Ay bendito! —exclamó Mami—. Pareces que tienes sarampión. Ven acá, déjame ver —me hizo voltear, sobando las motas—. ¿Te pican?

—No, ya no me pican.

—Quédate en la sombra hoy pa' que no se te marque la piel.

Papi vocalizaba con el cantante de la radio. El no salía sin su radio de batería. Cuando trabajaba en casa, la colocaba sobre una piedra, o la colgaba de un palo, y la ponía en su estación favorita, la cual tocaba boleros, cha-cha-chás y un noticiero cada media hora. A él le encantaban las noticias de tierras lejanas como Rusia, Madagascar, Estambul. Cuando el locutor mencionaba un país con un nombre particularmente musical, Papi lo convertía en una cancioncita. "Pakistán. Sacristán. ¿Dónde están?" cantaba mientras mezclaba cemento o clavaba tablas, su voz un eco contra la pared.

Todas la mañanas escuchábamos el programa "El club de los madrugadores," el cual presentaba música jíbara. Aunque las canciones y la poesía jíbara describían una vida dura y llena de sacrificios, decían que los jíbaros eran recompensados con una vida contemplativa, independiente, vecina con la naturaleza, respetuosa de sus caprichos, orgullosamente nacionalista. Yo quería ser una jíbara más que nada en el mundo, pero Mami dijo que eso era imposible ya que yo nací en Santurce, donde la gente se mofaba de los jíbaros por sus costumbres de campo y su dialecto peculiar.

—¡No seas tan jíbara! —me regañaba, dándome cocotazos como para despertar la inteligencia que decía que yo tenía en mi casco.

Yo salía corriendo, casco ardiendo, y me escondía detrás de las matas de orégano. Bajo su sombra aromática me preguntaba, ¿si no éramos jíbaros, por qué vivíamos como ellos? Nuestra casa, un cajón sentado sobre zancos bajos, parecía un bohío. Nuestro programa de radio favorito tocaba la música tradicional del campo y daba información acerca de la cosecha, la economía agrícola y el tiempo. Nuestra vecina, Doña Lola, era jíbara, aunque Mami nos había advertido nunca llamarla eso. Poemas y cuentos relatando las privaciones y satisfacciones del jíbaro puertorriqueño era lectura obligatoria en cada grado de la escuela. Mis abuelos, a los cuales yo tenía que respetar tanto como querer, me parecían a mí jíbaros. Pero yo no podía serlo, ni podía llamar a nadie jíbaro, porque se ofenderían. Aún a la edad tierna, cuando todavía no sabía ni mi nombre cristiano, me dejaba perpleja la hipocresía de celebrar a una gente que todos despreciaban. Pero no había manera de resolver ese dilema, porque en aquellos tiempos, los adultos lo sabían todo.

❧ En la radio, el locutor hablaba de submarinos, torpedos y un sitio llamado Corea donde los puertorriqueños iban a morir. La voz del locutor se fue disminuyendo según Papi se llevaba la radio adentro de la casa, a la misma vez que Delsa y Norma salían a desayunar.

El cabello de Delsa, rizado y negro, enmarcaba a una cara redonda con labiecitos pucheros y ojos redondos con pestañas largas. Mami la llamaba su Muñequita. El cabello de Norma era del color de barro, sus ojos amarillentos alzados en las equinas, y su piel brillaba del mismo color de una calabaza. Mami la llamaba su Colorá. Yo no sabía que tenía apodo, pero Mami me dijo que mi nombre no era Negi, sino Esmeralda.

—Tu nombre es igual que el de la hermana de tu Papá, tu madrina Esmeralda. Tú la conoces como Titi Merín.

—Pero, ¿por qué me dicen Negi?

—Porque cuando tú naciste, eras tan trigueña que mi mamá dijo que eras una negrita. Y te llamábamos Negrita, y lo cortamos a Negi.

La piel de Delsa era más trigueña que la mía, como una nuez, pero no tan quemada como la de Papi. Norma era más blanquita, amarillenta, color a moho, pero no tan pálida como Mami, quien tenía piel rosada. Los ojos de Norma, amarillos con pupilas negras, parecían un girasol. Delsa tenía ojos negros. Yo nunca había visto mis ojos, porque el único espejo en la casa estaba colgado muy alto y yo no lo podía alcanzar. Toqué mi pelo, el cual no era rizado como el de Delsa, ni pasita como el de Papi. Mami me lo recortaba cada vez que me crecía hasta las cejas, pero yo había visto mechones negros por mis mejillas y sienes.

—Entonces, ¿Negi quiere decir que soy negra?

—Es un apodito porque te queremos mucho, Negrita.

Mami me besó y me abrazó.

—¿Y quién llama a Titi Merín Esmeralda?

—Personas que no la conocen bien, como el gobierno, su jefe. Todos tenemos nombres oficiales y apodos, que son como secretos entre familia.

—¿Y por qué tú no tienes apodo?

—Yo tengo apodo. Monín.

—¿Cuál es tu nombre de verdad?

—Ramona.

—Pero Papi no tiene apodo.

—Sí, claro que tiene. Su familia le llama Pablito.

Era muy complicado, como si cada persona fuera en realidad dos, una querida y la otra oficial a quien, me imaginaba yo, nadie amaba.

  El día que Papi iba a poner el piso nuevo, sacó todos nuestros enseres al batey. La máquina de coser de Mami, la cama de cuatro postes, el mecedor, el tocador donde Papi guardaba sus cosas especiales, se asaban bajo el sol, superficies cicatrizadas, ensambladuras rechinantes y desvencijadas. Una pirámide de tablas estaba suspendida entre bloques cerca de la puerta. Mami me encargó a mí y a Delsa buscar piedritas para tapar los huecos en el suelo dentro de la casa, cosa que los alacranes y las culebras no se pudieran salir y picarnos.

—Vamos a ver si la gallina puso más huevos —me invitó Delsa.

Nos escabullimos al otro lado de la casa hacia el camino detrás de la letrina. Según íbamos, poníamos piedritas en el pote que Mami nos había dado, en caso que ella preguntara qué hacíamos allá detrás.

Una gallina parda estaba anidada, alas mullidas alrededor de
sus huevos. Cuando nos acercamos, empezó a cacarrequear.

—No te le acerques, o nos pica —murmuré hacia Delsa.

La gallina nos velaba, cloqueando, nerviosa. Cuando caminamos alrededor del palo, sus ojos, brillantes y redondos, nos
siguieron.

—Si le damos vueltas —dijo Delsa—, la mareamos.

Caminamos en torno al palo. La gallina volteó la cabeza sin
quitarnos la vista, como si su cuello no estuviera conectado
al resto de su cuerpo. Delsa me miró con una sonrisa traviesa,
y, sigilosas, aceleramos alrededor del arbusto y viramos en la
dirección opuesta. Posesiva de sus huevos, la gallina no nos soltaba la vista, aunque nos moviéramos rápido. Empezamos a
correr. Sus gorjeos temerosos subieron de tono y sonaban humanos, como las palabras de Mami cuando decía que la estábamos volviendo loca. La gallina, sus ojos reprochantes, seguía
nuestra carrera vertiginosa como aturdida, su cabeza dando
vueltas como si estuviera atornillándose en la tierra.

—¡Negi! ¡Delsa! ¿Qué hacen ustedes aquí atrás? —Mami
estaba en la boca del camino, manos sobre sus caderas.

—Estábamos viendo la gallina —dije en una voz mucho más
pequeña que la mía. Delsa dio una risita nerviosa, yo también,
pero Mami se quedó seria. La gallina escondió su cabeza entre
sus plumas, como una tortuga metiéndose en su carapacho.
Yo también quería esconderme debajo de sus alas, donde Mami
no me encontrara.

—Vuélvanse al patio y dejen a ese pobre animal.

—Sólo queríamos ver los huevos.

—La asustaron. Ahora no va a poner más huevos.

Para llegar al patio, teníamos que pasar cerca de Mami: cejas
fruncidas, ojos tan redondos y negros y reprochables como los
de la gallina, labios estirados contra los dientes hasta que sólo
se le veía una línea recta de mejilla a mejilla.

—¿Y qué están esperando? ¿No me oyeron bien? —su voz
tremulando con furia, todo su cuerpo palpitante, agrandándose
con cada aliento.

Delsa se escondió detrás de mí. Yo arrastré los pies hacia adelante, y Mami echó un paso hacia atrás para dejarme pasar. Delsa empezó a gimotear. Mami me encaró, inmóvil, manos cruzadas frente a su pecho. Yo como que me encogí. Respiré hondamente, cerré los ojos, y le pasé por frente. Pero antes de llegar al otro lado, sentí cocotazos repiqueteando contra mi casco. Corrí hacia la casa, sobándome el chichón que se me estaba formando. Detrás de mí, Delsa chilló y salió corriendo al frente de mí, sus manitas cubriéndose una oreja.

Papi rastrillaba la tierra dentro de la casa. Nos miró cuando nos paramos al frente de la puerta, agarrándonos la cabeza, lloriqueando.

—Aquí no me vengan a llorar —nos dijo—. Ustedes ya saben que no deben provocar a su mamá —nos dio la espalda y siguió empujando tierra contra las esquinas.

Delsa se sentó en un tocón a sollozar. Yo me quedé mirando la espalda de Papi, deseando con todo el corazón que él regañara a Mami, aunque yo bien sabía que nosotras habíamos hecho algo malo. El siguió amontonando pilas de tierra contra las esquinas, tranquilo, turureando un bolero. Mami se paró a la entrada del camino, sus dedos entrelazados bajo su barriga. Se veía pequeña contra la verdez. Ella también parecía estar esperando que Papi dijera o hiciera algo, pero cuando no lo hizo, se fue hacia la cocina, frotándose el vientre, una expresión adolorida en su cara.

Una ampolla de cólera creció dentro de mi pecho y forzó un grito contra la disciplina de Mami y la indiferencia de Papi, pero fue dirigido a Delsa, quien era más pequeña. La empujé del tronco, desparramando su cuerpecito en el suelo. Por un instante, me miró asustada, no comprendiendo por qué se merecía tal tratamiento, pero cuando se dio cuenta de que no me había hecho nada, me cayó encima, puñitos agudos como piedras. Nos peleamos en el batey, nos jalamos el pelo, nos pateamos y mordimos y arañamos hasta que nuestros padres tuvieron que separarnos, Mami con un fuete de pavona, Papi con su correa de cuero. Yo me fui corriendo hacia la sombra agridulce del orégano y lloré hasta que me dolía el pecho, cada sollozo quebrando un estrato de la dicha elaborada con el amor de mis padres, hasta que me sentí sola, defendida por la verdez, el olor a especias de cocina y la tierra seca y firme bajo mis pies.

➥ Unos días más tarde me desperté al oír a Mami quejándose. Salté de la hamaca y crucé al otro lado de la cortina. Papi no estaba, y Mami se reposaba en su lado de la cama, un trapo mojado sobre sus sienes. Estaba sudando, su cabello pegado contra sus mejillas y cuello. Jalaba los postes de la cama como si estuviera estrechándose, pero sus piernas estaban dobladas hacia su vientre.

—¿Qué pasa Mami? —le pregunté, asustada. Mami nunca se enfermaba, pero ahora parecía que estaba sufriendo—. ¿Mami, qué te duele?

Mami abrió los ojos y sonrió. Su cara se enterneció, pero se ensombreció otra vez, como si el verme le hubiera hecho olvidar su dolor, pero no por mucho rato.

—Voy a tener un bebé.

—¿Ahora?

—Lo más pronto posible —dijo con una risa ahogada.

—¿Duele mucho?

—No, no mucho —gimió, y se sobó la barriga. Ampollitas de sudor le salieron en el labio superior.

—¿Nos puedes hacer desayuno?

Su mirada severa y un áspero gemido me dijeron que no, y me sentí mal por haber preguntado. En ese momento entró Papi, seguido por Doña Lola y Doña Zena, nuestras vecinas.

—¡Ya te levantaste! —exclamó Papi, como si fuera algo raro que yo me despertara con las gallinas. Las vecinas sonrieron. Doña Lola puso un bultito al pie de la cama, y ella y Mami hablaron en murmullos. Delsa y Norma aparecieron restregándose los ojos.

—¡Madrugadoras, ah! —Doña Zena cloqueó, y abrió los brazos—, vénganse conmigo, que les voy a dar su desayuno.

Delsa la miró, luego miró a Mami, y sus ojos negros se abrieron redondos y grandes como los de una muñeca.

—¿Qué le pasa a Mami?

—No le pasa nada —dijo Papi empujándonos hacia la puerta de afuera—. La cigüeña les va a traer un hermanito o una hermanita, así que ustedes se tienen que ir con Doña Zena por un ratito —mientras Papi nos apartaba de Mami, Doña Lola quitó la cortina que dividía la casa en dos y enrolló las hamacas contra las paredes.

Delsa se amarró a una pierna de Papi y chilló. Norma salió corriendo hacia la casa y se le tiró encima a Mami. Doña Lola la agarró y se la llevó colgando de un brazo hasta donde Doña Zena estaba esperando.

—Te vienen a quitar la falda, Colorá —le dijo a Norma al mismo tiempo que se la pasaba a Doña Zena, quien la cogió por un brazo y no la dejaba desencajar.

—Negi —Mami llamó desde la cama—, cuida a tus hermanas.

Papi desamarró a Delsa de su pierna y la empujó hacia mi. Se fue detrás de la casa a prender el fogón. Yo agarré a Delsa por un brazo mientras Doña Zena cogió el otro, y la arrastramos a ella y a Norma por el camino pedregoso.

—¡Dejen esa gritería que van a despertar el vecindario! —pero mis hermanas no me prestaban atención. Siguieron llorando y gritando y pataleando, alzando el polvo del camino. A mitad de camino desistí. Solté a Delsa, y Doña Zena las llevó a las dos a tirones el resto del camino.

Yo no comprendía por qué teníamos que irnos de casa cuando Mami estaba tan enferma. ¿Y qué era una cigüeña? Nunca nos habían dicho de dónde venían los niños, y yo nunca había conectado la barrigota de Mami con mis hermanas. Hasta ese entonces, ese era el cuerpo de Mami: pelo largo y negro, piel pálida, una barrigota, piernas delgadas y largas.

Doña Zena arrastró a Delsa y Norma hasta su patio mientras yo arrastraba mis pies, lamentando lo que estaba pasando, envidiosa de que, aunque ya mi falda me la había quitado Delsa, y luego Norma, otro bebé me separaría aún más de mi madre, cuyas iras no temía tanto como la posibilidad de que ahora estaría tan preocupada que se olvidaría de mí.

Subí la colina donde la casa de Doña Zena estaba emperchada, dominando una vista de todo el barrio. Neblina colgaba sobre los árboles, quemándose en partes donde el sol entraba y deslustraba la intensidad de las pavonas rojas, las caléndulas amarillas, los centros purpúreos de la pasionaria. Mañanas como ésta inspiraban muchos de los poemas jíbaros que yo había escuchado y, en mi miedo por Mami, evoqué los pocos versos que me había memorizado y los repetí uno tras otro como una oración, sentada en los escalones de la casa de Doña Zena, mis ojos pegados al hilo de humo que subía de nuestro fogón, mis pies descalzos envueltos en limoncillo, gotas de rocío helándome los pies.

PELEANDO DESNUDA

Enamorado hasta de un palo de escoba.

❧

Mami y Papi seguramente se llevaban peleando desde antes de que naciera mi hermano Héctor. Mami no era una para aguantar la lengua cuando se creía maltratada. Y, mientras Papi casi siempre era jovial y conciliador, su voz subía de vez en cuando, haciéndome a mí y a mis hermanas correr a escondernos detrás del palo de achiote o debajo de la cama. Pero el año que Héctor nació, las riñas entre Mami y Papi aumentaron en número y ferocidad, chisporroteando sobre nuestras vidas como agua en una sartén caliente.

—¿Dónde está mi camisa amarilla? —preguntó Papi un domingo en la mañana, rebuscando por la percha cerca de la cama.

—Todavía no la he planchado —Mami se mecía en su sillón, dándole el pecho a Héctor—. ¿A dónde vas?

—Al pueblo a buscar unas cosas —con la espalda hacia Mami, Papi se metió el rabo de una camisa azul dentro del pantalón.

—¿Qué cosas?

—Planes para la obra que voy a empezar —sacudió un poco

de colonia en sus manos, se bofeteó las mejillas recién afeitadas y se frotó detrás de las orejas.

—¿A qué hora vuelves?

Papi se llenó los pulmones de aire —Monín, ya no empieces.

—¿Ya no empieces qué? Te hice una simple pregunta —lo miró firmemente y apretó los labios, formando una línea debajo de su nariz.

—No sé cuándo vuelva. Voy a ver a Mamá, así que no me esperes temprano.

—Está bien —Mami se levantó del sillón y salió de la casa, Héctor pegado a su pecho.

Papi cepilló sus zapatos de cuero y los guardó dentro de un bulto. Se puso zapatos de lona que una vez fueron blancos pero que habían amarillentado con el polvo del camino. Desenganchó su sombrero del clavo al lado de la puerta y se fue sin despedirse.

Fui a buscar a Mami detrás de la casa. La encontré sentada en un tronco debajo del árbol de panapén, espaldas hacia mi. Sus hombros se estremecían, y gimoteaba tiernamente, de vez en cuando secándose la cara con la esquina de la frazada de Héctor. Me le acerqué, lágrimas empezándome a picar los ojos. Se volvió hacia mí encolerada.

—¡Déjame tranquila! ¡Vete pa' allá!

Me pasmé. Parecía estar tan lejos, pero se sentía su calor, el aroma del aceite de romero que se pasaba por el cabello. No quería dejarla así, sola, pero temía acercármele. Me recosté contra el tronco de un mangó y estudié mis pies descalzos contra una planta de moriviví. De vez en cuando, Mami miraba sobre el hombro, y yo seguía su mirada hacia el batey, donde Delsa y Norma se perseguían una a la otra, una nube de polvo rojo pintándoles las piernitas hasta las pantaletas.

—Toma —Mami estaba parada frente a mí, Héctor casi dormido en sus brazos—, acuéstalo en el coy mientras les preparo el almuerzo.

Su cara estaba hinchada, las pestañas de sus ojos pegadas, formando espinas. Puse a Héctor sobre mi hombro, su cuerpo

de bebé desparramándose sobre el mío. Mami rastrilló sus dedos
por mi pelo con una sonrisa triste y se fue hacia la cocina, el
ruedo de su falda bailando al compás de sus caderas.

➥ Papi no volvió hasta después de muchos días. Una noche se
apareció, nos besó, se cambió a su ropa de trabajar, y empezó
a martillar las paredes. Cuando terminó, se lavó las manos y la
cara en el barril cerca de la cocina, se sentó a la mesa y esperó
a que Mami le sirviera la comida. De mal gana, ella le puso
el plato, el tenedor, un vaso de agua. Ni la miraba él a ella,
ni ella lo miraba a él. Mientras él comía, ella nos mandó a
dormir, y Delsa, Norma y yo nos lanzamos a nuestras hamacas.
Ella le dio el pecho a Héctor y lo acostó en su coy. El periódico
de Papi crepitaba. Yo no me atrevía a sacar la cabeza de la
hamaca.

Caí en un sueño en el cual me trepaba por un árbol gigantesco
cuyas ramas desaparecían según yo subía. El suelo retrocedía
cada vez más, y la cima del árbol tocaba nubes color de rosa.
Pero mientras más subía, más lejos estaban las nubes, y si miraba
para abajo, no veía la tierra. Me desperté sudando, brazos
torcidos alrededor de la soga de la hamaca. La llama tenue del
quinqué tiraba sombras anaranjadas sobre la cortina en frente
de la cama de Mami y Papi.

Ellos siseaban en su cama.

—No me has dao el dinero pa' la compra de esta semana.

Los muelles de la cama rechinaron al voltearse Papi.

—Tuve que comprar materiales. Y uno de los muchachos que
trabajan conmigo tuvo una emergencia. Le hice un préstamo.

—Un préstamo.

Mami tenía la costumbre de hacer una pregunta con una
declaración. Desde mi hamaca al otro lado de la cortina me
imaginé su cara: ojos redondos, las pupilas grandes y severas,
las cejas alzadas hasta el contorno de su cuero cabelludo. Sus
labios estarían medio abiertos, como si se le hubiera interrumpido
en medio de una palabra muy importante. Cuando yo veía esa

expresión en su cara y oía ese tono de voz, sabía que lo que había dicho era un embuste tan enorme que nunca creería que no le estaba mintiendo. Aunque le hubiera dicho la pura verdad, ese tono de voz me decía que ella no me creía, y que mejor me inventara otro cuento, porque el primero no me lo iba a creer. A Papi o no se le ocurría otro cuento o estaba demasiado cansado para intentarlo, porque no dijo nada. Yo le pudiera haber dicho que eso era un gran error.

—Le hiciste un préstamo. ¿Un préstamo?

El tono de su voz se había graduado de "No te lo creo" a "¿Cómo te atreves a decirme embustes?"

—Monín —la cama chirrió al voltearse Papi otra vez—, vamos a discutir esto en la mañana. Ahora tengo que descansar.

Su voz estaba serena. Cuando Mami se encolerizaba, peleaba en una voz alta que subía en volumen con su enojo. Cuando Papi peleaba, ponía toda su energía en sostenerse erguido, en mantener una calma helada que nos pasmaba a nosotros niños pero que enfurecía a Mami.

—¡No! No podemos hablar mañana. Tú sales antes que salga el sol, y no vuelves hasta las tantas, apestando como esa puta.

Aún cuando estaba bien enojada Mami raramente usaba palabras malas o vulgaridades. Papi lo sabía. Era un índice de su cólera. Con su gran calma, se levantó y se asomó por la cortina separando el cuarto. Rapidito yo metí la cabeza dentro de la hamaca.

—Monín, baja la voz. Vas a despertar a las nenas.

—Ahora sí te preocupas por tus hijos. Porque, cuando es menos conveniente, ni te acuerdas de ellos . . . cuando estás fiestando con tus amigos y tus mujeres —los muelles de la cama chillaron violentamente al Mami levantarse—. ¿Saben esas hijas de la gran puta que tienes hijos en este barrio del demonio? ¿Saben que tus hijos están descalzos y hambrientos mientras tú gastas la miseria que te ganas en ellas?

—¡Monín!

—No te creas que porque estoy en esta selva to' el día no sé lo que pasa por afuera. Yo no soy zángana.

Héctor se despertó llorando. Papi alzó la llama del quinqué mientras Mami sacaba a Héctor de su coy. Delsa y Norma gemían desde su lado del cuarto. Yo no pretendí dormir más, así que me senté a mirar las siluetas detrás de la cortina. Mami le cambió el pañal a Héctor con movimientos toscos, tanto que temí que lo iba a puyar con un alfiler. Papi se paró en frente de la ventana, mirando hacia donde hubiera estado la vista si la ventana estuviera abierta.

—Yo no sé quién te está haciendo cuentos, pero no quiero oír más.

Se vistió. Mami alzó a Héctor al hombro y lo paseó de una esquina de la casa a la otra para que se durmiera.

—Tú nuncas estás aquí. No llegas hasta tarde . . . si vienes. Y los fines de semana en vez de arreglar este rancho te desapareces con una excusa u otra. Y no te abochornas. Ya estoy harta de esa chavienda.

—Bueno, yo estoy harto también. ¿Qué te crees, que a mí me gusta oír tus quejas cada vez que abres la boca? ¿O que quiero oírte decir de nuevo lo mucho que odias este sitio y lo buena que era la vida en San Juan, y lo atrasado que es Macún? ¡Ya estoy harto de eso! ¡Estoy harto de ti!

Salió de la casa, quizás para darle tiempo a que se le pasara el coraje a Mami, la cual era su manera preferible de pelear con ella. Pero yo creí que nos iba a dejar.

—¡Papi, no te vayas! ¡Por favor Papi, quédate! —grité. Cuando me oyeron, Delsa y Norma empezaron, y Héctor, que casi estaba dormido.

—¡Mira lo que has hecho! —Mami gritó por la puerta—. ¡Gran padre que eres, abandonando a tus hijos!

Tiró a Héctor en su coy y arrancó la ropa de Papi de la percha.

—¿Harto de mí? ¡Pues, yo también estoy harta de ti!

Tiró la ropa afuera, agarró un jarro lleno de agua y lo arrojó sobre la ropa en el batey. Cerró la puerta con aldaba, sacó a Héctor de su coy y se sentó a mecer a Héctor mientras le daba el pecho. Le resbalaban las lágrimas desde las mejillas hasta las esquinas de los labios.

—Ustedes se me callan y se me vuelven a dormir —nos gritó.

No nos atrevimos a salir de las hamacas. Nos acuchamos dentro, suprimiendo los sollozos. Por mucho tiempo traté de oír los pasos de Papi afuera de la casa. Pero me dormí al crujido del mecedor de Mami y sus sollozos, suaves y tiernos como el maullar de un gato.

Al otro día la ropa de Papi amaneció desparramada al frente de la casa. Estaba húmeda, marcada con los rastros enfangados de sapos e iguanas. Mientras hervía agua para el café, Mami la recogió y la llevó a la tina debajo del aguacate. Esa tarde, cuando Papi regresó, estaba toda limpia.

> Otro día que discutían, Mami acusó a Papi, como lo hacía frecuentemente, de ir a ver a otra mujer cuando decía que iba a ver a Abuela.

—¡Por Dios, Monín! Tú bien sabes que no tengo ningún interés en Provi. Pero, ¿cómo puedes oponerte a que quiera ver a Margie?

—Porque yo sé que no es Margie la que tu quieres ver, es a su mai.

—Monín, por favor, eso se acabó hace años.

Y por ahí siguieron, Mami acusando y Papi defendiéndose. Cuando habían cesado y me encontré sola con Papi, le pregunté:

—¿Quién es Margie?

Me miró con una expresión atemorizada.

—Mi hija —me contestó después de una pausa.

Mi corazón se encogió. Tener que compartir a mi papá con Delsa, Norma y Héctor era suficiente. Esperé a que dijera más, pero no lo hizo. Se sentó en un tronco y clavó la vista en sus manos, callosas donde el martillo y el mango del serrucho frotaban contra su piel. Estaba tan triste que casi me hizo llorar. Me senté a su lado.

—¿Dónde vive?

Me miró como si se hubiera olvidado de mí.

—En Santurce.

—¿Y cuántos años tiene?

—Como un año más que tú.

¡Una hermana mayor! Yo me había preguntado mil veces cómo sería no ser la mayor de los hijos, la que tenía que dar buen ejemplo a los menores.

—¿Y por qué nunca nos ha venido a visitar?

—La mamá de ella y la tuya no se llevan muy bien que digamos.

Ni me lo tenía que decir.

—La puedes traer a ella un día de estos. Su mamá no tiene que venir.

Papi suspiró y se echó a reír.

—Buena idea —dijo, y se paró—. ¿Me quieres ayudar a mezclar cemento?

Yo regaba agua mientras él combinaba cemento y arena. Mientras trabajábamos, le hacía muchas preguntas acerca de Margie, y él me contestaba en frases cortas que no me decían mucho. Si Mami se acercaba, él se ponía un dedo a los labios, y trabajábamos en silencio hasta que ella se fuera.

Esa noche traté de evocar a Margie. Especulaba que su piel era del mismo color de algarrobas que la de Papi, sus ojos tan negros como los de él, sus labios tan llenos. Su cabello lo imaginé pasita como el de él, no lacio como el mío. Imaginé su voz melodiosa, con las mismas cadencias de él cuando nos leía poesía.

¡Qué mucho gozaríamos si estuviéramos juntas! Ella sería alguien con quien jugar, no por quien ser responsable. No tendría que esperarla cuando corriéramos por el campo. Se treparía por los palos sin ayuda. Jugaríamos al esconder en el matorral. Nos colaríamos debajo de la verja de alambre de púas de la finca de Lalao y nos hartaríamos de las dulces toronjas, nos pintaríamos las caras con su jugo y lo dejaríamos secar en nuestros dedos hasta que estuvieran pegajosos. Me mecí en mi hamaca soñando con Margie, determinando convencer a Mami que le dijera a Papi que la trajera a vivir con nosotros.

. . .

Al otro día, Mami aseguraba el ruedo de mi uniforme con alfileres.

—Mami, ¿por qué tú no te llevas con la mamá de Margie?

—¿Con quién?

—Con Provi, la mamá de Margie.

—Negi, no quiero oírte mencionar el nombre de esa mujer, ¿me entiendes?

—Pero Mami . . .

—No te atrevas . . .

—Pero Mami . . .

—Estate quieta o voy a tener un accidente con estos alfileres.

Me quedé tiesa como una estatua hasta que terminó.

☙ Papi hundió la espátula en el concreto en la carretilla a su lado y la raspó por encima de un bloque.

—Papi, ¿vas a traer a Margie?

—No sé.

Puso otro bloque encima del primero y le raspó el cemento que se escurría por las orillas.

—Ella puede dormir conmigo.

—¡Negi! —Mami estaba cosiendo sentada en el umbral—, deja a tu papá tranquilo.

—Sólo le hice una preguntita.

—Salte de ahí y vete a jugar con tus hermanas. ¡Avanza!

Papi la miró por la sombra de su sombrero de pajilla. Empujó el ala del sombrero hacia atrás y me señaló una pirámide de bloques cerca del portón.

—Mira a ver si puedes traerme uno.

Miré a Mami. Ella estaba fijada en Papi, su aguja suspendida sobre la tela verde de mi uniforme.

—¿Puedes o no puedes? —me preguntó Papi.

El bloque era pesado y se deslizó de mis manos, casi espachurrándome un pie.

—Ave María, Pablo, no seas abusador. Es una nena.

—Yo creo que puede —le disparó a Mami.

Viró el bloque, para que me fuera más fácil agarrarlo. Sus orillas ásperas raspeaban contra mis piernas y barriga. Era pesado y torpe, pero pude cargarlo hasta la carretilla. Lo dejé caer a su lado sin aplastarme un pie.

—¿Traigo otro? —le pregunté, frotándome las manos contra la chaqueta. Me ardían los surcos que el bloque había hundido en mi piel.

—No, yo traigo los otros —agarró dos bloques, uno encima del otro, y los cargó hasta el lado de la carretilla. Se paró, manos en las caderas, y arqueó la espalda, ojos cerrados, cabeza hacia atrás, la nuez de su garganta sobresaliendo.

—Ya no puedo traer a Margie porque se mudó para Nueva York.

Mami se tragó un suspiro.

—¿Cuándo?

El alzó las manos sobre la cabeza, se estiró de un lado al otro, y las dejó caer delicadamente hasta la cintura, donde las puso como si estuviera modelando para una foto. Mami se le quedó mirando un rato y, cuando él no le hizo caso, se llevó su costura adentro de la casa.

—¡Tú no me dijiste que se iba! —lloré, y me pareció que al fin Papi se dio cuenta de que nuestras conversaciones acerca de Margie no eran sólo por curiosidad. Me miró con ojos tristes, se arrodilló en frente de mí, y me abrazó. Desconsolado sobre mi hombro, yo deseé que Papi siguiera perdiendo a seres queridos para que siempre se volviera a mí, para que sólo yo le pudiera consolar.

❦ La desaparición de Margie y "esa mujer" de Puerto Rico no pusieron punto a las peleas entre mis padres. Estaban aferrados a una ristra de *debías de haber, tenías que* y *¿por qué lo hicistes así?* Sus discusiones resultaban en nada, según me daba cuenta, sólo en hacernos a todos infelices. Después de sus discusiones

Mami se ponía irritable y murria, y Papi desaparecía en sí mismo
como un caracol de tierra en su casco. Nosotros niños andábamos de puntillas a su alrededor, o jugábamos en las esquinas
más lejanas de la parcela, nuestras voces apagadas para no incitar
su ira. Para complicar la situación, era claro que había momentos de ternura entre ellos dos. A veces los encontraba parados,
entrelazados los brazos, cabezas inclinadas una hacia la otra,
como si estuvieran diciéndose secretos que superaban las penas
y los resentimientos, los insultos y la decepción.

En cuanto Héctor empezó a desmenuzar batata hervida y
plátanos maduros entre las encías, las facciones de Mami se
suavizaron, su cuerpo se llenó, y su barriga creció hasta que le estor-
baba cada vez que nos tenía que levantar a uno de nosotros a la
tina para bañarnos.

Yo no concebía cómo o cuándo Papi le había pedido perdón
a Mami ni qué había hecho para que ella lo perdonara. Porque
estaba segura, habiendo escuchado las conversaciones entre
Mami y sus tías, primas y amigas, y sabiendo la letra de muchos
boleros de la radio, que Papi, siendo hombre, era la causa de
toda la desdicha que existiera en el mundo.

Los hombres, estaba aprendiendo, eran todos unos sinvergüenzas, lo que quería decir que no se abochornaban de nada
y que le daban rienda suelta a todos sus gustos frívolos. Las
fechorías de los hombres nunca sorprendían a las mujeres, pero
las hacían sufrir de los nervios. El vicio más vil de los hombres
era la otra mujer, la cual siempre era una puta. Mi noción de
estas mujeres era teórica, ya que en Macún no había putas. En
Macún todas las mujeres eran esposas o muchachas que algún
día serían esposas. Putas, yo especulé, vivían en opulencia en
la ciudad con el dinero que los esposos sinvergüenzas de las
mujeres de Macún y de las cantantes de boleros no les daban a
sus pobres mujeres y niños descalzos. Putas usaban mucho perfume, joyas, vestidos escotados hasta las tetas, tacos altos que
definían sus piernas y se pintaban el pelo. Todo lo que tenían
salía de las monedas que hubieran sido mejor utilizadas en arreglar los techos de las casas, o en reemplazar las paredes de

palma de coco de la letrina con láminas de zinc. Yo estaba loca
por ver una puta, por estudiar el poder que ejercían sobre los
hombres, por entender el hechizo que tejían alrededor de los
esposos, hermanos e hijos de las mujeres cuyas voces se rompían
de dolor, frustración y rabia.

❧ Las clases empezaron en el medio de los temporales, y de un
día al otro mi mundo creció. Se convirtió en un lugar enorme,
lleno de otros adultos y niños con vidas similares, pero de tintes
variados que yo no podía explorar por no faltar el respeto y
por mantener mi dignidad. *Dignidad* era algo que tú le concedías
a otras personas y que ellos te devolvían. Quería decir que
nunca se maldecía a nadie, nunca se enojaba una delante de otra
persona, nunca se le clavaba la vista, nunca se paraba una
demasiado cerca de una persona a la que acababas de conocer,
nunca se tuteaba a nadie hasta que no dieran permiso. Quería
decir que todos los adultos eran Doña Fulana o Don Fulano,
menos las maestras de la escuela, que siempre eran Missis.
Quería decir, si eras niño, que no abrías la boca hasta que no se
te dirigiera la palabra, no mirabas a nadie directamente en los
ojos, no subías la voz ni entrabas ni salías de un sitio hasta
que no se te diera permiso. Quería decir que los adultos lo sabían
todo, especialmente si eran viejos. Quería decir que los hombres
podían mirar a las mujeres lascivamente, pero las mujeres no
podían mirar a los hombres de cara, solo de reojo, a menos que
fueran putas, en cual caso podían mirar como les diera la gana porque
la gente hablaría de ellas no importa lo bien que se portaran.
Quería decir que no se chismoseaba, no se decían embustes,
no se podía embromar. Quería decir que los hombres podían
echarle flores a las mujeres cuando caminaban por la calle, pero
las mujeres no les podían decir nada, ni siquiera para mandar
a los hombres al infierno y que las dejaran tranquilas.
Todas estas reglas entraron en nuestra casa en el momento
que me dejaron salir del batey y caminar a la escuela sola. No
es que nunca las hubiera oído, ya que Mami y Papi nos habían

enseñado lo que ellos llamaban buenos modales. Pero estas exigencias tenían poco que ver con la manera en que nosotros vivíamos. En nuestra familia, peleábamos con vigor, niños tanto como adultos, aunque sabíamos que no debíamos hacerlo. Nos llamábamos a gritos de una esquina de la parcela a la otra, entrábamos y salíamos de la casa sin decir *con permiso* ni *disculpe*. ¡Ni siquiera tocábamos antes de entrar! Mami y Papi eran *tú*, y también nuestros abuelos, tíos, tías y primos. Nosotros niños hablábamos cuando teníamos algo que decir, interrumpíamos a nuestros padres a cada rato, y discutíamos con ellos hasta que Mami nos recordaba que estábamos faltando el respeto.

En la escuela, yo me ofrecía para lavar la pizarra, para sacarle punta a los lápices, para ayudar a distribuir el papel de líneas donde escribíamos nuestros alfabetos torturados con la tilde misteriosa sobre la *ñ*, la anómala *ü*, las consonantes dobles *ll* y *rr* con su fuerte sonido. A mí me encantaban las hileras de pupitres, uno detrás del otro, las cacarañas por encima de los escritorios, las partes brillosas donde nadie había rasguñado la superficie, la emoción al levantar la tapa y encontrar dentro mi libreta, papeles con líneas azules, y los fragmentos de lápices que yo guardaba como si fueran instrumentos valiosos.

Caminaba de casa a la escuela en mi uniforme verde y mostaza inflada de orgullo. Era lo único que tenía que no compartía con nadie, ya que Delsa y Norma eran aún muy pequeñas para ir a la escuela.

Pero la escuela era también donde podía comparar a mi familia con otras en el barrio. Aprendí que había niños cuyos papás eran unos borrachones, cuyas mamás eran "malas," cuyas hermanas se fugaban con vendedores ambulantes, cuyos hermanos estaban en la cárcel. Conocí a niños cuyas madres caminaban la distancia de su casa a la iglesia de rodillas porque habían hecho una promesa. Niños con padres que llegaban todos los días del trabajo y jugaban a la pelota con ellos en el patio. Niñas con hermanas que les enseñaban a bordar flores en pañuelos de lienzo. Niños con hermanos que les llevaban por la mano y les ayudaban a trepar un palo. Había familias en el

barrio con agua corriente dentro de la casa, luces eléctricas colgando del centro de cada cuarto, cortinas en las ventanas y
linóleo en el piso.

En la escuela, los niños se peleaban de una manera desconocida
en mi casa. Delsa, Norma y yo nos enredábamos en nudos de
puños, patadas y mordiscazos que sólo Mami con su fuete podía
desenlazar. Pero mis peleas con otros niños eran diferentes. Cuando
yo peleaba con mis hermanas, sabía lo que estaba en juego: una
bolita de muchos colores, un mangó maduro acabado de caer
del árbol, ser la primera en pintar los muñequitos del periódico
de Papi. Pero en la escuela, las peleas eran por otras cosas.

Si una miraba a alguien mal, te caían encima. Si era la primera
en contestar las preguntas de la maestra, te caían encima. Si
pasabas demasiado cerca de ciertos muchachos, te caían encima.
Si le mencionabas la madre a alguien de cierta manera o en
cierto tono de voz, podía ser que te mataran. Cualquier ofensa,
intencional o no, desde no saludar a ciertas personas hasta
saludar a quien no se debía saludar, resultaría en una pela. Cuando
le expliqué a Mami por qué llegaba a casa golpeada, con el
uniforme sucio o estropeado, insistió que no se me permitía
pelear en la escuela. Eso a mí no me tenía sentido. Aunque a
Mami no le gustaba que peleáramos en casa, nunca decía "No
pelées con tus hermanas." Lo que nos prohibía era que nos
diéramos duro. Así que tuve que aprender a evitar lo inevitable
y, cuando no podía, me quitaba la ropa hasta las pantaletas
en el patio de la escuela para defenderme de niños a cuyas mamás
no les importaba si el uniforme llegaba a casa roto o sucio.

Papi salió un día y no volvió esa noche. Durante los próximos
tres días no apareció por casa. Mami preparó la cena el primer
día, y cada día después, y le separó su porción, pero al otro
día tuvo que botar la comida, enfurruñada.

Nosotros no nos atrevíamos a preguntarle dónde estaba Papi
o cuándo regresaría. Ella no lo sabía, y de todas maneras saldría igual, ya que el saber añadiría leña a su cólera, la cual

nosotros sentíamos en sus silencios sombríos o, frecuentemente, en los impetuosos galletazos y cocotazos que nos daba por razones que nos parecían tan misteriosas como el paradero de Papi.

Cuando regresé de la escuela al cuarto día, Mami había envuelto nuestras cosas dentro de unas fundas y una maleta sin mango, la cual había asegurado con una soga. Con Héctor a la cadera, nos dirigió por el camino, arrastrando la maleta por la soga con su mano libre, mientras Delsa, Norma y yo luchábamos con las fundas llenas de ropa.

Yo no me despedí de nuestra casa ni del barrio. No les dije adiós a los vecinos, que nos miraban con curiosidad mientras encaminábamos hacia la carretera. Delsa, Norma y yo sabíamos que no debíamos ni quejarnos ni llorar, que no podíamos lamentar el peso de las fundas llenas, ni pedir agua ni mencionar comida, ni podíamos necesitar un baño, ni pararnos a descansar ni amarrarnos los zapatos ni empujar fuera de nuestros ojos los pelos que se nos pegaban a las sienes con el sudor. La seguimos en la misma esfera de silencio donde iba, su mirada fija, nunca mirando para atrás ni a los lados a los vecinos que se empujaban unos a los otros y se encodaban las costillas y se sonreían con desprecio, o dejaban bajar sus ojos pretendiendo no vernos para no tener que ofrecer su ayuda.

Me pareció una caminata larga desde la casa hasta la carretera, y cuando llegamos nos montamos en un público como si éste fuera cualquier día y nosotros cualquier familia en una excursión a la ciudad. No fue hasta que el público estaba lejos de la entrada del barrio Macún que Mami nos dijo lo que ya sabíamos sin preguntar.

—Nos vamos pa' Santurce. Nos irá mejor por allá.

TE VIENEN A
QUITAR LA FALDA

Borrón y cuenta nueva.

Cuando Mami se aborrecía de Macún, o de Papi, escapaba a Santurce, un suburbio de San Juan, que para ese tiempo se había convertido en tan gran metrópolis como la capital, aunque con poco de su cachet. Era un centro comercial, con áreas bien marcadas que separaban los ricos de los pobres. Hospitales, escuelas, hogares, bancos, edificios de oficinas, fondas y teatros se encornaban unos contra los otros en un embrollo de colores, arquitectura y ruido. Guaguas redondeadas traqueaban para arriba y abajo, echando un humo negro que lagrimaba los ojos.

La mamá de Mami era una de quince hijos, y Mami tenía numerosos tíos, tías y primos en los barrios que salían como los tentáculos de un pulpo de las plazas y avenidas anchas. Cuando llegamos a Santurce, con nuestros bultos y ensueños, mi abuela, Tata, estaba en Nueva York con sus hermanas en el área llamada Bushwick en el condado de Brooklyn, un sitio que se decía ofrecía la promesa de El Dorado de Ponce de León.

Nuestro nuevo hogar, en la Parada 26, era una casa de madera de un cuarto en zancos altos sobre un fango negro y pegajoso

que Mami nos prohibió tocar. Casi ninguna de las casas a nuestro
alrededor era mejor que las casas de Macún, pero sí tenían
agua corriente en la cocina y bombillas en el medio de cada
cuarto. Al lado de nuestra casa una zanja se llenaba de aguas
negras cuando llovía.

Compartíamos un baño con otra familia. Era un cuarto de
cemento con una ducha en una esquina y un boquete en el piso
para que, cuando uno se bañara, el agua se saliera a la zanja
que había al lado de la estructura. Durante el día, el baño era
nuestra casita de juegos hasta que regresaban los hombres del
trabajo y lo reclamaban, llenando el aire con el olor húmedo
de jabón Palmolive.

Mami me había sacado del primer grado en el medio de la
semana de mi primer semestre y, al otro día, me había ingresado
en una escuela en Santurce. Mi nueva escuela, de bloques de
cemento, era mucho más grande que la de Macún, y tenía un
patio de recreo con un deslizador, columpios y un subibaja de
metal que quemaba al uno sentarse, ya que lo habían puesto
en la parte más soleada del patio.

—La ciudad es diferente —nos dijo Mami nuestro primer
día—. Hay muchas personas maliciosas, así que tienen ustedes
que tener cuidado a dónde van y con quién hablan.

Cuando yo iba para la escuela, dijo Mami, no debía mirar ni
hablarle a nadie por todo el camino hacia la escuela y de vuelta
a casa. Pero había muchas cosas nuevas que ver en Santurce.
Me entrené a caminar por las calles con mis ojos humildemente
bajos, sin ningún sentido de lo que quedaba diez pasos al frente
de mí, pero con exquisita atención a todo lo que estaba a cada
lado.

El camino hacia la escuela me llevaba sobre aceras embarradas
de lodo y llenas de basura, a través de calles ahogadas con
tráfico, personas y perros realengos, por barras sin puertas con
velloneras a todo volumen tocando boleros acerca del licor y
las mujeres. Un ventorrillo ofrecía frutas y vegetales que unos
días antes yo podría haber tumbado de un árbol o sacado de

la tierra yo misma. Vestidos de muchos colores y guayaberas colgadas en frente de una tienda flotaban en la brisa como fantasmas diurnos. Una iglesia evangélica codeaba una botánica, donde uno podía comprar santos de yeso, ídolos africanos, yerbas, velas olorosas, pociones para atraer el amor, encantos para despojar espíritus y protecciones contra el mal de ojo y cualquier enfermedad del cuerpo y la mente. Entre los edificios, escondidos en las sombras de los callejones y las entradas a los barrios, había ventorrillos donde vendían jugo de parcha y limbel de piña y coco. Pregoneros empujaban sus carritos llenos de dulce de coco, caña dulce, tirijala y dulce de papaya. Y en cada esquina se encontraba un piragüero, quien llenaba conos de papel con hielo raspado y le chorreaba siró de cualquiera de sus brillantes botellas llenas de dulce de cada color.

Me fascinaban las puertas oscuras de las casas privadas ano-nadas entre las tiendas y las fondas. Detrás de sus rejas, mujeres vestidas con batas floreadas desempolvaban muebles cubiertos en plástico, o se sentaban en balcones a mirar la conmoción de afuera.

A veces, si caminaba rápido, me cruzaba con los niños del colegio católico, alineados dos por dos, entrando a la capilla, dirigidos por monjas vestidas de negro, sus caras céreas blancas como la leche. Los estudiantes vestían uniformes azul marino con chaquetas azul claro, medias hasta las rodillas y zapatos negros. Siempre estaban bien peinados y más limpios que ninguna persona que yo jamás había visto. Les envidiaba el orden de sus vidas, la precisión con la cual marchaban sin que las monjas los empujaran ni los miraran mal. Ellas siempre me parecían figuras misteriosas, anclas vestidas de negro.

Yo me preguntaba cómo eran las vidas de esos niños, si tenían hermanos y hermanas, si dormían en sus propias camas o tenían que compartir, si comían arroz con habichuelas y bacalao con cebolla. Sabía que eran diferentes, o que yo era diferente. Ya me habían apartado en la escuela por mis costumbres rústicas y voz demasiado alta, por los manerismos del campo expansivo, pero fuera de sitio en cuartos de concreto donde cada sonido era magnificado y rebotaba contra las paredes después que dejaba de hablar.

—¡Qué jíbara! —me gritaban los niños cuando recitaba un poema en el dialecto de Doña Lola.

—¡Qué jíbara! —cuando no sabía usar el sacapuntas pegado a la pared del salón.

—¡Qué jíbara! —cuando llegaron las Navidades y no sabía quién era Santa Clós.

—¡Qué jíbara! ¡Qué jíbara! ¡Qué jíbara!

En Santurce era lo que no podía ser en Macún. En Santurce nadie quería ser jíbara. Yo iba a la escuela y volvía a casa con mi otra yo, mirando a la jibarita con ojos humildes mirando al suelo, pelo recortado en casa, manerismos exagerados y voz alta, pies desacostumbrados a los zapatos. Dejé que esa niña sumisa caminara a su casa mientras otra parte de mí fijaba el espectáculo de la ciudad en mi mente, el ruido y los colores, la música, el olor mordaz de las fondas y el humo aceitoso de los carros. De noche, en la cama que compartía con Delsa y Norma, trataba de distinguir la canción del coquí para que me ayudara a dormir, pero sólo oía los disparos de los frenos de camiones, los vecinos discutiendo, música trompeteando de la vellonera de la esquina y los gemidos de Mami en la oscuridad.

☙ Según se iban acercando las Navidades, la caminata hacia la escuela cojió un compás diferente. Las canciones flotando de las velloneras todavía hablaban de mujeres y ron, pero tenían temas Navideños. Felipe Rodriguez cantaba que ya nunca iba a perdonar a su amada porque lo abandonó en la temporada supuesta a ser la más feliz del año. Carmencita cantaba que el hombre que amaba la había traicionado, y que iba a pasar las Navidades soñando de lo que pudo ser. Los Panchos cantaban de lo triste que sería la Navidad "sin ti." Yo le tenía pena a la gente que pasaban sus horas en esas barras.

En casa, escuchábamos aguinaldos, los cuales celebraban el

nacimiento del niñito Jesús y la dicha de pasar los días de fiesta
con la familia y amistades. Cantábamos acerca de las tradiciones puertorriqueñas, las parrandas, el lechón y ron cañita, el
cual abundaba durante los días de fiesta.

Aunque Papi no vivía con nosotros, visitaba frecuentemente,
y una vez llegó a la casa con bombillitas rojas y verdes, las
cuales colgamos alrededor de las ventanas y las puertas.

Desde el principio de diciembre, Mami pasaba sus días en la
cocina. La casa olía a sofrito. Familiares se presentaban en la
casa y se sentaban durante horas con Mami en la cocina, y,
cuando Papi estaba, con él también, a comer arroz con gandules,
pasteles envueltos en hojas de plátano, mofongo y ensalada de
yuca. Después de la cena bebían anís, y me daban las hebras
de caña dulce que venían en cada botella, y yo me comía los
diamantes formados por el azúcar.

Tías y tíos entraban por el callejón, seguidas por niñas con
zapatos de charol blanco y vestidos de volantes, con el pelo peinado en rizos. Los niños eran tímidos, sus cabezas embarradas
con pomada, sus caras serias restregadas con jabón, sus camisas
tiesas con almidón, sus pantalones planchados hasta que cojían
filo. En un instante, las nenas se juntaban con Delsa y Norma, y
los varones y yo jugábamos a Tarzán de la Selva y a vaqueros,
emporcándonos hasta que nuestras madres no nos reconocían.

El hermano de Mami, Tío Cucho, se apareció con una
muchacha llamada Rita. Era bajita, morena, y tenía puesto un
vestido corto y escotado que exhibía sus senos. Pendientes le
alargaban los lóbulos de las orejas, y brazaletes campaneaban
cuando movía sus manos encrustadas de sortijas. Era mucho más
bajita que Tío Cucho, pero usaba tacos tan altos que caminaba
en las puntillas de los pies. Noté que Rita no le cayó bien a
Mami por la manera en que se enfurruñaba cuando Rita le pasaba
por el lado, o cuando Rita se doblaba a frotarse la pierna y las
tetas casi se le caían de la blusa. Pero Mami era civil, y le
servía comida y bebidas a Rita como si nada, y se reía de sus
chistes.

Rita me cayó muy bien, especialmente la manera en que se

sonreía, con labios generosos y rojos, dientes grandes y blancos
que me recordaban un anuncio para la pasta de dientes Colgate. Cuando se iban, Mami llamó a Tío Cucho y le dijo que
no se atreviera volver a traer a esa mujer a su casa. Tío Cucho
se ofendió, y dijo que si Mami no quería ver a Rita, tampoco
lo iba a ver a él. Pero el fin de semana siguiente se apareció solo.

Según Mami, Rita era una mujer mala. Se metía en barras y
se iba con hombres desconocidos si le compraban un trago.
Mami no me dijo eso a mí. Yo la oí hablando con la vecina
mientras descascaraban gandules.

—¿Y tiene nenes?

—Claro que sí. Dos. Y los abandona como si fueran huérfanos
pa' irse andaregueando de fiesta en fiesta.

—¿Y tu hermano no se da cuenta?

—Cada rato la deja pa' volver después husmeándole las faldas.

—Algunas mujeres hechizan a los hombres.

—¡Bah! Esa mujer no sabe de hechizos. Es una desvergonzada
que le abre las patas a cualquiera con pantalones y un trago.

Doña Mina miró hacia Mami y pucheró los labios hacia mí.
Mami pareció sorprendida de verme. Agarró su dita medio llena
de gandules y la vació en la mía.

—Negi, llévate esto pa' arriba. Y mira a ver si el nene todavía
está dormido.

Agarré la dita y subí lentamente, por si seguían hablando de
Rita, quien me parecía que era una puta, aunque Mami no había
usado esa palabra. Pero me estaban velando. Me hice la que
no le importa y subí los escalones en brincos, los gandules sal-
tando en la dita. Bajaron sus voces, y las soltaron en carca-
jadas. Envidiosa, desechada, enojada, quise caerme y desparramar
los gandules, pero si lo hubiera hecho Mami me hubiera obli-
gado a recogerlos uno por uno, rodillas raspando contra el piso
lleno de astillas.

☙ El patio al otro lado de la verja estaba decorado con cintas
doradas estiradas en varas de bambúas. Ondulaban en la brisa,

y llamaradas de sol guiñaban por adentro como estrellas dentro
de un cielo amarillo. Alguien al otro lado de la verja alzó una
vara de bambúa con más cintas fijadas a las puntas, pero éstas
estaban húmedas y brillaban más que las otras. Humo subía del
patio, con el rico aroma de orégano y ajo, romero, hinojo y
achiote tostado.

—Mami, ¿qué son esas cintas? —le pregunté una mañana
cuando el patio parecía un mar de azafrán ondeado en olas
bulbosas.

—Tripas de cerdo —me dijo sin levantar los ojos de su costura.

—¡Yeecc!

Echó una carcajada.

—Son pa' los chorizos. Se cocina la carne con especias y se
meten dentro de las tripas de puerco. Como los que comiste ayer.

—Pero las tripas de puerco están llenas de . . .

—Se lavan bien, y se cuelgan al sol pa' que se curen y se
sequen.

Me era difícil imaginar que los chorizos tan ricos del día
anterior estuvieran hechos de las tripas de un puerco.

—¿Y qué más tienen adentro esas tripas?

—Trozitos del corazón, el hígado, carne, arroz, especias y
sangre.

—¡Sangre!

—Para que se pongan sólidas y no se desbaraten.

—¿Nosotros comemos sangre?

—¿Y de qué tú crees que están hechas las morcillas?

—No me lo digas. No lo quiero saber.

—Okei —siguió remendando.

Me encantaban las morcillas. Mami las freía o las asaba. Las
que más me gustaban tenían pedacitos de ají mezclado con la
carne.

—Okei. Dime.

—Pero si no lo querías saber . . .

—¿Tripas de puerco?

—Sí, la parte de afuera.

—¿Y qué tienen por dentro?

—Carne molida, arroz, especias.

—¿Y sangre?

—Mucha sangre. En algunos sitios le dicen budín de sangre.

—¡Ay Dios mío, Mami! ¿Por qué tenemos que comer esas cosas?

—Porque después que se mata el animal es un pecado desperdiciar lo que se puede comer . . . Y también porque sabe rico —se le escapó un gemido, y se sobó el vientre.

—¿Te duele, Mami?

—No te apures, es sólo tu hermanito o hermanita nadando dentro de mi barriga.

—Déjame tocar.

Agarró mi mano y la pasó por su vientre, acomodado sobre sus muslos como una bola llena de agua. Puse mi oído cerca, mis manos bajo sus costillas. Una ola enorme pasó de un lado al otro de su vientre, y agua gorgojeaba al bebé nadar en su piscina privada.

🕭 Papi, ¿qué es un pecado?

Recogíamos grama para los camellos de los Tres Reyes Magos, quienes venían esa noche con regalos para todos los niños que se habían portado bien. La única grama que se encontraba en el barrio crecía en el callejón, amontonada contra las verjas que dividían a las gallinas de los perros.

—Un pecado es cuando una persona hace algo que enoja a Papá Dios.

—¿Como qué?

—Bueno, vamos a ver. Tenemos el mandamiento que dice, "Honra a tu padre y a tu madre."

—¿Qué es un mandamiento?

—En realidad es "mandamientos." Papá Dios escribió diez para que la gente sepa lo que es bueno y lo que es malo.

—¿Y qué dicen los otros?

—"No tomarás mi nombre en vano."

—¿Y qué quiere decir eso?

—Quiere decir que no debes mentar el nombre de Dios a menos que sea en oraciones.

—¿No se puede decir, "Ay, Dios mío"?

—Técnicamente, no.

—Pero to' el mundo lo dice.

—Las personas religiosas no lo hacen.

—Nosotros no somos religiosos, ¿verdad?

—No vamos a la iglesia, pero sí creemos en Dios.

—¿Es un pecado no ir a la iglesia?

—Si la persona es católica.

—¿Somos católicos nosotros?

—Sí, pero no muy cumplidos que digamos.

Seguimos recogiendo grama para los camellos mientras Papi me explicaba más acerca de los mandamientos. No terminamos de hablar de todos, porque cada rato yo le interrumpía con preguntas sobre lo que era el homicidio y qué constituía el adulterio.

→ Mami se quejó toda la noche. Me preocupé de que si seguía los Tres Reyes Magos no entrarían a nuestra casa y no nos dejarían regalos. Pero en la mañana nuestros zapatos estaban llenos de nueces y dulces, y cada uno de nosotros tenía un regalito envuelto en papel verde amarrado con una cinta roja. Esa tarde, Papi jugó con nosotros afuera mientras por las ventanas salían los gritos de Mami y la voz de la partera animándola. Para el otro día teníamos una hermanita, a la cual nombramos Alicia.

→ Después de que nació Alicia, Papi visitó más frecuentemente. Venía los fines de semana, y a veces en las tardes después del trabajo. Jugaba con nosotros, nos leía los chistes del periódico, o nos llevaba a pasear por el vecindario. Al principio, Mami no le hablaba. En cuanto lo veía subir por el callejón, agarraba una canasta de ropa para remendar, o lavaba los calderos o reorganizaba la alacena. Papi se paraba en el umbral de la puerta, sombrero en mano, como los hombres que a veces se aparecían vendiendo revistas religiosas. Pero ella no le hacía caso y seguía su trabajo y ni siquiera lo invitaba a pasar. Papi se quedaba en el umbral y nos mandaba poner los zapatos y nos llevaba a comer una piragua, o nos acomodábamos en los escalones al frente de la casa y nos hacía un cuento. Mami hacía como que no le importaba. Pero poco a poco él se la fue ganando. Dos o tres veces regresamos de un paseo con él con una piragua de tamarindo medio derretida para ella. O, en vez de llevarse el periódico cuando se iba, lo dejaba sobre la mesa. Una vez, yo la vi sentada en el último escalón, codos en las rodillas, cara en la mano, escuchando a Papi recitar un poema que había escrito.

Un día Papi se apareció. Cuando se paró en la puerta, Mami lo invitó a que entrara y se sentara. Le sirvió un gran plato de arroz con habichuelas y le frió chuletas. El comió sin mirarla cuando ella se acercaba a ponerle el tenedor y cuchillo, o a llenar su vaso de agua o a darle otra servilleta porque la primera estaba arrugada.

Más tarde se sentaron a hablar en los escalones después de que nos mandaron a acostar. Estaban lejos de donde yo dormía, y hablaban en voz baja, así que no pude oír todo lo que decían. Pero sólo el escucharlos hablando me hizo feliz. La melodía de sus palabras sonaba como una promesa, y yo me esforzaba a oírlos sobre el sonido de petardos estallando, perros ladrando y la vellonera trompeteando el desconsuelo de los borrachos en la barra de la esquina. Me concentré en los murmullos rítmicos que venían de los escalones, y ese sonido, aislado de todos los otros, me calmó y me adormeció hasta el otro día.

❧ Regresamos a Macún en un camión destartalado, nuestros muebles y utensilios caseros amarrados a los lados, nuestra ropa, fundas y sábanas embultadas hasta formar cojines. Rebotando por el camino lleno de baches y hoyos, yo estaba agitada; azotada por las ramas bajas de los flamboyanes, respirando el aire amargo y polvoriento de la carretera, vestida en un polvo arenoso que volaba en todas las direcciones y nos bañaba la piel, los dientes, el cabello. Me sentí como si un gigante hubiera entrado en mi pecho y su corazón enorme pulsaba contra mis costillas mientras nos sacudía el cacharro por el camino cerca de la colinita llena de piedras donde nuestra casa brillaba debajo del sol ardiente.

Quería brincar del camión y correr, correr por los montes hasta los patios arenosos en frente de las casas familiares cercadas con enredaderas de parcha, caléndula y dondiego. Quería treparme por las colinas pedregosas sobre las cuales los balcones de nuestros vecinos se elevaban, sus barandillas afestonadas con plantas colgando en tiestos, los techos de zinc resplandecientes bajo el sol del mediodía. Quería subir el monte detrás de la casa de mi Tío Cándido y empuñar una pomarrosa de los árboles prohibidos a todos menos los miembros de la familia. Quería morder esa fruta suculenta, olorosa a rosas, y dejar que su jugo arómatico chorreara por mis mejillas y manchara mi vestido, con sus lazos, botones y cintas. Pero cuando traté de pararme, Mami me jaló para abajo advirtiendo que si no me sentaba me iba a caer y escocotar. Agarré los lados del camión, dedos apretando el metal, el gigante en mi pecho creciendo cada vez más hasta que me parecía que estallaría. El camión se paró, y salté de la parte de atrás y corrí hasta nuestro batey, mirando de un lado al otro, no segura de si lo que veía era diferente o lo mismo de lo que habíamos dejado, porque no importaba, no importaba. Estaba en casa. Y no quería nunca dejar este hogar.

❧ Caminé por la parcela de poste en poste, tratando de establecerme dentro de sus márgenes. Nuestra casa estaba situada en el mismo medio, su techo de zinc manchado con moho en las esquinas. Al lado de la casa estaba el ranchón de la cocina con su fogón, del cual subía un rizo de humo hacia el cielo. Detrás de la casa, debajo del palo de panas, estaba el cochitril, vacío, el lodo donde les encantaba bañarse a los cerdos seco, formando surcos polvorientos. La gallinera estaba entre el cochitril y el palo de mangó, una rama del cual aguantaba un extremo del cordel de secar ropa, el otro enlazado en el palo de cerezas. Más allá de la casa, hacia la parcela de Doña Ana, la letrina, con sus paredes de hoja de palma, estaba escondida detrás de unas pavonas y un palo de aguacates. Nuestra parcela estaba dividida de la de Doña Ana por un lindero de matas de berenjenas, y de la de Doña Lola por arbustos de achiote, matas de orégano y yuca.

Detrás de nuestra casa estaba la finca de Lalao, la cual llegaba hasta otro barrio. A veces se veían en la finca vacas forrajeando, o un hombre a caballo con una pava cubriendo su cara contra el sol, su camisa empapada de sudor. A nosotros no se nos permitía entrar a la finca de Lalao, la cual estaba cercada con verjas de alambre de púas. A tres metros de nuestro patio, al otro lado de la verja, había una fragante arboleda de toronjas. Las toronjas pesaban en las ramas, grandes y redondas, verde-oscuras, maculadas de amarillo. En las mañanas, oíamos las toronjas caerse de los árboles, y me parecía un pecado el desperdiciarlas, el dejar que se pudrieran debajo de los árboles cuando podíamos estar disfrutándolas. Pero Mami y Papi insistían que no nos podíamos meter a ese toronjal, así que me contenté con pararme al otro lado de la verja de púas y velar a las frutas creciendo, madurando, cayéndose y pudriéndose en el suelo, donde se convertían en un lodo pulposo que yo estaba segura era agrio.

❧ Mira Negi —me dijo Mami un día—, Mira lo que encontré.

Estaba destripando una gallina que se veía desnuda sin sus plumas, las cuales ella le había arrancado entre baños de agua hirviendo. Entre las tripas sangrantes se veían globos que palpitaban si se tocaban.

—¿Qué jéso?

—Huevos que la gallina iba a poner. ¿Ves? No tienen cáscara.

Parecían canicas de jugar, tiradores estriados dentro de los cuales un líquido amarillento centelleaba y amenazaba exudar si se rompía la membrana que los cubría.

—Son ricos en la sopa —Mami dijo, y lo creí, porque Mami nunca mentía acerca de la comida.

Esa noche nos sirvió asopao con una bola sólida flotando encima de cada uno de nuestros platos. Mordí el centro firme con mis dientes delanteros, y me subió un sabor a huevos hervidos mezclados con hígado. Me bañó la boca una pasta seca y pegajosa, y el olor de plumas escaló por mi garganta hasta llegar a mi nariz. Tuve que rasparme los dientes con la lengua varias veces para aclarar el paladar y reconocer el sabor familiar agridulce de orégano y ajos. Mami me miró de reojo, y se sonrió. Yo también me sonreí. Eran ricos, tal como ella había dicho.

❧ ¡Si cierras los ojos cuando están cruzados te quedas bizca!

Juanita Marín no encontraba qué hacer. Se me quedó mirando, espantada. Tenía pestañas largas enrizadas hasta las cejas, que ahora formaban una línea sinuosa entre sus sienes.

Cerré mis ojos, tratando de cruzarlos. Ella se aguantó la respiración. Revolví los ojos debajo de los párpados y la imaginé mirándome asustada. Abrí los ojos, manteniéndolos cruzados. Dos Juanita Marínes subieron cuatro manos hasta dos bocas con huecos donde debían tener dientes. Descrucé los ojos y me eché a reír. Su alivio se convirtió en enojo, y me dio un empujón. Eso me hizo reír más, y ella, aunque no quería, se rió conmigo.

Juanita era mi mejor amiga en Macún. Vivía cuesta abajo de nuestra casa, más allá de la casa de Doña Lola, casi al fondo del embudo que se formaba al extremo del barrio. Todos los días caminábamos de la escuela juntas, cotorreando de lo que íbamos a ser cuando creciéramos, y cuál de nuestros papás podía aserruchar más madera en menos tiempo. Yo tenía una ventaja sobre Juanita Marín. Había vivido en Santurce, donde había electricidad y duchas. Pero Juanita, quien había vivido en Macún toda su vida, conocía sitios en el barrio que ni nuestras

mamás conocían. Sitios como las cuevas al fondo del barrio,
y los boquetes en la verja de la finca de Lalao, y el vericueto
por el monte que daba al barrio donde las pocavergüenzas
ocurrían.

Era en Jurutungo donde vivían las mujeres malas que seducían
a los maridos de las mujeres de Macún. Por lo menos así nos
parecía, ya que cada vez que nuestras madres o vecinas se quejaban de las pocavergüenzas de sus maridos, éstas habían
ocurrido en Jurutungo. Era pa'l Jurutungo donde los esposos
sinvergüenzas se iban cuando cobraban y se querían emborrachar.
Era pa'l Jurutungo donde los muchachos se desaparecían cuando
llegaban a cierta edad y no se les podía controlar. Era pa'l
Jurutungo donde las mujeres de mala vida se iban con sus
bastardos. Juanita y yo nunca queríamos ir pa'l Jurutungo.
Pero muchas veces nos sentábamos detrás de una gran piedra,
donde nosotras creíamos que era la entrada, a velar si agarrá-
bamos a alguien en el acto de entrar a ese barrio de tan mala
reputación.

☙ Don Berto, el abuelo de Juanita, vivía en un ranchón detrás
de la casa de Juanita, y cada vez que yo lo veía, estaba sentado
en los escalones al frente amolando su machete. Su piel era tan
oscura y arrugada que parecía atraer luz a sus grietas, para
dejarla salir en una de las sonrisas más gloriosas que yo jamás
había visto en una persona mellá. Me fascinaban sus encías
rosadas, su lengua moteada de blanco, los labios casi del mismo
color que el resto de su piel. Sus manos retorcidas sobresalían
de las mangas de su camisa como enormes tarántulas despeluz-
nadas, siempre en movimiento, siempre buscando algún sitio
donde descansar. Las palmas de sus manos, rosadas como sus
encías, estaban saturadas de callos, y las puntas de sus dedos
manchadas con tierra y edad.

Nos sentábamos a sus pies a escuchar sus cuentos jíbaros de
fantasmas, animales que hablaban y guayabales hechizados.

Mientras hablaba, corría la orilla de su machete pa'arriba y pa'abajo, pa'arriba y pa'abajo, pa'alante y pa'atrás sobre una piedra, y sabíamos que si se nos apareciera alguna de las criaturas de sus cuentos, él las espantaría con un buen machetazo.

Una mañana, mientras yo me abotonaba el uniforme, Mami me dijo que no esperara a Juanita, ya que ella no iba para la escuela.

—¿Por qué no?

—Don Berto murió anoche, que en paz descanse.

—¿Quién te lo dijo? —siempre me asombraba cómo las noticias se impartían por el barrio. Nunca se aparecía nadie a la puerta a contarnos lo que pasaba. Era como si lo que sucedía en el barrio fuera transmitido por la brisa para ser recogido por quien estuviera lo suficientemente alerta.

—¡A ti no te importa cómo lo sé! Avanza y prepárate, o vas a llegar tarde a la escuela.

Salí corriendo, irritada, preguntándome por qué los padres nunca contestaban las preguntas que una les hacía, pero siempre tenían una respuesta para todo. En la escuela, muchos de los asientos estaban vacíos, y la maestra explicó que Don Berto había muerto y que en paz descansara. Los niños que no estaban eran sus nietos y tataranietos, y nosotros debíamos comportarnos con mucha compasión cuando regresaran, porque es muy triste el perder un abuelito. También dijo que esperaba que ninguno de nosotros le hubiésemos faltado el respeto a Don Berto cuando estaba vivo, porque ahora jamás tendríamos la oportunidad de disculparnos. Yo traté de acordarme de si le había faltado el respeto, o si alguna vez le fui descortés, pero, gracias a Dios, no recordé nada malo.

Esa tarde Mami visitó a la familia Marín y ayudó a preparar la casa para el velorio. Todas las vecinas ayudaron a desempolvar, lavar los pisos y las paredes, a poner agua florida en todos los cuartos, a preparar coronas, a bañar al difunto y ponerlo en su caja. Esa noche, cuando fuimos al velorio, parecía una casa de fiesta, decorada con flores y velas.

Don Berto estaba en el medio de la sala, vestido con una camisa blanca abotonada hasta el cuello. Sus ojos estaban cerrados, y sus manos, las cuales yo nunca había visto sin su machete, estaban entrelazadas sobre su pecho con un rosario alrededor de las muñecas y el crucifijo encima de los dedos. Un mosquitero cubría el cajón, y cada vez que alguien venía a verlo, tenía que levantar el mosquitero. Sillas estaban alineadas contra las paredes y en el patio, y muchos vecinos y gente que yo no conocía tomaban pocillos de café y se hablaban los unos a los otros.

Cuando Papi entró, muchas personas lo saludaron y acercaron las sillas hacia Don Berto. La mamá de Juanita trajo una silla para Papi, y él se sentó, abrió una Biblia que estaba aguantando una de las esquinas del mosquitero, sacó un rosario de su bolsillo y contó las sartas en silencio mientras los vecinos bajaron sus cabezas e hicieron la misma cosa.

—Oremos —dijo Papi en una voz dramática, y empezó a decir palabras que yo no entendía, y la gente repetía el mismo patrón de sonidos, y cada vez que terminaban una oración decían "Amén" y contaban las sartas del rosario, pero Papi empezaba de nuevo, y ellos lo repetían, susurrando y contando las sartas del rosario. Esto siguió por mucho tiempo hasta que yo, sin querer, me quedé dormida, y cuando me vine a dar cuenta, un gallo estaba cantando, y amanecí al lado de Delsa.

—No te vistas porque hoy no vas a la escuela —Mami dijo cuando me levanté, restregándome los ojos y rascándome.

—¿Por qué no?

—Tú y Juanita van a ir al frente de la procesión hacia el cementerio.

—¿Por qué?

Mami me miró, exasperada.

—Haz lo que te digo y deja de refunfuñar.

Héctor salió gateando de la casa, se quitó el pañal, y se paró a orinar en un arco hacia las gallinas picoteando las lombrices cerca del palo de acerola. Se sonrió con alivio, y Mami y yo nos tuvimos que reír con él.

• • •

❧ Mami almidonó y planchó mi mejor vestido blanco con florecitas azules en el cuello. Fuimos a la casa Marín después del desayuno. Juanita también tenía puesto un vestido blanco, con florecillas color de rosa en el ruedo. Los otros miembros de su familia estaban vestidos de negro o de gris, bien peinados, las cabezas de los muchachos resplandecientes con brillantina. La mamá de Juanita nos dio a cargar una corona. Era pesada, las flores enjaretadas por alambres, dos de los cuales estaban doblados para hacer un mango en cada lado. La mamá de Juanita amarró pañuelos alrededor de las puntas agudas para que no nos guayaran las manos.

Caminamos en el polvorín desde la casa de Juanita hasta la entrada del barrio. Gente vestida de luto salía de sus casas a unirse a la procesión, cargando coronas de flores amarradas con cinta púrpura. En la carretera, pararon el tráfico para que la procesión se moviera al medio. Mientras pasábamos, los hombres se quitaban los sombreros y bajaban sus cabezas, y las mujeres se santiguaban.

Fue una caminata larga hasta el cementerio. Detrás de nosotras, los hijos del difunto cargaban el cajón sobre sus hombros y no lo bajaron por todo el camino. El mundo había callado, el silencio magnificando los pasos arrastrados de los dolientes, el zumbido de las oraciones, el clic clac de las cuentas de los rosarios. La corona que llevábamos pesaba, nos jalaba los brazos flacos, nos estiraba los hombros. Pero sería una falta de respeto quejarnos, o dejar que la cinta con el nombre de Don Berto se arrastrara por el suelo. De vez en cuando Juanita me miraba con ojos tristes. Yo nunca había perdido un ser querido, así que me arropé con su dolor como si fuera mío por ver si podía sentir algo por el viejo quien nos trajo tantos momentos alegres con sus cuentos y el movimiento hipnotizador de su machete contra la piedra. Un eco vacío apretaba contra mis costillas y amenazaba desparramarse como el aire dentro de un globo. Me sentí mareada, vacía, y aguanté la corona con fuerza para que me anclara al suelo, para que no me dejara volar sobre los árboles, hasta las nubes donde el espíritu de Don Berto me esperaba, machete en mano. Se había convertido en un fantasma, una criatura que podía deambular por mis noches y ver todo lo que yo hacía, como los fantasmas de sus cuentos.

En el cementerio, el cura dijo unas palabras, y bajaron el cajón mientras la mamá y tías de Juanita lloraban y se lamentaban de lo bueno que era Don Berto y de cómo él no se merecía morir. Le echaron tierra encima del cajón, tierra húmeda y roja como la que yo usaba para hacer gente de barro, y me pregunté qué le pasaría a él ahí dentro, con todo ese peso encima. No se me quitaba de la mente esa pregunta mientras caminábamos de vuelta a Macún detrás de las hijas de Don Berto, quienes estaban sufriendo un ataque de nervios, forzando a sus hijos a casi cargarlas, casi arastrarlas hasta la casa.

❦ Papi iba a cantar las novenas para Don Berto. Después del trabajo, comió, se bañó y se cambió a una camisa blanca acabada de planchar, sacó un rosario y una Biblia de su tocador y salió.

—¿Quieres venir conmigo? —me preguntó.

—¡Sí, quiero, sí!

—Pero tienes que ponerte una chaqueta de manga larga pa' que no te haga daño el sereno.

Caminamos por el camino pedregoso en tanto que el sol bajaba detrás de los montes. Sapos saltaban hacia la maleza, sus cuerpos pareciendo muy pesados para sus patas largas y flacas. El aire olía a verde, el aroma de yerbabuena, romero y verbena subiendo de la tierra como neblina.

—Papi, ¿qué es el alma?

—El alma es la parte de nosotros que no muere.

—¿Cómo que no muere?

—Cuando una persona fallece, es sólo su cuerpo lo que muere. El alma sube al cielo.

—Sí, ya Mami me dijo eso.

Se echó una carcajada.

—Pues, ¿qué más quieres saber?

—¿Qué hace el alma?

—Se va a vivir con Papá Dios en el Paraíso.

—Cuando la gente está viva, ¿qué hace el alma?

Se paró mirándose las puntas de los pies, encajonados en sus zapatos de trabajo.

—Déjame ver, ¿qué hace? —se masajeó la frente, como si así la respuesta le saliera de adentro—. Bueno, es el alma la que escribe poesía.

—¿Cómo?

Se apretó el labio inferior entre el dedo pulgar y el índice, y lo estiró de lado a lado. Bajó sus manos, agarró la mía en una de las suyas y volvimos a caminar.

—El alma vive adentro mientras la persona vive. Es la parte del individuo que siente. El alma de un poeta siente más que la de una persona cualquiera. Y eso es lo que inspira al poeta a escribir sus poesías.

Nubes se formaron sobre los montes en rayas, como masa de pan estirada.

—¿A quién se parece el alma?

Exhaló un suspiro.

—Bueno, se parece al dueño.

—¿Quiere decir que mi alma se parece a mí y la tuya se parece a ti?

—¡Exacto! —sonaba aliviado.

—¿Y vive dentro de nuestros cuerpos?

—Si, así mismito.

—¿Y sale?

—Cuando nos morimos . . .

—Pero cuando estamos vivos . . . ¿sale pa' fuera?

—No, no creo que salga —la duda en su voz me hizo saber que yo sabía algo que él no sabía, porque mi alma viajaba fuera de mi cuerpo frecuentemente, y parecía que la de él nunca lo hacía. Ahora sabía qué me pasaba cuando caminaba al lado de mí misma. Era mi alma, andaregueando.

El sol se escondió detrás de los montes, dejando manchas

anaranjadas, rosadas y turquesas. Al frente, el paisaje se veía raso, sin sombras, sin distancia.

—Papi, ¿qué le pasa al cuerpo cuando lo entierran?

—Se descompone —dijo—. Se hace polvo.

Confluyeron con nosotros vecinos camino a la casa Marín. Nos saludaron, deseándonos buenas tardes, pero el resto de la senda la caminamos en medroso silencio.

Papi se acomodó en su sitio al frente de la casa, al lado de un altar con una foto de Don Berto, machete en mano. Me pregunté si su alma ya estaba con Papá Dios, o si todavía estaba flotando por ahí, velando a ver si sus hijos le estaban tratando con el respeto apropiado, ahora que su cuerpo estaba pudriéndose debajo de la tierra. Traté de mandar mi alma, a ver si encontraba la de Don Berto entre el cielo y la tierra, pero no lo pude hacer, asustada de que si él veía a mi alma flotando por el aire se la llevaría.

✍ Te vienen a quitar la falda, pecosa —Doña Lola tenía a Alicia sentada en su falda. Estábamos en su cocina, tomando un pocillo de café. Mami me había dicho que me llevara la nena cuando fuera a traerle una bolsa llena de gandules a Doña Lola, quien nos iba a dar un pote de café. Ella crecía café en los riscos detrás de su casa, más arriba de la letrina. Yo le había ayudado a recoger la fruta roja, y ella la había tostado en una sartén enorme en su fogón y después había dejado enfriar las nuececitas negras antes de ponerlas en frascos y potes.

—Papi dijo que de aquí a cuando Mami dé a luz, ya vamos a tener electricidad.

—Ah, sí —Doña Lola suspiró—, electricidad. Y despué' van a traer agua, y a enbrear el camino y a traer carros, y hasta guaguas. Sí, ya mismo.

—¿Guaguas, Doña Lola?

—Camiones y guaguas. Y después d'eso los americanos se van a aparecer buscando artesanías —escupió hacia el centro del batey y se rió como si se estuviera recordando un chiste privado—. Esos americanos se las traen . . .

—¿Usted conoce americanos?

—Claro que he conocido. Sí, algunos. Tú sabe que un americano e' dueño de la finca esa allá 'trás.

—¿La finca de Lalao?

—¡Bah! A otro perro con ese hueso. Esa finca no e' de Lalao. Ese pobre no es dueño ni del hoyo pa' enterrarlo.

—Pero tó' el mundo dice . . .

—Del dicho al hecho hay un gran trecho.

—¿Qué quiere decir eso?

—Quiere decir que lo que dice la gente y la verdá' no e' lo mismo. Esa finca es de Rockefela.

—¿De quién?

—Un americano de los Nueva Yores. El va a hacer un hotel allá 'trás —la finca se extendía desde el otro lado del camino hasta el horizonte, el pasto daba a arboledas de chinas y toronjas, hatos de vacas y, en la distancia, un cocal.

—¿Y qué van a hacer con to'as esas vacas?

Doña Lola soltó una risotada.

—¿Tú te apuras de las vacas? ¿Y qué de la gente?

—Pero nadie vive en la finca . . .

—¿Qué tú crees? ¿que esa gente nos va a dejar quedar cuando empiecen con su hotel?

—¿Y por qué no?

—Yo conozco al buey que faja y la víbora que pica —se tragó la última gota de su café y se paró de su taburete bruscamente, asustando a Alicia, quien alzó sus manitas hacia mí y me agarró por el cuello en cuanto me le acerqué.

Me encantaban los refranes de Doña Lola, los cuales a veces eran tan misteriosos como las cosas que Papi mantenía en su tocador. "Yo conozco al buey que faja y a la víbora que pica" quería decir que ella desconfiaba de los americanos, y que ese desconfío se derivaba de experiencia propia.

Pero en todo el tiempo que yo había vivido en Macún, nunca

había visto un americano, ni había oído mención de Rockefela, ni planes para un hotel en lo que todos llamábamos la finca de Lalao.

Cuando llegué a casa, Alicia sobre mi cadera, Mami pelaba ñames y yautías para la cena de esa noche.

—Mami, ¿es verdad que van a hacer un hotel en la finca de Lalao?

—Sí, cuando me salgan alas.

—Pero Doña Lola dice que nos van a hacer mudar de aquí.

—Han estado hablando de traer luz aquí desde antes que tú naciste. Y el rumor de un hotel en la finca de Lalao es más viejo que la esperanza de un pobre. Tus nietas estarán señoritas antes de que tal cosa pase por aquí.

Me alivié de que no nos íbamos a tener que mudar y ayudé a Mami a pelar las batatas.

—¿Dónde quedan los Nueva Yores? —le pregunté mientras le sacaba las espinas al bacalao.

—Donde vive Tata —Tata, la mamá de Mami, se había ido de Puerto Rico cuando yo era bebé. De vez en cuando, Mami recibía una carta de ella con un giro, o un paquete lleno de ropas que ya no le servían a mis primas en los Estados Unidos.

—Se llama Nueva Yor, pero es tan grande que la gente le dice los Nueva Yores.

—¿Tú has ido a los Nueva Yores?

—No, no he ido, pero quizás, un día de estos . . . —murmuró, poniendo la olla llena de agua a hervir—. Puede ser que un día de éstos . . .

꙰ —¡Ay! ¡Ay, Dios mío Santo, ayúdame! ¡Ay! —Mami estaba dando a luz por sexta vez. Yo estaba encargada de los menores, y me habían dicho que nos quedáramos afuera hasta que viniera Doña Ana a buscarnos. Aún desde las esquinas más lejanas del patio podíamos oír los gritos de Mami, y a Doña Lola y la comadrona tratando de calmarla. De vez en cuando una de ellas salía a buscar agua caliente de una olla en el fogón, o se servían un pocillo de café de la cafetera en las cenizas. Pero volvían a la casa y cerraban la puerta tras ellas, y no nos dejaban entrar a ver ni un minuto el dolor de Mami.

Al anochecer Doña Ana y su hija Gloria nos vinieron a buscar, y caminamos por la senda que conectaba nuestras parcelas, Héctor sobre mi cadera, Delsa cargando a Alicia, Norma jalando una funda con un cambio de ropas para cada uno de nosotros, por si nos tuviéramos que quedar a dormir.

Los gritos de Mami acrecentaban según nos alejábamos de la casa, como si nos pudiera sentir ir. Norma gimió, los ojos de Héctor miraban de una de nosotras a la otra, y una expresión solemne marcaba su cara usualmente viva y sonriente. Alicia tranquilamente se mamaba el pulgar y con su otra mano señalaba todo lo que pasábamos, preguntando, "¿Eso? ¿Eso?" Delsa trató de consolarnos a todos, o quizás a si misma:

—No se apuren —repetía vez tras vez—, es sólo Mami dando a luz, un bebito, eso es todo. Sólo un bebito. Mami va a estar bien.

Pero ninguno nos consolábamos tan fácilmente, aunque ya sabíamos que no debíamos molestar mucho.

Comimos el arroz con habichuelas y pollo frito que Doña Ana nos preparó, y nos sentamos afuera en el batey a esperar, juntitos. Yo les conté cuentos aprendidos de Don Berto, o me inventé algunos, pero ninguno tan horripilante como para espantar el sueño. Al otro día, nos llevaron otra vez por el sendero hacia nuestra casa, donde Mami estaba recostada sobre almohadas, dándole el pecho a nuestra nueva hermanita, y Papi, en la cocina, instalaba una estufa de gas.

❦ —Quítense la ropa. ¡Avancen!

Era mediodía, la primera semana del mes de mayo. El aire había refrescado en unos segundos. Un murmullo de lluvia empezaba en pleno sol, nubes distantes y oscuras, pero no tan

cerca como para oscurecer el valle. Mami corrió de la ventana,
su cara radiante, al canasto de ropa casera y se cambió su
vestido floreado por otro más viejo.

—¡Rápido! No se quiten las pantis, nenas, sólo sus chaquetas.
¡Avancen!

Nos ayudó a desvestir una por una mientras nos reíamos y le
preguntábamos por qué. No contestó, solo se rió, nos quitó la
ropa y la puso encima de su sillón. Llevó a Edna, que tenía como
un mes, a la puerta, dejó que unas gotitas le cayeran en la
frente, y se las sobó por toda la cara y los hombros antes de
volverla a su coy.

—Vengan conmigo —se fue al centro del batey, sonriendo.
Las nubes oscuras corrían a través del valle, pero donde ella
estaba parada todavía hacía sol. Llovizna como rocío le hume-
deció el vestido contra sus hombros, su vientre redondo, sus
caderas. Levantó su cara hacia las nubes y dejó que la lluvia le
mojara la cara, y empujó gotas por su cabello, por su cuello,
en la grieta entre sus senos. Nosotros la velábamos, amontonados
en la puerta.

—¿Qué hace Mami? —preguntó Delsa.

—Se está bañando —contestó Norma, sus ojos amarillos
enormes.

—¿Qué están esperando? —Mami cantó desde el batey.

—Pero Mami, está lloviendo —dijo Delsa sacando su mano,
como para comprobarlo.

—Sí —Mami dijo—, es la primera lluvia de mayo. Si uno se
moja en la primera lluvia de mayo, trae buena suerte.

Le dio la mano a Delsa y a Héctor. El se había agarrado del
umbral de la puerta como si estuviera clavado allí. Los danzó
hasta el batey, y los bailó en círculos. Nosotros salimos poco a
poco, velando las negras nubes crestar la montaña y bajar al
valle. Lluvia caía en gotas pesadas, explotando cráteres en la
tierra seca, estallándose contra las paredes y el techo de zinc.

Nos aguantamos las manos porque parecía ser lo apropiado,
y dimos vueltas. La tierra se convirtió en lodo y la lluvia cayó

más fuerte, cascadeando por nuestras mejillas y dentro de nuestras bocas. Bailamos, cantando en coro:

¡Que llueva, que llueva!
La Virgen en la cueva,
los pajaritos cantan,
la Virgen se levanta.
¡Que llueva, que llueva!

Mami nos soltó las manos y corrió debajo del aledero del techo, donde el agua caía en torrentes. Nos dio un turno a cada uno a que la torrente nos masajeara nuestros cuerpitos flacos y rebotara en abanicos plateados a la tierra. Nos frotó agua en el cuero cabelludo, detrás de las orejas, debajo de los brazos, y nos mandó a resbalarnos en el lodo. Aplastamos nuestras manos y pies contra el lodo, lo sobamos en nuestros brazos, barrigas, detrás de las rodillas, y después dejamos que la lluvia nos lo lavara, en largos chorros rojos y anaranjados que se escurrían hacia la tierra empapada. Chillamos y reímos y cantamos bombas hasta que el primer relámpago abrió las nubes y los truenos nos mandaron corriendo dentro de la casa temblando de frío, para ser secados por una Mami sonriente, sus ojos relucientes, su cara enrosada.

Llovió por el resto del mes, aguaceros enojados llamados "vaguadas" que ensopaban la tierra, convirtiendo a nuestro batey en un fangal resbaloso. Truenos y relámpagos se detonaban sobre nosotros, el sonido magnificado por las paredes y techos de metal. Las nubes bajas metieron al valle en penumbra, y tuvimos que prender los quinqués día y noche para poder movernos por la casa.

Papi no salía a trabajar si las lluvias empezaban temprano, y se pasaba el día leyendo revistas que sacaba de su tocador. Si las lluvias empezaban después de que él se había ido, no lo veríamos por días. A Mami como que no le importaban tanto sus ausencias, y nos preparaba sopas, o arroz con leche, o sancochos calientes de lo que encontraba en la alacena y pudiera

meter en la olla. Cuando no estaba cocinando, cosía si tenía
tela, o pulía la cama de caoba y el tocador de Papi, o remendaba
lo que estuviera roto, destartalado o necesitara botones.

Dormíamos largas horas, la lluvia redoblando contra las
paredes, los truenos enojados galopeando sobre nuestro techo
de zinc. Recogíamos agua en barriles que se sobrellenaban, y
todavía caía la lluvia, como un huésped, una vez bienvenido,
pero que se quedó más tiempo de lo que se esperaba, corroyendo
en la tierra surcos que el sol secó, heridas largas y secas, heridas
que jamás se curarían.

LOS AMERICANOS
INVADEN A MACÚN

Lo que no mata engorda.

Pollito, *chi-ken*
Gallina, *jén*
Lápiz, *pén-sil*
y Pluma, *pen*
Ventana, *güín-do*
Puerta, *do-ar*
Maestra, *tí-cher*
y Piso, *flo-ar*.

Miss Jiménez se paraba al frente del salón y, mientras cantábamos, señalaba con su regla hacia los pollitos picoteando la tierra en el patio, la gallina tras ellos, el lápiz en el escritorio de Juanita, la pluma en su propio escritorio, la ventana que daba al patio, la puerta que daba al corredor, a su propia persona y al piso de loza pulido. Cantábamos con ella, señalando con la parte engomada de nuestros lápices.

—Berri gud —sacó un mapa que estaba enrollado en un tubo al frente del salón. En inglés, nos dijo:

—Nao güí estodi abaut de Yunaited Estéits yeográfi.

Era la clase diaria de inglés. Miss Jiménez, la maestra de segundo y tercer grado, era nueva en la escuela de Macún. Parecía una muñeca, con pómulos altos y redondos, su cara salpicada de pecas y su cutis color café con leche, sus pestañas negras, su cabello rizo envuelto en un moño en la nuca, y las piernas más bonitas en todo el barrio. Doña Ana había dicho que las piernas de Miss Jiménez eran las más bellas que ella jamás había visto,

y, al otro día, mientras Miss Jiménez escribía la tabla de
multiplicación en la pizarra, yo se las examiné.

Usaba faldas que cubrían sus rodillas pero que revelaban
pantorrillas formadas como los muslos de un pollo, llenas y
redondas en la parte superior, angostando según bajaban hacia
los tobillos. Tenía vellos largos y lacios en sus piernas, los cuales
se decía que añadían a su belleza, y pies pequeños calzados en
zapatos con un tacón bajo y cuadrado. Esa noche yo le pedí a
una estrella que algún día mis patas flacas se llenaran hasta ser
tan bonitas como las de Miss Jiménez, y que los vellos me
salieran tan largos y lacios y negros como los de ella.

Miss Jiménez vino a Macún el mismo año que el Centro
Comunal. Nos dijo que, empezando la semana próxima, desa-
yunaríamos en el Centro, cortesía del Estado Libre Asociado,
el nombre oficial de Puerto Rico en los Estados Unidos, los Yunaited Estéits off América. Nuestros padres, dijo Miss Jiménez,
debían de acudir a una reunión ese sábado, donde expertos de
San Juan y de los Yunaited Estéits les enseñarían lo que eran
la nutrición e higiene apropiadas, para que todos creciéramos
tan gorditos, altos y fuertes como Dick, Jane y Sally, los america-
nitos en nuestros libros.

—Y Mami —le conté mientras tomaba mi pocillo de café
después de la escuela—, Miss Jiménez dijo que los expertos nos
van a dar comida gratis y cepillos de dientes y cosas . . . y que
nos van a dar desayuno todas las mañanas menos los
domingos . . .

—Cálmate —me dijo—. Vamos pa'allá. No te preocupes.

&ð La mañana del sábado, el patio del Centro Comunal estaba
lleno de adultos y niños. Se distinguían los expertos de San Juan
de los de los Yunaited Estéits porque los americanos vestían
corbatas con sus camisas blancas y estiraban los cuellos apretados
de sus camisas, y se limpiaban el sudor de la frente con pañuelos
arrugados. No habían contado con niños, y los expertos de
San Juan convencieron a unas muchachas que velaran a los nenes

para que la reunión procediera con un mínimo de desorden. Los nenes chiquitos no querían dejar a sus mamás y berrinchaban si uno de los hombres de camisa blanca se les acercaba. Algunas mujeres se sentaron en la parte de atrás del salón dando a mamar, un pañal cubriendo su pecho y las caritas de sus bebés, cosa que los expertos no se ofendieran al ver un seno. No había ni un padre. Casi todos los hombres del barrio trabajaban siete días a la semana, y, en todo caso, los niños y la comida eran responsabilidades femeninas.

—Negi, llévate a los muchachos afuera y entretenlos hasta que termine esto.

—Pero Mami.

—Haz lo que te digo.

Encontró una silla y se sentó. Puse a Edna sobre mi hombro y agarré la mano de Alicia. Delsa y Norma salieron afuera, corrieron hasta el patio y en unos minutos habían encontrado otras niñas de su misma edad. Héctor convenció a otro nene que lo persiguiera alrededor de un árbol, y Alicia gateó hasta la orilla de un charco y se entretuvo con otras nenas, echándose barro encima las unas a las otras. Yo me senté en el umbral, Edna en mi falda, y traté de velar a los muchachos y a la misma vez mantener un ojo en los procedimientos de adentro.

Los expertos habían puesto carteleras en colores contra un atril de metal portátil. Se presentaron los unos a los otros, le dieron gracias al Estado Libre Asociado por el privilegio de estar en Macún, y se turnaron hablando. El primer experto abrió un maletón. De adentro sacó un par de dientes enormes con encías rosadas.

—¡Ay, Dios Santo, qué cosa tan fea! —dijo una mujer persignándose. Las otras se rieron, y murmuraron que sí, era feísima. El experto estiró sus labios contra sus dientes y sacó un cepillote de debajo de la mesa. Usaba palabras castellanas, que nosotras asumimos eran científicas, para decir dientes, encías y lengua. Con su cepillote, pulió cada diente del modelo, enseñando el correcto paso del cepillo por los dientes.

—¡Ay no, qué chavienda! ¡Se me va el día lavándome los

dientes! —dijo una señora en voz suficientemente alta que todos
la oyeron. El salón zumbaba con risas, y el experto otra vez
estrechó sus labios contra sus dientes, suspiró y continuó con su
demostración.

—Cuando concluya esta reunión —dijo—, todas recibirán un
cepillo de dientes y un tubo de pasta para cada miembro de su
familia.

—¿Hasta pa' los mellaos? —preguntó una señora desde atrás
del salón, y todas nos reímos.

—Si han perdido los dientes, cuál es el uso, ¿no? —el experto
dijo entre dientes. Las mamás se rieron, y el experto se sentó
para que un americano pelirrojo con lentes gruesos nos hablara.

—La bueyna nutrichon is muhi importantei para los ninios
—en castellano, con acento americano, describió la necesidad de
ingerir porciones de cada una de las comidas en su cartel. Había
zanahorias y brécol, lechuga, manzanas, peras y melocotones.
El pan estaba tajado en cuadros perfectos, no como los bollos
de pan que Papi traía de la panadería, ni con chichones como
el pan de manteca que Mami compraba en la cooperativa. No
había arroz en el cartel, ni habichuelas, ni bacalao. Había huevos
más grandes y blancos de los que nos daban nuestras gallinas.
Había un gran vaso de leche, pero no había café. Había triángulos
de queso amarillo, pero no bolas de queso del país envuelto en
hojas de plátano. Había guineos amarillos pero no verdes, papas
pero no batatas, cereal seco pero no avena, tocineta pero no
morcillas.

—Pero señor —dijo Doña Lola desde el fondo del salón—,
ninguna de esas frutas o vegetales crecen en Puerto Rico.

—Entonseis deiben quei cambia a nuestras recomendeichones
con sus alimentous nativous.

—¿Quiere decir que se puede cambiar un mangó por una
manzana? —preguntó Cirila, cuyo patio estaba rodeado de palos
de mango.

—Sí —dijo el experto—, un mangou sei puiede sustitoir por
una manzana.

—¿Y las panas?

—Un momentou —el americano miró hacia un experto de San Juan, quien se paró, jaló su guayabera hasta taparse la panza, y se dirigió a la asamblea en una voz tan profunda como la de un locutor de radio.

—Las panas —dijo—, son equivalentes a las papas.

—¿Y las de pepita? —preguntó Doña Lola, quien las asaba en el fogón.

—Bueno, creo que sí —dijo—, pero es mejor no sustituir a los alimentos recomendados. Eso sería sabotaje contra ustedes mismas, ya que no resultaría en los mismos beneficios.

Se sentó, ojos hacia el techo, manos cruzadas debajo de la panza como que si no la aguantaba se le caería. Las mamás se preguntaban unas a las otras dónde se podían conseguir zanahorias y brécol, lechuga americana, manzanas, melocotones y peras.

—Al concluchon dei la reunion —el americano dijo—, recibirán una boulsa dei alimentous con especimenes dei lous cuatrou grupous dei alimentous necesarious —guardó su cartel y acercó su silla a una ventana, mientras las voces de las mujeres zumbaban, preguntándose qué había dicho el señor.

El próximo experto destapó otro cartelón con una representación de un insecto negro y peludo. Un nene empezó a gritar, y a una señora le dieron hipos.

—Esto —dijo el experto rascándose la cabeza—, es un piojo. Cuando terminó, otro americano, que hablaba buen español, discutió los parásitos intestinales. Les dijo a las madres que hirvieran el agua varias veces y que se lavaran las manos frecuentemente.

—A los niños les encanta ponerse los dedos en la boca —dijo, como si fuera gran cosa—, pero cada vez que lo hacen, corren el riesgo de infección —pasó la página del cartelón para descubrir una magnificación de una mano sucia, las uñas mugrosas.

—Ave María, ¡qué mano asquerosa! —dijo Mami, y yo escondí mis dedos dentro de mis manos.

—Cuando los niños juegan afuera —continuó el experto—,

sus manos se ensucian, y con el sucio entran millares de parásitos microscópicos por la boca, para vivir y reproducirse en el sistema intestinal.

Volvió a darle la vuelta al cartelón. Una culebra larga y aplastada serpenteaba desde una esquina del cartelón a la otra. Mami se estremeció y se frotó los brazos para controlar los escalofríos.

—Aquí tenemos una solitaria —dijo el americano—, y se encuentra muy frecuentemente en esta parte del mundo.

Mami había relajado que la razón por la que yo era tan flaca era que tenía una solitaria en la barriga. Pero yo creo que ella jamás había visto una solitaria, ni yo tampoco. Yo me imaginaba algo como los gusanitos que salían de la tierra cuando llovía, pero nunca algo tan feo como la culebra en el cartelón, su cuerpo ondulante aplastado como naipes conectados.

—La solitaria —continuó el experto—, puede crecer hasta nueve pies de largo.

Me sobé la barriga, tratando de imaginar cuánto eran nueve pies y si había suficiente espacio en mi vientre. Sólo el pensarlo me daba picazón por dentro.

Cuando terminaron sus discursos, los expertos mandaron formar una cola a un lado del salón, y cada mujer recibió muestras dependiendo del número de personas en su familia. A Mami le dieron dos bolsas llenas, así que Delsa tuvo que cargar con Edna hasta casa y yo llevé una de las bolsas llenas de potes, tarros, y cajas pintadas de muchos colores.

Cuando llegamos a casa, Mami nos dio a cada uno un cepillo de dientes y nos dijo que teníamos que lavarnos la boca todas las mañanas y todas las noches. Puso un tubo de pasta dental y un pocillo al lado de la puerta, cerca de las cosas de afeitarse de Papi. Entonces empezó a vaciar las bolsas.

—Yo no sé por qué esa gente no nos dieron un saco de arroz y una bolsa de habichuelas. Esta familia puede comer con eso por lo menos un mes.

Sacó un pote de cinco libras de mantequilla de maní, dos

cajas de cereal en escamas, potes de cóctel de frutas, melocotones en siró, remolachas, atún, tarros de jalea de uvas y de pepinillos encurtidos, y los puso en la tablilla más alta de la alacena.

—Vamos a guardar esto —dijo—, pa' que podamos comer como los americanos cuando el hambre apriete.

Los dejó ahí por meses, pero los fue bajando uno por uno, y, como prometido, comimos como americanos cuando apretó el hambre.

 ❧ Una mañana temprano me desperté con algo retorciéndose dentro de mis pantis. Cuando miré, vi una lombriz. Grité, y Mami vino corriendo. Señalé a mis nalgas y ella me bajó los pantis y miró. Me sentó en una palangana de agua tibia con sal, porque pensó que así saldrían más lombrices. Me ñangoté, nalgas mitad fuera, mitad dentro de la palangana, temiendo que en cualquier momento una solitaria iba a salir de allá abajo, y cuando notara que estaba fuera de mi cuerpo, me picaría y trataría de volverse a meter. No quitaba los ojos de la palangana, pero nada salió, y, después de un rato, Mami me dijo que me parara. Esa noche nos dio un caldo en vez de comida.

—Esta noche le toca un purgante a cada uno —explicó.

—¿Por qué a todos? —se quejó Delsa—. Negi es la que tiene lombrices.

—Si uno tiene lombrices, todos tienen lombrices —dijo Mami, y no nos atrevimos a disputar su lógica—. Váyanse a lavarse y prepararse pa' dormir, y les doy su medicina.

El purgante era su propia fórmula, una mezcla de aceite de hígado de bacalao, artemisa, leche de magnesia y jugo de papaya verde, endulzado para cubrirle el sabor a tiza, pescado y amargo. Burbujeó en nuestras barrigas de la noche a la mañana. Delsa, Norma, Héctor y yo nos levantamos con dolor de estómago y nos turnamos al frente de la letrina, poniéndonos de nuevo al fin de la cola casi en cuanto salíamos. Mami nos hizo caldos, y, en la noche, arroz soso hervido, que por lo menos se nos pegó al estómago y calmó la turbulencia de adentro.

👁 —Esta semana —dijo Miss Jiménez—, recibirán sus vacunas de la enfermera de la escuela.

Nunca antes habíamos tenido una enfermera en la escuelita de Macún, pero últimamente una mujer vestida de blanco, con un gorro alto y tieso en la cabeza, había puesto una enfermería en una esquina del comedor. Habían enviado formularios a la casa, y Mami nos dijo a mí y a Delsa que nos vacunarían contra el polio.

—¿Qué es polio? —le pregunté, imaginándome un parásito que parecía una gallina en mi barriga.

—Es una enfermedad que hace que los niños se queden inválidos —me contestó.

—¿Como la meningitis? —preguntó Delsa. El hermano de una de sus amiguitas sufría de esa enfermedad; sus brazos y manos estaban torcidos hacia su cuerpo, sus piernas desplegadas contra sus rodillas, cosa que andaba como si estuviera a punto de arrodillarse para rezar.

—No —Mami dijo—, es peor. Si te da polio, te mueres, o si no, tienes que pasar el resto de tu vida en una silla de ruedas o dentro de un pulmón de hierro.

—¿Pulmón de hierro? —era imposible. No podía existir tal cosa.

—¡No es un pulmón de hierro por dentro! No seas tan boba —Mami se echo a reír—. Es una máquina que respira por la persona.

—¡Ay, Dios mío! —polio era peor que la solitaria.

—Pero, ¿cómo puede ser eso? —los ojos de Delsa se abrieron y cerraron como si estuviera comprobando si estaba despierta o dormida.

—Yo no sé cómo es la cosa —Mami dijo—. Pregúntale a tu papá.

Delsa y yo nos rompimos la cabeza tratando de imaginar un pulmón de hierro, y, esa noche, cuando Papi llegó del trabajo, le hicimos dibujarnos uno y enseñarnos cómo era posible que una máquina respirara por una persona. El dibujó un tubo largo y en una extremidad puso una carita sonriendo.

—Parece un pote —dijo Delsa, y Papi tiró una carcajada.

—Sí —dijo—, exacto. Parece un pote.

   Miss Jiménez nos mandó donde la enfermera de dos en dos por orden alfabético. Cuando llegó a la *S* yo estaba temblando, porque cada uno de los niños que fueron antes que yo volvían lloriqueando, aguantando una bolita de algodón contra sus brazos. A Ignacio Sepúlveda le tocó ir conmigo, y, aunque estaba tan amedrentado como yo, pretendía que era muy macho para preocuparse.

—¡Llorones! —les decía—. Yo he cogido inyecciones, y no duelen tanto.

—¿Cuándo?

—El año pasado. Nos dieron vacunas contra la tuberculosis.

Nos acercábamos al comedor, e Ignacio aflojó el paso, me jaló del brazo y murmuró:

—Tiene que ver con la política.

—¿Qué tiene eso que ver? La política no es una enfermedad como el polio. Es lo que los hombres discuten en la parada de guaguas —Papi le había dicho muchas veces a Mami que había llegado tarde a casa porque la guagua lo dejó porque se enmarañó en una discusión sobre la política.

Ignacio bajó su voz, como si estuviera compartiendo un secreto.

—Mi papá dice que el gobierno está haciendo to' esto porque vienen las elecciones.

—¿Qué tiene eso que ver?

—Nos vacunan y nos dan desayuno gratis, cosas así, pa' que cuando vengan las elecciones, nuestros padres voten por ellos.

—¿Y?

—Tú no sabes ná de ná.

—Yo sé más que tú.

—No entiendes ná de la política.

—O sí . . .

—O no . . .

—O sí . . .

—¿Sí? Pues ¿quién es el gobernador de Puerto Rico?

—¡Ay, por favor no me rompas la cabeza con una pregunta tan difícil! —me burlé—. To' el mundo sabe que es Don Luis Muñoz Marín.

—Sí, pero te apuesto que no sabes quién es el presidente de los Yunaited Estéits.

—Ei-sen-ou-er.

—A que no sabes su nombre cristiano.

Ignacio Sepúlveda era un zángano, y yo sabía más que él. Todos los días yo miraba el periódico de Papi, y había visto retratos del presidente jugando al golf, y de su esposa con el peinado que parecía que le habían invertido una palangana sobre la cabeza.

—Su nombre cristiano es Ique —dije, hinchada de sabiduría—, y su esposa se llama Mami.

—Pues los dos son unos imperialistas, igual que todos los gringos —me pasmé, porque Mami y Papi nunca nos dejaban decir tal cosa acerca de los adultos, aunque fuera verdad.

Cuando entramos al comedor, Ignacio presentó su brazo como si fuera a recibir una medalla en vez de una inyección. Le salieron lágrimas cuando la enfermera lo puyó, pero no lloró. Yo tampoco, aunque por poco se me escapa un chillo. Yo no iba a dejar que Ignacio Sepúlveda me llamara una llorona.

✍ —Papi, ¿qué es un imperialista?

Paró el martillo en medio martillazo y se me quedó mirando.

—¿Dónde oíste esa palabra?

—Ignacio Sepúlveda dijo que Ique Eisenouer es un imperialista como to's los gringos.

Papi miró a su alrededor como si alguien estuviera escondido detrás de un palo escuchándonos hablar.

—No te quiero oír repitiendo eso a nadie, ¿entiendes?

—Sí, Papi, yo sé. Sólo quiero saber si los gringos y los americanos son la misma cosa.

—Nunca debes llamar a un americano "gringo." Es un insulto.

—Pero, ¿por qué?

—Porque sí. Y el nombre del presidente se pronuncia Ayk, no Ique —volvió a martillar contra la pared. Me pareció raro que Papi no me contestara una de mis preguntas.

Le di un clavo del pote a sus pies.

—¿Por qué es un insulto?

Dejó de martillar la pared y me miró. Yo no le quité los ojos de encima, y él dejó su martillo, se quitó el sombrero, pasó su mano por su frente, se la secó en los pantalones, se sentó en el escalón y se recostó, estirando sus piernas. Esto era lo que yo esperaba. Ahora sí que me diría lo que yo quisiera saber de los gringos y los imperialistas.

—Puerto Rico fue una colonia española después que Colón pisó tierra en Mayagüez —empezó como si fuera un maestro.

—Eso me lo enseñaron en la escuela.

—No interrumpas.

—Disculpa.

—En el 1898, la marina de los Estados Unidos invadió a Puerto Rico, y nos hicieron una colonia americana. Muchos puertorriqueños quieren cambiar eso. Llaman a los americanos imperialistas, que quiere decir que los americanos quieren convertir a nuestro país y nuestra cultura igual a la de ellos.

—¿Es por eso que nos enseñan inglés en la escuela, pa' que hablemos como ellos?

—Así mismo.

—Pues yo no voy a aprender inglés pa' no volverme americana. Se rió.

—Ser americana no es sólo un idioma, negrita, son muchas otras cosas.

—¿Como qué?

Se rascó la cabeza.

—Como las comidas que comes . . . la música que escuchas . . . las creencias . . .

—¿Creen los americanos en Papá Dios?

—Sí, algunos.

—¿Creen en fantasmas y brujas?

—Sí, algunos americanos creen en esas cosas.

—Mami dice que ella no cree na' d'eso.

—Sí, lo sé. Yo tampoco.

—¿Por qué no?

—Porque . . . yo creo en lo que puedo ver con mis propios ojos.

—¿Por qué a los americanos le dicen gringos?

—Nosotros los llamamos gringos, ellos nos llaman "spiks."

—¿Qué quiere decir eso?

—Bueno —se sentó, puso sus codos sobre sus rodillas y miró el suelo como si estuviera abochornado—, hay muchos puertorriqueños en Nueva York, y cuando un americano les habla, dicen: "Ay no spik inglis" en vez de "Ay dont spik inglish." Se burlan de nuestro acento.

—Pero los americanos tienen acento cuando hablan español.

—Sí, es verdad. Los que no se preocupan de aprender el idioma bien —empujó su sombrero hasta la parte de atrás de su cabeza, y el sol quemó su cara tostada, haciéndole cerrar los ojos—. Eso es parte de ser un imperialista. Ellos quieren que se hagan las cosas a su manera, aún en nuestro propio país.

—Pero eso no es justo.

—No, no es justo —agarró su martillo—. Bueno, nena, tengo que terminar esto. ¿Me quieres ayudar?

—Sí —le seguí con el pote lleno de clavos para que él no se tuviera que agachar cada vez que necesitaba uno—. ¿Papi?

—Sí.

—Si nos comemos toda esa comida americana que nos dieron en el Centro Comunal, ¿nos volvemos americanos?

Dio un martillazo contra la pared, me miró con una amplia sonrisa y dijo:

—Sólo si te gusta más que nuestro arroz con habichuelas.

&ep; El patio del Centro Comunal estaba lleno de niños. Missis García, quien se encargaba del comedor escolar, abrió la puerta y salió afuera, una campana en su mano. Sin que la tuviera que sonar, nos callamos. Señaló su aprobación con una sonrisa.

—Bien —retornaron los murmullos y empujones al tratar de amontonarnos frente a la puerta para ser los primeros en probar el desayuno. Missis García alzó la campana amenazadoramente. Nos callamos en un suspiro.

—Por favor —dijo en su voz masculina—, formen una cola con los más chiquitos al frente.

Los niños menores, a quienes habíamos empujado hasta el final de la cola, se escabulleron al frente. Yo tomé mi sitio entre los menores y los mayores, los cuales nos miraban mal y hacían mover la línea hacia el frente con codazos.

—¡Dejen de empujar! —gritó Missis García—. Hay para todos.

Abrió las puertas y nos precipitamos en una ola, hostigados de atrás por muchachos empujándonos hacia el frente con sus pechos y rodillas.

El Centro Comunal había sido decorado con carteleras. Dick y Jane, Sally y Spot, Mother y Father, el Mailman, el Milkman y el Policeman sonreían en cuadro tras cuadro, su mundo limpio, higiénico, saludable y teñido en colores primarios lisos y sin sombras.

—¡*Wow*! —exclamó Juanita Marín, sus labios fruncidos en una O.

Gente parecida a Mother y a Father mostraban tubos de pasta dental Colgate y barras de jabón Palmolive. Un gráfico pegado a la pared con tachuelas presentaba ejemplos de los cuatro grupos alimenticios básicos. En una esquina, el sello puertorriqueño, entre nuestra bandera y la de los Estados Unidos, parecía una oveja servida en un plato. Sobre él, Ike y Don Luis se encaraban sonriendo.

—¡Ay, fó! ¿Qué jéso? —le pregunté a Juanita cuando nos acercábamos a una mesa de ollas calientes.

—La comida, boba.

Era un olor agridulce, blando pero fuerte, caliente pero no confortador, sin olor a yerbas ni especias.

—¡Apesta!

—A mí me huele rico —haciendo pucheros, se apropió una bandeja, una servilleta de papel verde claro y una cuchara.

La servidora tomó un plato de esmalte azul de una torre detrás de ella y excavó una porción amarilla de una olla. Descargó una cucharada en el plato de Juanita y se lo puso en la bandeja.

—Tú también quieres huevos, ¿verdad? —me preguntó con una sonrisa.

—¿Esos son huevos?

—Pues claro que son huevos, ¿qué más pueden ser? —amontonó los huevos como una ampolla amarilla en medio de mi plato, donde vibraba, sus orillas untuosas verdes donde se combinaban con el azul del esmalte.

—A mí no me parecen huevos.

Ignacio Sepúlveda empujó su bandeja entre mis costillas—avanza, que tú no eres la única.

—Son huevos americanos —dijo la próxima servidora. Su tarea consistía en espetar a una salchicha en un tenedor y dejarla caer en el plato—. Son huevos en polvo. Sólo se les echa agua y se fríen —arregló dos salchichas de manera que flanquearan mi revoltillo de huevos—. Y aquí tienes salchichas americanas, pa' ver si te ponen carne en esos huesos —se rió, y yo la miré mal. Eso la hizo reír más fuerte.

El otro servidor abofeteó margarina en dos cuadros de pan, los cuales arregló como una pirámide sobre los huevos. Luego, una muchachita vació jugo de un pote dentro de un vaso con fondo grueso, el cual puso en las bandejas tan descuidadamente que chapoteó y formó charcos anaranjados que se escurrían hacia las esquinas de las bandejas.

Nos sentamos en bancos largos conectados a mesas de plástico, Juanita en frente de mí.

—¡Qué rico se ve todo! —anunció Juanita en su voz de pajarita, lamiéndose los labios. Sus ojos negros abarcaron los colores de nuestro desayuno americano: bandeja color castaño, plato azul, huevos amarillos, salchichas negras, pan blanco como la leche, con orillas color de lana, el brillo descolorido de la margarina, jugo de china, servilleta verde claro, cuchara plateada—. ¡Qué lindo! —dijo.

Separé todo en mi plato para que nada se tocara y metí la cuchara en la ampolla gelatinosa, la cual era más firme de lo que esperaba. Estaba caliente y emitía ese olor raro que había olido al entrar. Tenía el mismo sabor de las portadas de las libretas de la escuela: salado, seco, fibroso, pero no tan satisfactoriamente mascable. Si estos habían sido huevos, hacía tiempo que pasaron por el culo de una gallina. Corté un trozo de la punta de la salchicha y le di vueltas con la lengua antes de masticarlo. Su pimientez grasosa tenía un sabor amargo como el anís, pero sin el dulzor. El pan formó bolitas húmedas dentro de mi boca, por más que lo masticara. El jugo quizás una vez tuvo chinas, pero ahora era una memoria de naranjas con un suave olor cítrico.

Yo me alegré de que la comida no me sabía a nada, y jugué con ella, creando montañas amarillas por las cuales corrían fosforescentes ríos de grasa, sus orillas verdes, las bolitas de pan blanco como piedritas en la tierra de salchichas con lunares negros, hormigas quizás, o, mejor, gente microscópica.

Arr yu slepin? Arr yu slepin?
Bro der Yon, Bro der Yon.
Mornin belsar rin gin

> *Mornin belsar rin gin*
> *Din din don. Din din don.*

A Miss Jiménez le gustaba enseñarnos el inglés por medio de las canciones, y aprendimos todas las canciones fonéticamente, con poca idea de lo que querían decir en español. Trató de enseñarnos "America the Beautiful," pero tuvo que desistir cuando nos enredamos en "fó espechos scays" *(for spacious skies)* y "ambur ueys ofgrén" *(amber waves of grain).*

A la misma vez nos enseñó "La borinqueña," la cual decía que Borinquén era la hija del mar y el sol. A mí me gustaba pensar en nuestra islita como una mujer cuyo cuerpo era un jardín de flores, sus pies acariciados por las olas del mar, sus cielos sin nubes. Me gustaba especialmente la parte de cuando a sus playas llegó Colón y exclamó, lleno de admiración: "¡Ay! Esta es la linda tierra que busco yo."

Pero mi canción patriótica favorita era "En mi viejo San Juan," en la cual el poeta le dice adiós al viejo San Juan y llama a Puerto Rico "diosa del mar, reina del palmar."

—Papi . . . —estaba de rodillas, alisando el cemento del piso de la nueva cocina de adentro.

—Sí . . . —puso el palustre a su lado y se apretó la cintura al estirar su espalda. Yo me acuclillé cerca de él, contra la pared.

—¿A dónde iba Noel Estrada cuando le estaba diciendo adiós al viejo San Juan?

Papi bajó la radio.

—Yo creo que estaba en un barco en la Bahía de San Juan en ruta hacia Nueva York.

—Es una canción muy triste, ¿no crees?

—Pero al final dice que algún día volverá.

—¿Y volvió?

—La última estrofa dice que ya está anciano y no ha podido regresar.

—Eso la hace más triste todavía.

—¿Por qué?

—Porque dice que regresa para ser feliz. ¿No quiere eso decir que no le fue bien en Nueva York?

—Sí, supongo que sí.

—Quizás él no se quería ir.

—Puede ser que no —agarró el palustre, deslizó una capa de cemento, y se la pasó al piso, alisándola en arcos que formaban semicírculos, como un arco iris azul.

✍ —¡Mira qué lindo!

Mami sacó una chaqueta amarilla con volantes fruncidos en el cuello y se la puso contra su pecho, palmándola a su forma, estirándola hasta los hombros a ver si le quedaba. Era un color bonito contra su piel, resaltando las pecas sobre su nariz como si fueran motitas doradas.

—La voy a guardar por ahora. Me queda un poco estrecha.

Estaba encinta otra vez, y su barriga empujaba contra la tela de su vestido, separando las costuras, los hilos zigzagueando por los lados de su cuerpo, revelando partes de su piel pálida y suave entre los puntos. Dobló la blusa y sacó un vestido de la caja. Delsa y yo lo agarramos, pero Mami le dio un tirón fuera de nuestro alcance y cruzó los brazos, estrujándolo contra su pecho.

—¡Estense quietas! Déjenme ver el tamaño primero —lo desplegó. Era perfecto para mí. Tenía puntitos rojos en las mangas estilo campana, el corpiño blanco, falda blanca con dos bolsillos rojos en forma de corazones y una raya ancha en el ruedo con más puntitos rojos.

—Negi, me parece que éste es pa' ti.

Lo agarré y me fui corriendo al otro lado del cuarto, donde Norma ya se estaba midiendo unos pantalones cortos con chaqueta del mismo color. Le enseñé la lengua a Delsa, quien me apuñalaba con sus ojos, pero sólo hasta que Mami sacó un vestido celeste con volantes y encaje. Perfecto para Delsa.

Tata, la mamá de Mami, nos había enviado de Nueva York

una caja llena de ropa que ya no le quedaba a mis primas. Ropa casi nueva, con pocas manchas y remiendos. Héctor, el único varón en la familia, era el único que recibía ropa nueva porque ninguno de los familiares de Mami en Nueva York tenía nenes de su edad. Pero para nosotras había zapatos de charol brillosos con los tacos casi sin gastar, zapatos de dos colores que ya no apretaban, un suéter rojo con un lazo al cuello al que sólo le faltaba un botón, faldas plegadas con blusas del mismo color, tacos para Mami, batas y un par de piyamas que yo cogí porque me gustaban los vaqueros persiguiendo a los indios alrededor de mi cuerpo, bajando por mis brazos, subiendo por mis piernas.

—¡Nuestras primas deben de ser muy ricas pa' regalar estas cosas! —dijo Norma, probándose un refajo con flores bordadas por el pecho.

—¡Ná! Si en Nueva York estas cosas no son tan caras —Mami dijo—. Quienquiera las puede comprar.

Se sentó en la orilla de la cama y abrió una carta que estaba pegada dentro de la tapa de la caja. De sus pliegues cayó un billete de diez dólares nuevecito. Héctor y Alicia se pelearon por agarrarlo, pero Delsa calmosamente lo cogió del piso y se lo dio a Mami.

—¿Qué dice la carta, Mami? —le pregunté.

—Dice que ojalá nos gusten los regalos —me miró con ojos brillosos—. ¿Por qué no le escribes a Tata y le dices que nos encantaron?

—¡Ay, sí! —a mí me gustaba escribir cartas. Especialmente si iban lejos. Muchas veces yo escribía cartas para Mami, o las direcciones en los sobres que ella le enviaba a Tata en Nueva York, o notas para mis maestras, las cuales yo escribía y ella firmaba.

Esa noche me senté a escribirle a Tata. Me concentré bastante, ya que todavía estaba aprendiendo letra cursiva en la escuela, y tuve que consultar las formas de las letras en la portada del libro que Miss Jiménez nos había dado para practicar caligrafía. Se me hacía difícil formar la *E* grande de mi nombre, con su ringorrango en la parte de arriba y de abajo de la letra, y los pandeos de diferente tamaño que siempre me parecían estar al revés no importaba cuánto los practicara. Así que firmé la carta "Negi," el cual yo consideraba que era mi verdadero nombre. Cuando terminé, Mami leyó la carta.

—"Querida Tata, Nos gustaron los regalos. El vestido de puntillos me quedó a mí, y Delsa se ve linda en el traje celeste. Mami guardó la blusa amarilla para después de que venga la cigüeña. Te queremos mucho y gracias por los regalos. Besitos, Negi." Se te olvidó algo.

—¿Qué?

—No la saludaste.

—Oh, sí. ¿Ves? "Querida Tata."

—Sí, yo sé, pero también tienes que escribir: "Espero que cuando recibas esta carta te encuentres bien. Nosotros bien, a Dios gracias." Puedes abreviar "a Dios gracias" con "A.D.G." si quieres.

—¿Por qué tiene que empezar así?

—Porque todas las cartas empiezan así.

—Pero, ¿por qué?

—¡Qué se yo! —dijo, exasperada—. Así me enseñaron. Y todas las cartas que he visto empiezan así. Si no saludas al principio, no es una carta . . . Y es una falta de respeto el no desearle buena salud a la persona, y hay que darle gracias a Dios al principio . . . Mejor escríbela otra vez.

—No la quiero escribir otra vez.

—Pero tienes que hacerlo —puso la carta sobre la mesa—. Hazla otra vez y mañana la llevo al correo —se fue hacia la cocina.

—Es una regla estúpida. No la voy a hacer de nuevo —murmuré entre dientes.

—¿Cómo? —había dado la vuelta tan rápido que llegó a mi lado antes de que pudiera parpadear, su mano izquierda apretando mi brazo.

—¡Ná! No dije ná.

Parada a mi lado, apretando mi brazo, mano derecha a su lado, Mami temblaba de rabia. Quise agarrar sus dedos, mor-

derlos, hacerlos doler, esos dedos que a veces sobaban pero
otras veces se desplegaban contra mi piel en golpes, o se doblaban
en cocotazos que redoblaban ecos en mi casco. Me empujó
contra la silla. Los travesaños del espaldar se hundieron contra
mis vértebras.

—¡Escríbela otra vez! —casi podía tocar el calor que daba su
cuerpo, el olor ácido de su furia. Lágrimas calientes y silenciosas
bajaron por mis mejillas con la fuerza de un río, como la pluma
en la fuente pública. El zumbido dentro de mi cabeza creció,
mis orejas ardían y se sentían rojas, demasiado grandes para mi
cabeza. Mami me fijó la vista mientras yo cogí el lápiz, cuidadosamente arranqué una página de mi libreta y, en cursiva la-
boriosa, escribí: "Querida Tata, Espero que al recibir esta . . ."

> *Mai boni láis ober de ochan*
> *Mai boni láis ober de sí*
> *Mai boni láis ober de ochan*
> *O brin bac mai boni tú mí, tú mí . . .*

❦ —¡Ay fó! ¿Qué apesta?

Los desayunos del Centro Comunal se habían deteriorado a
un ciclo de huevos americanos alternados con avena ahumada,
que por lo menos sabía a avena, pero no tan suave, dulce y
canelosa como la de Mami.

—Parece que nos van a dar algo nuevo —dijo Juanita Marín.

Las ollas calientes habían desaparecido. En su sitio había
una enorme urna en medio de una mesa al lado de una lata de
mantequilla de maní. Uno de los servidores sacó un cucharón
lleno de la mantequilla de maní y la despegó dentro de uno de
los vasos con fondos gruesos, y otro le echó leche caliente por
encima.

—Toma esta cuchara pa' que lo menees —me dijo, poniendo
un vaso lleno en cada una de nuestras bandejas.

Llevé mi vaso hasta la mesa donde Juanita y yo siempre nos

sentábamos. Ella, a quien le gustaban los desayunos, tenía una expresión sospechosa en su cara. Frente a frente, miramos a los vasos llenos de leche con el embarre de mantequilla de maní derritiéndose en el fondo. Ella me miró a mí. Yo la miré a ella.

—¿Lo vas a probar?—le pregunté.

—Sí, ya mismo —me dijo, sin convencerme—. ¿Y tú?

—Ahorita.

Batí la leche con la cuchara, y pelotitas subieron del fondo como arena envuelta en aceite refulgente que desnataba la superficie y burbujeaba alrededor del vórtice que yo hacía con la cuchara. Juanita batió la suya. Yo probé de la cuchara pero no me supo sólo a leche. Juanita probó unas gotas de la cuchara y se sonrió.

—¡Rica! —pero no era su "rica" usual. Era más como "Voy a hacerme que me gusta en caso de que en verdad sea rica" tipo de "rica."

Envolví el vaso en mis dedos, lo subí a mis labios y bebí. Una tibieza fortalecedora compensaba por el olor a leche y el sabor arenoso, salado y dulce. La mantequilla de maní, que estaba supuesta a dispersarse en la leche, se deshacía en trocitos, como grava blandita.

Me dieron náuseas, y el vaso se me cayó de las manos, y la leche se desparramó por mi uniforme, y el vaso se estrelló contra la loza en pedacitos que brillaban, escombros revueltos en leche. Vomité lo poco que me había tragado y los niños a mi alrededor brincaron y se echaron para atrás y formaron un círculo de risa con bigotes de leche. Missis García se metió entre los muchachos y me sacó por el brazo fuera del charco de leche, mientras uno de los servidores le pasaba un trapo sucio.

—¡Fíjate en lo que has hecho! —me dijo, como si yo vomitara todos los días.

—No fue mi culpa —sollocé—, esa leche está agria.

—¿Cómo puede estar agria? —me gritó mientras me limpiaba con un trapo—. Es leche en polvo. La hicimos fresca esta mañana. No puede estar agria.

Me acordé de una palabra que Mami usaba para alimentos que le daban náuseas. —Es . . . repugnante.

—Supongo entonces que sería menos repugnante pasar hambre todas las mañanas.

—¡Yo nunca paso hambre! —le grité—. Mi Mami y mi Papi nos pueden alimentar sin su odiosa comida gringa imperialista.

Los niños se asustaron. Hasta Ignacio Sepúlveda. La Missis García abrió la boca y la dejó abierta. Desde la esquina, una voz rompió el silencio.

—¡Ciérrala o se te meten moscas!

Mi cara ardía, pero no pude disimular una sonrisa. La Missis García cerró la boca y se olvidó de mí por el momento.

—¿Quién dijo eso? —todos pusieron caras de inocente, ojos al suelo, labios resistiendo la risa. Me jaló por la mano y me arrastró hasta la puerta—. ¡Vete! Y dile a tu mamá que necesito hablar con ella.

Antes de que me empujara, jalé mi brazo de sus garras y corrí, no segura de dónde ir porque lo menos que yo quería era aparecerme en casa y decirle a Mami que le había faltado el respeto a una señora. Arrastré mis pies por el camino pedregoso, dejando mi cuerpo atrás, enterrándolo en polvo, mientras mi alma flotaba sobre los árboles y me miraba desde arriba, una insignificante criatura que parecía una grilla vestida en uniforme verde y amarillo. Antes de llegar a casa, decidí mentirle a Mami. Si le decía la verdad, estaba segura de que me iba a dar una pela, y no podía aguantar esa humillación encima de la otra. Cuando entré al batey, mis hermanas y hermano me rodearon, su curiosidad sedativa, aunque me tocaban la ropa sucia diciendo que apestaba.

—¿Y qué te pasó a ti? —me preguntó Mami, toda ojos. De repente me sentí grave.

—Vomité en el comedor —le dije antes de desmayarme a sus pies. Cuando me vine a dar cuenta, Mami me había quitado la ropa y me había dado un baño de alcoholado.

Por días estuve enferma de cama, vomitando, con escalofríos y sudores que empapaban la ropa de cama y mandaron a

Delsa a dormir con Norma porque juraba que yo me le estaba orinando encima. Si la Missis García le habló a Mami, ella nunca dijo nada. Después de un tiempo, volví a la escuela. Ya alguien había ganado las elecciones, los desayunos habían cesado, y mis compañeros habían encontrado a otra persona a quien molestar.

POR QUÉ LAS
MUJERES SE
QUEDAN JAMONAS

La verdad, aunque severa, es amiga verdadera.

❧❧

Un domingo en la mañana Mami almidonó y planchó mi vestido de piqué, puso unos cambios de ropa en una maletita, y me dijo que yo iba a pasar unos días con la mamá de Papi.

—Tu abuelita es anciana, así que debes de ayudarla tanto como puedas —Mami me instruyó mientras me trenzaba el pelo.

—¿Cuánto tiempo voy a estar con ella?

—Una semana. Papi te lleva hoy y te va a buscar el domingo que viene. No te asustes. ¡Lo vas a disfrutar!

Papi se puso su mejor pantalón y camisa, y, mientras el día estaba fresco, salimos hacia Santurce. El público hizo muchas paradas por la carretera para recoger y dejar pasajeros, casi todos, como nosotros, vestidos para viajar. Cuando llegamos a Bayamón, el pueblo más cerca de Macún, tuvimos que cambiar de público. Todavía era temprano, así que decidimos caminar hasta la plaza del mercado.

Era un edificio cuadrado con puestos contra las paredes y en el centro, formando un laberinto de ventorrillos con pollos vivos, tablillas cargadas de alimentos enlatados, mostradores amontonados con ñames, yautías, café en grano y panapenes. Luces de colores colgaban de las vigas donde palomas y reinitas reposaban, forzando a los negociantes a extender toldos para protegerse de lo que caía de arriba.

—¿Tienes hambre? —me preguntó Papi al pasar una mesa baja y larga sobre la cual una mujer alta y gris arreglaba cabezas de Jesús con su corona de espinas, sangre desparramándosele dentro de los ojos, con una expresión similar a la de Norma cuando se fastidiaba. La mujer puso un Jesús sobre la mesa, sus dedos acariciando las espinas, y se nos quedó mirando, su cara larga y triste como la de un caballo, las esquinas de sus grandes ojos almendrados tirando hacia abajo como pesados por muchas lágrimas. El espacio a su alrededor estaba frío, y yo cambié de sitio con Papi al pasar hacia el otro lado del mercado, donde se veía luz y se oía el trinar de pájaros y mi cha-cha-chá favorito por Bobby Capó, "Ojos negros, piel canela."

—¿Cómo les puedo servir? —preguntó el mesero, pasándole un trapo al mostrador que en vez de limpiar untaba una capa de grasa sobre la superficie de Formica.

—Me das dos de aquellas alcapurrias y dos Coca-Colas —dijo Papi—. Tú también quieres Coca-Cola, ¿verdad? —me preguntó, y yo asentí con la cabeza mientras daba vueltas en el banquillo, que matraqueaba según lo impulsaba cada vez más rápido. Los colores se matizaron unos con los otros en franjas rojas, amarillas, marrones y anaranjadas. La música entraba y salía de mis oídos, una media canción sincopada que me sonaba conocida y extraña a la misma vez.

—Si no dejas eso te vas a escocotar.

Traté de parar el banquillo sacando la pierna y enganchándola en el banquillo de al lado. Pero perdí el balance y me caí rodando por el piso. Papi llegó a mi lado en un instante.

—¿Te lastimaste? —me preguntó, pero no le pude contestar porque me sentía pesada y ligera a la misma vez. Mis piernas tambaleaban, y, cuando miré a mi alrededor, había dos de todo lo que veía. Dos Papi, y dos de la mujer gris a su lado, como sombras.

—No se preocupe —le dijo a la mujer gris, y me acompañó
al mostrador. Me sentía como si estuviera flotando en una
neblina de colores y olores y pájaros trinando y voces cantando:
"Me gustas tú, y tú, y tú, y nadie más que tú, y tú, y tú."

—Jesús no ama a los niños que no se portan bien —dijo la
mujer gris. Su voz crepitaba como un disco rayado—, y te casti-
gará.

—No le prestes atención —dijo el mesero—. Es una loca.
—Puso una alcapurria y una Coca-Cola helada enfrente de
mí—. ¡Deja a mis clientes tranquilos! —le gritó a la mujer,
haciendo ademanes con el trapo como Don Berto hacía con su
machete amolado—. Eso es lo que le pasa a las mujeres
cuando se quedan jamonas—, dijo con un resoplido, y Papi se
rió con él. La mujer gris retrocedió hacia sus cabezas sangrantes.

—Papi, ¿qué es una jamona? —le pregunté cuando salimos
de la plaza del mercado, nuestros estómagos llenos de alcapurrias.

—Es una mujer que nunca se ha casado.

—Yo creía que eso era una señorita.

—Es la misma cosa. Pero cuando alguien dice que una mujer
es jamona, quiere decir que está muy vieja para casarse. Es
como un insulto.

—¿Por qué?

—Porque quiere decir que ya nadie la quiere. Quizás porque
es muy fea . . . o ha esperado mucho antes de casarse . . . Termina
por quedarse sola el resto de su vida. Como aquella mujer en
el mercado.

—¡Esa sí que es fea!

—Puede ser que por eso se quedó jamona.

—Ojalá que eso no me pase a mí.

—No te preocupes de eso . . . Mira, allá está el público. ¡Corre!
Nos escabullimos mano a mano entre carros, gente y perros
realengos soleándose en la acera.

—¿Cómo le dicen a un hombre que nunca se casa? —le
pregunté a Papi en cuanto nos sentamos en el asiento delantero
del público.

—¡Dichoso! —dijo el chófer, y los otros pasajeros se rieron,

lo cual me dio cólera, porque me hizo sentir como si me hubieran
insultado de la peor manera posible.

ೋ —¡Ay, Santo Dios, bendícemela! —Abuela me abrazó y se
santiguó—. ¡Tan grande que está!

Las coyunturas de sus manos eran grandes, los dedos arrugados, las palmas del color y textura de una pepa de aguacate.
Me pasó la mano por la cabeza y me agarró el mentón de la
barbilla con sus dedos fuertes.

—Se parece a ti, Pablito —le dijo a Papi, lo cual nos agradó
a los dos—. Mira la línea de su pelo. Tiene esas entradas en
las sienes igual que tú . . . Una frente alta —declaró a la entrada
de su casa— es señal de inteligencia.

—Ella es la mejor estudiante en su clase —dijo Papi, lo cual
no era verdad. Juanita Marín sacaba mejores notas—. ¡Y si
la oyeras recitando poesía!

—Igual que tú, Pablito. Tú te pasabas memorizándote poemas.

La casita de Abuela era de dos pisos de cemento, con un
jardín al frente en el cual crecían yerbas medicinales y flores.
Ella y mi abuelo, Don Higinio, vivían en el primer piso, y su
hijo Bartolo y su familia vivían arriba.

Las ventanas estilo Miami estaban vestidas con cortinas tejidas,
igual que la mesa del comedor, el sofá, las puertas que daban
a los cuartos y las camas y tocadores. El mantel de la mesa estaba
bordado con piñas. Rosas rojas con pétalos verde vivo bordaban
los paños de adorno en las mesitas a cada lado del sofá.

Abuela nos sirvió sancocho con bolitas de maíz flotando por
encima. Papi y yo nos sentamos a la mesa mientras ella entraba
y salía de la cocina trayendo comida, agua, un pedazo de pan
y, por fin, un pocillo de café con leche dulce. En cuanto terminamos de comer, Papi se paró de la mesa y se estiró.

—Ya me voy, Mamá. Es largo trecho hasta Macún.

—Pero ahora mismo llegamos, Papi. No se tarda tanto en
volver a casa . . .

Me cortó.

—De camino tengo que visitar una gente.

Desenganchó su sombrero del clavo al lado de la puerta, se arrodilló frente a mí, y empujó los mechones de pelo fuera de mis ojos. Sus ojos tenían una expresión peculiar, serios, como si estuviera preocupado. Me besó y me abrazó, y en sus brazos sentí un ruego. Rabia me atosigó el estómago, lo que me confundió. Estaba segura de que Papi no iba a casa, donde esperaban Mami y mis hermanas y hermanos, y que, de una manera u otra, me había usado.

No le devolví el abrazo. Me quedé tiesa y sólida, tragándome el burbujón agrio que se me había formado en el buche, y decidí que no iba a llorar, no le rogaría que se quedara, no me haría falta cuando se fuera. Me despegué de su abrazo.

—Ahora, quiero que te portes bien y hagas lo que te dice Abuela —me advirtió, tratando de sonar severo—. Te vengo a buscar la semana que viene.

Me senté en el sofá, estiré las piernas y estudié las llagas en mis espinillas, las cicatrices de numerosas heridas y rasguños.

—Está bien.

Sentí su mirada rígida y entendí que él sabía que yo sabía. Besó la frente de Abuela.

—Bendición, Mamá —le dijo en voz baja. Ella tocó su hombro y le dijo:

—Que el Señor te favorezca y te acompañe, hijo, y que te lleve en buen camino —santiguó el aire enfrente de Papi, y, sin mirar para atrás, él se fue. Ella lo vio irse, meneando su cabeza de lado a lado como si le tuviera pena.

—Ven. Déjame enseñarte dónde vas a dormir —me dijo, y se dirigió hacia la parte trasera de la casa.

La seguí al cuarto al lado del de ella, donde había puesto sábanas frescas y fundas acabadas de planchar. La cama era grande, cubierta con una colcha tejida con dos pavos reales mirándose pico a pico. La cortina cubriendo las ventanas también tenía pavos, solo que estos miraban hacia el frente, sus plumas desplegadas en mil ojos azul-verdes que parecían vernos.

—Cámbiate a algo más cómodo —me dijo, y me enseñó

dónde poner mis cosas—. Tengo que guardar los trastes en la cocina.

Cuando terminó, se sentó en su mecedor frente a la puerta, sacó una canasta con su tejido y empezó a trabajar. El gancho relampagueaba según sus dedos lo hacían entrar adentro, alrededor y fuera de los puntos. Yo no encontraba qué hacer, así que me senté en el sofá y la observé, temiendo hablar por no romper su concentración. Después de un largo rato, guardó su trabajo en la canasta, lo cubrió con un paño y se paró del sillón, sus huesos crepitando.

—Voy a rezar —me dijo—. Si te da hambre, en la lata hay galletas —y con eso, se metió en su cuarto.

Yo me senté en el primer escalón de la entrada, mirando más allá del jardín y el portón. Los vecinos entraban y salían, vestidos en su ropa de domingo, algunos como si fueran saliendo, otros arrugados y agotados, como si ya hubieran salido y apenas podían esperar hasta llegar a su casa y tirarse a la cama. De vez en cuando un camión o carro retumbaba calle arriba, perseguido por perros escuálidos con ladridos roncos y cansados. Al lado había un rancho destartalado, donde vivía mi Tía Generosa con sus hijos, los cuales eran mayores que yo. Yo había conocido a mi Tía Generosa cuando vivíamos en Santurce, y me encantaba el sonido áspero de su voz y la manera en que movía sus manos cuando hablaba, como si estuviera amasando palabras.

Según cayó la noche, la actividad en la calle disminuyó, y los sonidos y movimientos venían de adentro, como si fuera la hora de secretos. Pero nada podía quedarse secreto por mucho tiempo en el tiple retumbante de los setos y cielos rasos de concreto. Los vecinos hablaban, peleaban o cantaban boleros en la ducha, y todo sonido era amplificado en el callejón donde quedaba la casa de Abuela. Cucharas chocaban contra calderos, y la calle se llenó con los olores húmedos de sofrito en aceite caliente. Radios trompeteaban merengues frenéticos de una casa, mientras de la otra, un evangelista exhortaba a su audiencia a que abandonaran sus vidas repletas de pecado y que buscaran la salvación en los brazos de Jehová, ¡aleluya, amén!

Yo me preguntaba dónde estaría Papi, a quién tenía que ver en un domingo en la tarde en San Juan. Me acordé de mi hermanita Margie y su mamá en Nueva York, imaginándolas vestidas con ropa hermosa y comiendo huevos en polvo reconstituidos. Me acordé de la frase que había oído tantas veces, que los hombres siempre se pasaban en una pocavergüenza u otra. Esa, Mami decía en sus conversaciones desgranando gandules con Doña Lola, era su naturaleza. Y Doña Lola movía la cabeza arriba y abajo y después de un lado al otro hasta que yo no sabía si estaba o no estaba de acuerdo con lo que Mami había dicho.

Me pregunté si era verdad, como Mami decía cuando ella y Papi peleaban, que él tenía otras mujeres. Y, si las tenía, ¿sería porque no nos quería a nosotros? Mis ojos se llenaron de lágrimas y mi boca se llenó de un sabor salado, pero si lloraba y Abuela me oyera, pensaría que era porque yo no quería estar con ella. Desde el escalón se oía el claqueteo rítmico de las cuentas de su rosario y el zumbido de su voz recitando sus oraciones, la melodía de las cuales me era familiar, pero las palabras de las cuales nunca había aprendido. Formé el deseo de saber cómo rezar, porque así le podría hablar a Papá Dios, y quizás él o algunos de sus santos me podrían explicar las cosas que yo no entendía. Pero yo no sabía ningunas oraciones, ya que Mami no quería saber de iglesias ni religiones, y Papi, aunque leía la Biblia y recitaba las novenas para los muertos, nunca nos hablaba acerca de Papá Dios.

Determiné no llorar porque, si me preguntara, no sabía qué cuento le iba a hacer a Abuela. Pero la presión en mi pecho era fuerte, y, cuando resaltaron las lágrimas, busqué algo con que lastimarme para que si Abuela me preguntaba le pudiera enseñar una razón por la que estaba llorando. Puse mi mano en la jamba y cerré la puerta de golpe.

El dolor me quemó en las coyunturas, a través de los dedos,

y un grito, más fuerte de lo que yo deseaba, trajo a Abuela a mi
lado. Me abrazó, me llevó al fregadero, donde echó agua fresca
sobre mi mano, la secó con el suave ruedo de su vestido, la sobó
con Vick's y me sentó a su lado, mi cabeza sobre su pecho. Me
llevó a su sillón, me sentó en su falda y me meció, cantando
una canción de cuna que yo nunca había oído.

❧ Más tarde, Abuela envolvió mi mano en un trapo blanco y
me arropó bien en la cama. Cerró las puertas, y, después de
asegurarse de que yo estaba cómoda, se metió en su cuarto,
desde donde la oí moviéndose de un lado al otro, los muelles
restallando cada vez que se levantaba, se sentaba, se levantaba
otra vez, hasta que parecía como si se estuviera meciendo antes
de dormirse.

Mi mano latía. Calmé el dolor sobándome el brazo y diciéndome que la próxima vez no debía cerrar la puerta tan duro.
Las hendeduras entre las lonjas de la ventana cambiaron de color
bermejo a un azul intensamente oscuro tan profundo que la
oscuridad era impenetrable, hasta que ya no importaba si mis
ojos estaban abiertos o cerrados. Caí en un sueño sólido, no
interrumpido por los sonidos distantes de carros y de perros
ladrando, ni el cuidadoso abrir de la puerta cuando mi abuelo
regresó tarde en la noche, se sirvió de lo que encontró en la
cocina, se metió en su cuarto, durmió, se levantó y se fue antes
de que saliera el sol. Pasaron días antes de yo darme cuenta
de que él vivía en el cuartito cerca de la puerta delantera, el
único cuarto en toda la casa que no estaba decorado con los
tejidos de Abuela.

❧ Abuelo dormía en un catre cubierto con sábanas blancas. En
su cuarto había una mesita y una silla, y en la pared, un retrato
de Jesús con la misma expresión frustrada como en las estatuas
que habíamos visto en la plaza de Bayamón, sus manos cicatrizadas alzadas al nivel de sus hombros como si estuviera diciendo,

"Déjenme tranquilo ya." Hojas de palma amarradas en forma
de cruz estaban clavadas sobre el retrato.

Comparado con el cuarto de Abuelo, el de Abuela era opulento,
con su cama de dos plazas, un buen colchón, cuatro postes
donde amarrar el mosquitero, almohadas y una alfombra tejida.
En su tocador tenía un cepillo y una peinilla, un altar a la
Virgen y el Niño, un rosario, una Biblia, velas, un misal, una
botellita con agua bendita, un retrato del Papa Pío y tarjetas
con oraciones a santos con nombres como San Francisco, Santa
Ana, Santa Bárbara y San José. Papi me había dicho que Abuela no sabía leer, y yo no me explicaba cómo interpretaba las
letras en las oraciones. ¿Reconocería palabras? ¿O serían para
ella solo diseños, como los puntos de su tejido?

Después de la primera noche, Abuela cerraba las puertas y
ventanas en cuanto terminábamos de comer, pero no me mandaba
acostar. Yo me quedaba leyendo el periódico del día anterior,
que Abuelo me dejaba, o delineaba las flores en las servilletas de
papel con un bolígrafo azul.

Una día de lluvia, Abuela sacó su canasta de tejidos.

—¿Te gustaría aprender? —me preguntó tímidamente, como
si no se hubiera atrevido antes.

—¡Ay, sí! —le dije. Yo había estudiado los diseños de sus
manteles y sus pañitos de mesa y había tratado de dibujarlos en
una libreta o en las bolsas de papel del mercado. Me había
sentado hipnotizada en el silencio sagrado en el cual ella trabajaba, metiendo y sacando el gancho de los puntos, formando
dibujos con hilo.

Encontró una aguja de gancho grueso y me senté entre sus
piernas en el primer escalón de enfrente para así poder ayudarme
a guiar el hilo entre mis dedos. Me enseñó cómo contar puntos,
cómo hacer cadenas que se volvían en hileras, cómo unir los
puntos en redondo, cuándo debía llenar y cuándo debía dejar
espacio entre los puntos. Después de un tiempo, entendí por qué
el silencio bajo el cual ella trabajaba era tan mágico. Para tejer
bien, tenía que concentrarme en el trabajo, tenía que contar
y acordarme de dónde añadí y dónde quité puntos, y tenía que

mantener una imagen mental del patrón de lo que estaba haciendo, mientras estimaba cuánto hilo de algodón iba a necesitar, y me aseguraba de que cuando se me estuviera acabando el hilo, tejiera de la bobina nueva sin que se notara que había cambiado hilo. Los sonidos se disminuyeron a murmullos distantes, el ambiente retrocedió hasta que era sólo sombras, y las sensaciones menguaron según me deslicé bajo el ritmo hipnótico de un gancho jalando hilo, el trabajo creciendo entre mis manos hasta que su peso me hizo estirarlo y mirarlo y admirarlo y sorprenderme de lo que mis manos habían hecho.

Abuelo era un hombre tranquilo que andaba con sus ojos hacia el suelo, como si hubiera perdido algo hacía tiempo y todavía lo anduviera buscando. Tenía poco pelo blanco y ojos azul turquesa. Cuando hablaba, era en voz baja, en el dialecto jíbaro, sus labios entreabiertos en una sonrisa humilde. Sus manos eran duras, callosas, las uñas amarillas y agrietadas, las puntas de sus dedos cicatrizadas. Dejaba la casa temprano, empujando un carrito que había construido de madera y partes de bicicletas. En la plaza de mercado, le apilaba una pirámide de chinas encima, y guardaba dos sacos más en el gabinete de abajo.

Pasaba sus días cerca del Fuerte San Cristóbal en el viejo San Juan, pelando chinas con una cuchilla, haciéndoles un boquete triangular por el cual los turistas podían chupar el jugo. Cada china le traía cinco centavos. Ponía los vellones en su bolsillo diestro, donde retintineaban cuando venía de camino a casa al fin del día, el bolsillo estirado hasta sus rodillas.

Las tardes que yo escuchaba su carrito matraqueando por la calle, yo corría a abrirle el portón, y cada vez, rebuscaba debajo del gabinete a ver si le quedaban chinas. Siempre encontraba una en la esquina, y, después que amarraba su carrito contra el lado de la casa, se sentaba en el primer escalón y me la pelaba, la cáscara una cinta contínua que se rizaba y giraba sobre si misma, anaranjada, blanca, anaranjada.

. . .

 El domingo, antes de desayunar, Abuela me dio mi vestido de piqué almidonado y planchado.

—Vamos a misa —me dijo, sacando una mantilla pequeña, la cual yo tenía que ponerme durante el servicio.

—¿Podemos desayunar antes, Abuela? Tengo hambre.

—No. Tenemos que ir en ayunas. No preguntes por qué. Es muy complicado explicártelo.

Me vestí y me peiné, y ella me ayudó a asegurarme la mantilla con una hebilla.

—De camino a la iglesia y de vuelta a casa —me dijo—, trata de pensar sólo los mejores pensamientos, porque vamos a la casa de Papá Dios.

Yo nunca había ido a una iglesia, y nunca se me había ocurrido clasificar a mis pensamientos entre los buenos y los malos. Pero cuando Abuela me dijo eso, entendí lo que me decía, y también estuve segura de que los únicos pensamientos que iban a entrar en mi mente en todo el camino hacia la iglesia y de regreso serían pensamientos malos.

Traté de verme lo más santa posible, pero la mantilla blanca me hacía cosquillas en el cuello y en las mejillas. Deseé que no tuviera que ponérmela, y eso era un pensamiento malo, ya que todas las otras mujeres y niñas caminando delante de nosotras tenían sus mantillas puestas y no se quejaban.

Yo amo a mi mamá, a mi papá, a todas mis hermanas y mi hermano, mi abuela y abuelo, todos mis primos, el gobernador de Puerto Rico, Doña Lola, mi maestra. Un muchacho me pasó por enfrente muy rápido y me empujó, así que yo lo empujé a él, y eso era malo porque Jesús dijo que debemos de volver la otra mejilla, lo que me parecía ridículo, y ahí se fue otro pensamiento malo.

Conté las rayas en la acera hasta los escalones de la iglesia. Conté los escalones. Veintisiete. Ningún pensamiento malo.

La iglesia estaba oscura, fresca y olía a dulce. Abuela metió los dedos en una vasija a la entrada de la iglesia y se santiguó.

Yo metí mis dedos, pero encontré sólo agua. La probé, y Abuela
me miró horrorizada y se santiguó de nuevo. Me cogió por la
mano y caminamos por la nave alineada con bancos. Cuando
llegamos casi al frente, se hincó, mirando hacia el altar, y se
santiguó otra vez antes de sentarse. Yo hice lo mismo.

Era temprano. Música salía de algún sitio detrás de nosotras.
Cuando miré a mi alrededor, Abuela me dijo en voz baja:

—Mira hacia el frente. Nunca mires para atrás en una iglesia
—le iba a preguntar por qué, pero se puso el dedo a la boca
y me hizo callar mientras el resto de la congregación se paró. Yo
no podía ver nada menos la espalda del hombre al frente mío.
Tenía puesto un traje arrugado en pliegues alrededor de su cintura
porque era tan gordo. Eso debía de ser un mal pensamiento.

Las ventanas de la iglesia estaban hechas de cristal de colores,
cada ventana con una escena de Jesús y su cruz. Las dos que
yo podía ver sin mirar para atrás eran hermosas, aunque Jesús
parecía estar sufriendo. El cura dijo algo, y todos se arrodillaron.
En el centro del altar había un Jesús enorme en una cruz, los
discípulos a sus pies. Velas altas en escalones ardían desde la
parte de atrás del altar hasta el frente, donde el cura, vestido en
túnica amarilla y purpúrea, movía sus manos para arriba y
para abajo y recitaba poesía que todos en la iglesia repetían con
él. Dos niños vestidos en túnicas blancas le ayudaban, y yo les
cogí envidia porque su trabajo parecía ser muy importante. La
envidia, yo sabía, era un mal pensamiento.

Conté las veces que la gente se paró y se sentó y se arrodilló
y se paró. Eso no estaba bien. Yo no debía estar en la iglesia
contando cosas. Me debería sentir santificada, bendita. Pero me
dio una picazón en el espacio entre el dedo grande y la planta
del pié. Raspé el zapato contra el banquillo de arrodillarse. La
picazón empeoró. Nos arrodillamos otra vez, así que yo me
eché para atrás y me quité el zapato para rascarme el pie. Pero
me tuve que parar porque la persona a mi lado tenía que
pasar. Y otra gente en el mismo banco se paró y quería abrir
paso delante de mí, echando mi zapato a puntapiés hacia la nave.
Abuela se inclinó y murmuró:

—Voy a tomar comunión. Espérame aquí.

En cuanto se fue, me deslicé hasta el borde del banco y miré por la nave. Ningún zapato. Con mi pie, rebusqué por debajo del banco, pero no lo encontré. Era pecado mirar para atrás en la iglesia, y me parecía aún peor mirar para abajo. Pero yo no quería que Abuela regresara y me encontrara sin un zapato.

La gente que se paró y caminó hacia el altar se arrodilló en frente del cura, y él les puso algo en la boca. En cuanto Abuela se arrodilló, yo me metí debajo del banco y busqué mi zapato. Estaba debajo del banco detrás del nuestro, así que gateé por debajo del nuestro, sobre el banquillo de arrodillarse de atrás, y estiré la mano para alcanzar mi zapato. Me levanté al mismo tiempo que vi a Abuela regresando. Me arrodillé con cara de santa, mis manos juntas como si estuviera rezando, tratando de verme como si estuviera pensando los mejores pensamientos imaginables. Abuela se metió al banco de adelante, miró a donde yo estaba, aturdida, se salió y se arrodilló al lado mío.

—Qué boba soy —me dijo en voz baja—. Pensé que estábamos en el banco delante de éste.

Cuando toda la gente había regresado a su sitio, noté que el hombre con el traje arrugado estaba dos bancos al frente, y miré a Jesús en su cruz y le pedí: "Por favor, Jesús, no dejes que Abuela se dé cuenta que me moví durante la misa." Y eso, yo sabía, era un pensamiento bien malo.

 Empaqueté mi ropa y guardé el pañito que le había tejido a Mami en una esquina de mi maletita. Abuela hizo sopa de cabeza de pescado con bolitas de plátano para el almuerzo.

—No te quites la ropa —me dijo—. Cuando tu papá venga a buscarte, puede ser que tenga prisa.

Pero Papi no llegó. Ese domingo se alargó, caliente y aburrido, hasta después de la siesta. En la tarde, Abuela hizo café, y nos sentamos juntas a tomarlo con galletas.

—Quizá' venga más tarde, a comer —dijo. Pero la bruma azul del anochecer cubrió la calle, ahogó los ruidos y mandó a

los vecinos adentro con sus secretos, y Papi no llegó. Abuela
se metió en su cuarto a rezar.

—Algo le habrá pasado. Cámbiate de ropa.

Me quité mi vestido de piqué, que ya estaba arrugado y sucio.
Pensé, "En cuanto me desvista se va a aparecer." Pero no se
apareció, y cuando Abuela salió de sus oraciones, nos sentamos
delante de la puerta, trabajando nuestras agujas adentro, alrededor, arriba y afuera, calladamente elaborando patrones con
hilo que podrían contar una historia si hubiéramos sabido
cómo transformar nuestras emociones en hechos.

En vez de eso, ella tejió un paño para el altar del Padre David,
y yo le añadí florecitas rojas al pañito que le había hecho a
Mami. Y ninguna mencionamos lo que las dos sabíamos. Que
Papi no vendría. Que quien lo necesitaba la semana pasada
lo necesitaba otra vez, y se fue para allá, y quizás esa persona
lo necesitaba tanto que nos olvidó a nosotras, como a veces
se le olvidaba Mami, corriendo detrás de la prole en Macún.
Trabajamos nuestro tejido hasta que se puso demasiado oscuro
para ver, hasta después de que Abuelo regresó con su carrito
y lo amarró contra la verja de la casa, hasta que él me peló una
china en un rizo largo, hasta que cerramos la casa y nos metimos en nuestros cuartos y nos envolvimos en nuestras sábanas
de algodón bordadas con flores.

Y pensé en las tantas noches que Mami había dejado un plato
de comida calentándose en las cenizas del fogón, cuántas horas
se había mecido en su sillón, dándole el pecho a un bebé, dicién-
donos que nos calláramos, que Papi vendría pronto, pero en la
mañana no estaba ni había llegado. Pensé en las veces que ella le
había lavado y planchado su ropa hasta que parecía nueva, en
cómo él no tenía que preguntar por su ropa, ya que no se quedaba
sucia por más tiempo de lo que Mami tardaba en estregarla
contra las ristras metálicas de la tabla de lavar ropa, y la colgaba
a secar en el sol hasta que olía a aire. Me pregunté si Mami se
sentía a veces como yo me sentía en este momento. Recordé esas
noches cuando ella dormía en su cama sola, los muelles rechi-

nando según ella luchaba con una pesadilla, o quizás los
gemidos que yo oía de su cama eran sollozos sofocados, como
los que empujaban contra mi garganta, hasta que tuve que
enterrar mi cara en las almohadas y llorar hasta que me dolía
la cabeza.

 Todas las noches, después de la cena, Abuela se metía a su
cuarto, se cambiaba a una bata verde bordada con florecitas
amarillas y se soltaba el pelo. Dos trenzas como sogas torcidas
caían hasta más abajo de sus rodillas, una sobre cada hombro.
Primero se peinaba un lado, después el otro, soltando las trenzas
en hebras grises y negras, sus dedos tejiendo por dentro y afuera
hasta que cada lado parecía una cascada serena contra un bos-
que pálido.

 —Padre Nuestro, que estás en el cielo . . . —repetí después de
Abuela.

 —Santificado sea Tu nombre . . .

 —¿Qué quiere decir eso?

Rastrilló sus dedos por sus trenzas, desenredando los nudos.

 —Quiere decir que Su nombre es bendito.

 —Santificado sea Tu nombre . . .

 —Vénganos Tu reino . . . —Abuela me enseñó la oración en
frases cortas que me recordaban el ritmo que había escuchado
cuando Papi recitaba novenas y cuando Abuela cloqueaba las
cuentas de su rosario antes de acostarse. Era como aprender una
canción. Si se me olvidaba algo, perdía el compás.

 —El pan nuestro de cada día . . . —me imaginé un bollo de
pan de agua, de los que el panadero hacía con una hoja de coco
por el centro de la corteza.

 —Y perdónanos nuestras deudas . . .

 —¿Qué quiere decir eso?

 —Que le pedimos a Papá Dios que nos perdone si pecamos
sin darnos cuenta.

 —Y perdónanos nuestras deudas . . .

—Y sálvanos de tentación . . . —no esperó a que le preguntara—. Eso quiere decir que le estamos pidiendo a Dios que no
nos deje pecar.

Cuando había repetido la oración unas veces y la podía recitar
sin errores, me enseñó cómo santiguarme.

—Pon tu dedo índice sobre el pulgar, así . . . No, no con esa
mano . . . Siempre debes usar tu mano derecha —me dijo,
agarrándola para asegurarse de que yo sabía la diferencia.

—¿Por qué?

—Porque la izquierda es la mano del demonio.

Me pregunté si eso quería decir que el demonio tenía dos
manos izquierdas, pero no me atreví a preguntarle a Abuela
porque sólo el decir la palabra "demonio" la había hecho bajar su voz a un murmullo, como si él estuviera al otro lado de
la pared.

—Entonces cruzas tu pecho . . . después a cada hombro . . . no,
este lado primero —yo había visto mujeres santiguándose muchas veces, pero nunca se me había ocurrido que hubiera una
manera bien y una manera mal de hacerlo—. Entonces besas la
cruz en tus dedos —hice según me dijo—. Siempre debes de
santiguarte antes y después de decir el "Padre Nuestro." Déjame
ver si lo puedes hacer tú solita.

Puse cara de santa, ojos al suelo, la faz sin expresión, como
la gente en velorios cuando Papi los dirigía en oraciones. Bajé mi
voz a un murmullo, aquieté mis labios hasta que casi no se
movían y dejé el ritmo guiar a las palabras fuera de mí, hacia el
cielo, donde Abuela decía que mi otro papá vivía.

❧ —¡Hola, negrita! —Mami tenía puesto un vestido de flores,
que ella decía se llamaba un mumu, apretado contra su barriga
encinta como un jardín de flores exóticas. No pude agarrar lo
suficiente de ella para abrazar, así que le aguanté la mano mientras ella soplaba aire subiendo los tres escalones hasta la casa de
Abuela—. ¿Y cómo está usté' Doña Margara? —le preguntó
jovialmente, como si ya supiera la respuesta.

—Lo más bien, mija, lo más bien —Abuela contestó, sacándole una silla a Mami para que se sentara—. Déjame traerte un vaso de agua de limón.

—Ay, sí, gracias —sus mejillas estaban rojas, en parte por la caminata desde la parada de guaguas hasta la casa, y en parte por el colorete que se había puesto. Su pelo estaba torcido y amarrado con hebillas que cada rato tenía que empujar para que no se le cayeran.

—Espero esté bien que vine a buscar a Negi. Me hizo falta —ahora que estaba sentada, la pude abrazar por el cuello, besar su suave cara empolvada, oler el perfume que se ponía en ocasiones especiales.

—Tú me hiciste falta también, Mami —le murmuré en su oído, y ella me abrazó y me besó la cabeza.

Abuela trajo un jarro lleno de agua de limón y tres vasos.

—Nosotras esperábamos a Pablito el domingo. Nos quedamos esperándolo todo el día . . .

La expresión de Mami cambió a una dura e impenetrable, la que yo había aprendido a identificar como la que se ponía cuando hablaba de las pocavergüenzas de Papi.

—Usté sabe como es —le dijo a su mamá.

Abuela inclinó la cabeza y nos sirvió limonada en los vasos.

—¿Quién se quedó con los nenes?

—La hija de la vecina.

—¿Quién? —le pregunté. Mami me miró como si se acabara de recordar que yo estaba a su lado.

—Gloria —tomó un buchero de agua de limón—. A que no adivinas. ¡Tenemos luz!

—¿De verdad?

—¡Sí! Solo usamos los quinqués si se va la luz —miró hacia Abuela—, que pasa cada vez que hay un vientito —las dos se rieron.

Me recosté contra Mami y tomé mi bebida, mientras ellas hablaban de gente con nombres que me sonaban pero a las cuales yo no conocía—Flor, Concha, Chía, Cándida, Lalo. Hablaban acerca de cuál muchacha se había escapado con el hijo de quién,

quién había tenido un bebé, el precio de la comida, la sequía, las guaguas destartaladas entre San Juan y Santurce. Hablaban como si fueran buenas amigas, y yo me pregunté cómo era posible, ya que casi nunca se veían. Volvieron al tema de Macún, de cómo las cosas parecían mejor ahora que había electricidad y el agua corriente vendría pronto.

—Pero claro —Mami dijo—, con Pablo nunca en la casa, es difícil saber... —su cara se oscureció otra vez. Miró hacia el suelo, se sobó la barriga. El silencio que la envolvía era total, no lleno y abundante como el de Abuela cuando tejía, sino vacío y triste y solitario.

—Negi —Abuela me dijo—, vete y date una duchita antes de vestirte.

Yo no quería dejar a Mami, pero la mirada de Abuela era inflexible, y, con su cabeza, señaló dónde quedaba el baño, algo que ya yo sabía.

Puse mi vaso sobre la mesa y me fui. Aunque me incliné contra la puerta tratando de oír lo que decían, sólo me llegaban frases incomprensibles: "... siempre ha sido así...," "turba a los nenes...," "piensa en ti...," "sola con esos muchachos...," "tienes que tratar...," "no sé qué hacer..." y, en una voz más alta, "Negi, por qué no se oye la ducha?"

Abrí la llave y dejé que el agua fría me empapara, deseando que derritiera el miedo que hacía a mi corazón latir más fuerte que jamás yo había oído. Cuando salí, pelo chorreando, las yemas de mis dedos arrugadas, Mami y Abuela todavía estaban sentadas en el mismo sitio. La expresión de Abuela era triste, y se veía más anciana, como si años, en vez de minutos, hubieran pasado desde que yo me metí a bañar. El colorete de Mami estaba rayado, y sus ojos hinchados. Pretendió una sonrisa, y yo pretendí no verla al pasar por su lado envuelta en una toalla, caminando ligeramente, como si el piso se rompiera bajo mi peso.

Me vestí con sus murmullos al otro lado de la pared, sus voces suaves pero apretadas, y me pregunté si los hombres se hablaban así, si sus dolores se desparramaban en estas cadencias secretas. Me peiné, me puse mis medias, me abroché la hebilla del zapato. Y todavía hablaban, y yo no entendía ni una palabra de lo que decían. Pero el dolor rebotaba de las paredes y se insinuó dentro de mi piel, donde se alojó como una espina.

Me pareció entonces que a una mujer quedarse jamona no le dolería tanto. Que una mujer sola, fea o bonita, no podría sufrir tanto como mi linda madre. Me llené de rencor contra Papi. Me senté en la cama en la casa de su mamá y deseé que se muriera, pero en cuanto pasó el pensamiento, me di una bofetada por desear algo tan malo. Empaqué mi maleta y salí a la sala, donde Abuela y Mami todavía conversaban. Cuando me miraron, me pareció que todas estábamos pensando la misma cosa. Yo preferiría quedarme jamona que gastar tantas lágrimas por un hombre.

MAMI EMPIEZA A TRABAJAR

Con el agua al cuello y la marea subiendo.

❧

El cielo bajó hasta las cimas de las montañas. El aire descendió pesado y húmedo. Los pájaros se fueron del barrio, los insectos desaparecieron dentro de las grietas y huecos donde vivían, llevándose sus canciones. Un vaquero rodeó las vacas en la finca de Lalao, y, en su parcela, Doña Ana dirigió a su vaca dentro de un ranchón detrás de su casa. La radio decía que el huracán Santa Clara sería más fuerte que San Felipe, el que arrasó a la isla en 1918.

—¿Papi, por qué le ponen nombres de santos a las tormentas? —le pregunté mientras le ayudaba a llevar una lámina de madera con la cual iba a tapar las ventanas de la casa.

—Yo no sé —me contestó. El aviso de tormenta debía ser bastante serio, cuando Papi no podía ni contestarme una pregunta.

Mami embultó la ropa, cargó su sillón, la mesa, los taburetes, su máquina de coser, las ollas y los calderos hasta una esquina, amarró lo que podía contra las vigas, y empujó el resto contra una pared, donde lo cubrió con una sábana, como si con estas precauciones la casa no se iría volando.

—Negi, llévate a los muchachos a donde Doña Ana. Nosotros vamos en un rato.

Busqué a Delsa, Norma, Héctor, Alicia y Edna. Por primera vez no tuve que correrles detrás, ni tuve que amenazarles, gritarles, ni jalarles las orejas para que me obedecieran. Se alinearon como soldados, Alicia y Héctor de la mano de Norma, Edna sabre la cadera de Delsa. Raymond estaba dormido en su coy, pero Mami lo sacó, lo envolvió en flanelas y me lo dio.

—Toma, llévate al nene. No dejes que le dé el aire.

Raymond tenía treinta días, y debíamos cuidarlo contra infecciones, el sereno y el mal de ojo. Mami había amarrado un pedacito de coral y azabache en un imperdible y se lo había prendido a la camisetita de Raymond en cuanto había nacido. Era el mismo amuleto que había usado para todos nosotros, guardado dentro de una cajita entre sus dedales y agujas, sacado en cuanto nacíamos y prendido a nuestras chaquetas, supuestamente por los primeros cuarenta días y noches de nuestras vidas. Ella decía que no creía en esas cosas, pero no nos quitaba el amuleto hasta que no estuviéramos ya grandes.

Nos metimos por el caminito que conectaba nuestra parcela con la de Doña Ana. Sus hijos habían tapado las ventanas y puertas con láminas de madera, y también el frente de la casa, hasta que la única manera de entrar y salir era por la puerta de atrás, que daba a la letrina, el ranchón para los animales y la pocilga. Estas estructuras las habían reforzado con láminas de zinc y troncos de árboles descascarados. Al pasar por el ranchón, oímos el mugir asustado de la vaca, el chillido de los cerdos y el susurro y cacaraqueo de las gallinas y los gallos.

Dentro de la casa, cada boquete y rendija había sido atarugado con trapos para que no entrara el viento. Los colchones estaban amontonados en una esquina, racimos de guineos y plátanos colgaban de las vigas, goteando un líquido blanco del tajo del machete. La casa estaba en penumbra, la única luz salía de los quinqués y velas en la cocina, olorosa a ajo y cebolla. Las mujeres habían sacrificado unas cuantas gallinas viejas, y todos contribuyeron algo para el asopao que sería cocido en nuestra estufa de gas, sazonado con el recao fresco de Doña Lola y compartido por las cuatro familias que pasarían la tormenta en la casa de Doña Ana.

Papi y Mami trajeron bultos con comidas, ropa, sábanas y pañales. Papi puso su radio de batería en una tablilla y la dejó puesta mientras duró la tormenta, aunque lo que tocaba era estática eléctrica. La casa de Doña Ana no era muy grande, pero sus paredes y techo de cemento la hacían segura y cómoda. El calor de las treinta personas, el aroma familiar de las especias y el sofrito y el juego susurrado de los niños era extraordinariamente consolante, como los velorios, o las bodas y bautismos.

Los hombres montaron un juego de dominó y se turnaron jugando, los que perdían dejándoles sus sitios a los que estaban esperando a jugar. Las mujeres cortaron presas de pollo, pelaron plátanos, picaron papas, prepararon sofrito, lavaron trastes, hicieron café y amamantaron a los niños. Las jóvenes se agruparon en una esquina entre los racimos de plátanos y los colchones, y los jóvenes se acuclillaron contra la pared, haciéndose como que estaban jugando a las cartas. Nosotros, los menores, circulamos de grupo en grupo, observando el juego de dominó, apoderándonos de los corazones e hígados hervidos de las gallinas, o llevando mensajes misteriosos entre las muchachas y los muchachos.

De vez en cuando un trancazo de afuera nos silenciaba, y debatíamos cuál árbol había caído en cuál dirección. Las vacas y los cerdos no se oían sobre el estruendo del viento, los truenos, el estrépito de ramas contra techos y paredes, el triquitraque de las letrinas voladoras levantadas en una pieza por el viento y barridas de una esquina del barrio a la otra.

Después de comernos el asopao con bolitas de plátano, nos acurrucamos unos contra los otros en los colchones estirados en el piso y dormimos, consolados por la estática de la radio adentro y la ventolera del huracán afuera.

Sentimos el silencio siniestro del ojo del huracán cuando pasó

sobre nosotros. Papi y Dima, el hijo de Doña Ana, abrieron la
puerta. Estaba lloviznando, gotas grises y tenebrosas como vapor.
Los hombres salieron afuera, uno por uno, miraron a su alrededor, hacia el cielo, hacia la tierra esponjosa que se convertía
en charcos fangosos donde sus pies se hundían. Las mujeres se
agruparon en la puerta, formando una barrera por la cual los
niños no podíamos pasar, aunque pudimos obtener una vista al
empujarnos entre sus amplias caderas y muslos, agachándonos
debajo de sus faldas, entre sus piernas, contra sus pantorrillas
estriadas con venas varicosas y vellos largos y rizados.

La niebla se colgaba sobre el patio, alrededor de ramas y
pedazos de madera esparcidos, así como una tina de lavar ropa
que parecía haber sido pisada por un gigante, y una res muerta,
la soga alrededor de su cuello todavía atada a un palo. El ranchón
de Doña Ana todavía estaba en su sitio, y los animales adentro
lloraban suavemente, como si temieran que sus voces normales
atraerían el viento. Los hombres caminaron por las orillas del
patio agarrados de la mano, como los muñequitos que yo cortaba
de los periódicos de Papi. Una brizna de luz rompió las nubes
y recorrió el patio, formando un arco iris enorme. Las mujeres
señalaron, y alzaron a los niños más pequeños para que vieran,
mientras nosotros, los mayores, nos aglomeramos contra la
puerta en frente de aquel espectáculo mágico: las figuras de
nuestros padres y hermanos moviéndose cautelosamente en un
mundo sin extremos ni márgenes, y esa franja de sol viajando a
través del patio sin tocarlos ni una vez.

→ —Teníamos once palos de aguacate y nueve de mangó
—decía Mami—. Ahora sólo nos quedan dos aguacates y tres
mangós.

—Mi cafetal se me fue cuesta abajo —Doña Lola escupió
hacia el batey—. Y ya ves lo que le hizo a to'as mis plantas
medicinales . . . No me queda ni maleza.

La casa de Doña Lola, anidada contra el monte, todavía estaba
en su sitio, pero la cocina había desaparecido, así como las tres

piedras de su fogón. Nuestra cocina también se la llevó la tormenta, y nuestra letrina. Todo el barrio había sido despojado de todo lo que era demasiado endeble, viejo o frágil para resistir los ventarrones y aguaceros que apedrearon la isla por horas, inundando pueblos y lavando cuesta abajo a comunidades enteras construidas sobre los peldaños de los montes. No hubo muertos en Macún, pero muchos habían perdido todas su posesiones, sus aves de corral, cerdos, vacas de leche, sus huertos, quioscos para vender bacalaítos fritos y sus talleres, donde carros veteranos recibían una oportunidad más para volver a la calle.

—Pablo dijo que el gobierno nos va a ayudar. . .

—¡Sí, cuando las gallinas meen! —Doña Lola se tiró una carcajada, y Mami se sonrió, sus ojos centelleando hacia mí, a ver si yo entendía lo que quería decir con eso. Yo había visto suficientes gallinas para saber que nunca ocurriría.

Papi y Tío Cándido arreglaron nuestra casa, renovaron partes del techo, extendieron la casa para incorporar la cocina y espacio para un baño, anticipando el día cuando llegara agua a nuestra parte del barrio. Reconstruyeron la letrina con nuevas hojas de zinc y un asiento más cómodo. Mami ahorquilló sus palos de gandules y de achiote, los cuales habían sido anivelados por la tormenta, y pronto se levantaron de nuevo, sus hojas nuevas y frescas como bebés.

Por meses después del huracán, el único tema era la falta de dinero. Dinero para el cemento y los bloques que parecían crecer de la tierra, paredes grises y sólidas y techos cuadrados y rasantes. Dinero para otra vaca, o un carro, o zinc para la nueva letrina. Dinero para extender los tubos de agua, o para reparar las líneas eléctricas que habían caído y colgaban como gusanos muertos e inútiles.

Hasta los niños buscábamos dinero. Examinábamos los matorrales buscando botellas que se pudieran cambiar por centavos cuando pasara el botellero. Nenes no mucho mayores que yo construían cajas de trozos de madera desechados, las pintaban con colores vivos y se iban a San Juan o Río Piedras, donde los hombres les pagaban unos centavos por brillarles los zapatos.

Papi hizo maví y se llevaba dos galones a las obras donde trabajaba para vender por vaso a sus amigos y personas que pasaban.
Hasta Doña Lola, que a mí me parecía la persona más autosufi-
ciente del barrio, cocinaba calderos de arroz con habichuelas
y les vendía fiambreras llenas a los hombres que no tenían a
nadie que les cocinara. Mami hablaba acerca de coser uniformes
para la escuela, y hasta hizo algunos. Pero pronto se dio cuenta
de que ese trabajo no pagaba tanto como ella quería, y trató
de ver si se le ocurría otra cosa.

➙ —Negi, ven, ayúdame con esto.
     Parada en el medio de su cuarto, su refajo y vestido amon-
tonados alrededor de sus caderas, Mami aguantaba un brasier
de línea larga que no la quería abarcar.
     —Mira a ver si puedes abrocharme esto.
     El brasier le llegaba hasta las caderas, donde se unía con una
faja hasta los muslos. Había tres líneas de ganchitos de arriba
a abajo. Aún jalando de los dos extremos de la tela, no había
manera de enganchar un lado con el otro.
     —Te queda muy chiquito, Mami.
     —Déjame ver si aguantando la respiración . . . —inhaló y
dejó salir el aire mientras estiraba su espalda hacia arriba. Yo
trabajé lo más rápido posible, hasta que logré abrocharla antes
de que tuviera que respirar otra vez.
     —¡Wow! Hacía tiempo que no me ponía esta cosa —dijo,
subiéndose el refajo y luego el vestido— súbeme el *zíper*.
     —¿A dónde vas, Mami?
     —Abrieron una factoría en Toa Baja y están pidiendo costu-
reras.
     —¿Y quién se va a quedar con nosotros?
     —Gloria vendrá por un rato. Ayúdala con los muchachos. Ya
yo cociné.
     —¿Vas a trabajar to's los días?
     —Si me cogen.
     —Entonces nunca vas a estar en la casa.

—Necesitamos dinero, Negi.

Mami se peinó, se empolvó la cara, se puso colorete en mejillas ya rosadas y lápiz de labios en labios ya rojos. Sus pies, que casi siempre andaban descalzos o en chancletas, se achicaron dentro de los tacos. Su cintura estaba tan ceñida que parecía que le faltaba parte de su cuerpo. Sus facciones pintadas y empolvadas eran difíciles de leer; las líneas que se había dibujado en las cejas y alrededor de los ojos, y los colores que realzaban lo que a mí siempre me había parecido perfecto eran una violación de la cara que a veces se reía y a veces lloraba y a veces se retorcía con rabia. Yo quería encontrar un trapo con el cual limpiarle la cara, como ella me limpiaba a mí el sucio y el tizne que se colectaba en la mía. Me miró con una sonrisa grande y roja.

—¿Cómo me veo?

Me abochorné al mirarla, y temí decirle lo que yo veía.

—¿Y qué? —puso sus manos sobre sus caderas, ese gesto de irritación familiar que siempre la hacía parecer más grande de lo que era, y noté el diamante formado por sus codos y su cintura pellizcada. No pude controlar las lágrimas que resaltaron de mis ojos y rompieron mi cara en mil pedazos, y que la hicieron arrodillarse y abrazarme y aguantarme contra su pecho. Envolví mis brazos a su alrededor, pero lo que sentí no era mi Mami, sino las varas duras de su ropa interior. Enterré mi cara en el espacio entre su cuello y su hombro y busqué ahí la fragancia de orégano y romero, pero todo lo que pude oler era el Cashmere Bouquet y el polvo con aroma a flores de Maybelline.

&c Se levantaba temprano, a veces antes que Papi, ponía las habichuelas a cocinar, planchaba nuestros uniformes y su ropa de trabajo, se bañaba, se empolvaba, se empaquetaba dentro de su ropa interior tortuosa. En bisbiseos me daba instrucciones para el día, me decía a qué hora regresaba, me advertía que ayudara a Gloria con los nenes y prometía ponerles los botones a la camisa de Héctor cuando regresara esa noche.

Papi no estaba en casa tanto una vez que Mami empezó a trabajar, y nuestras mañanas tomaron un ritmo que no lo incluían cuando lo estaba, cada uno de nosotros envueltos en nuestras rutinas mañaneras de despertar, vestirnos, desayunar y caminar el tramo a la escuela. Mis clases empezaban a las 7:30, y yo salía de casa cuando el aire todavía estaba dulce y el polvo del camino todavía húmedo, las casas de nuestros vecinos apareciendo como espejismos en la tiniebla, o retrocediendo detrás de una cortina de lluvia.

La casa de mi Tío Cándido quedaba a mitad de camino entre mi casa y la escuela. El se quejó a Mami de que yo caminaba con la cabeza hacia abajo, nunca saludaba a nadie, que mantenía mis ojos clavados al suelo.

—Si sigues andando así —me advirtió—, te vas a jorobar.

Pero esa observación no era lo suficiente para cambiar mi mala costumbre de abrazar mis libros contra mi pecho, caminar en zancadas, cabeza abajo, vista fijada en la tierra que se hinchaba y se hundía, escuchando el chasquido de mis zapatos en los pedregales y su silbido en los arenales. Y cuando no estaba mirando hacia la tierra, estaba ciega, y a veces llegaba a la escuela sin saber cómo. Esas mañanas, ojos abiertos sólo a lo que veía en mi imaginación, mis piernitas se movían por sí, subiendo lomas, bajando cañadas, cruzando matorrales, brincando charcos, navegando las naves entre los escritorios de mis compañeros, hasta el mío, alfabéticamente situado al fondo del salón. Me sentaba, abría mi libreta, escribía la fecha en la primera línea de la página y miraba a Miss Jiménez, con su animado "Buenos días, clase." Entonces me daba cuenta que había caminado desde casa hasta la escuela pero no tenía memoria de la jornada, mi mente un blanco en el cual escribiría las lecciones de ese día.

❦ Con Mami trabajando, me aproveché de la vigilancia de Gloria hacia mis hermanos menores para desaparecerme por los montes, treparme por los palos de mangó y aguacate, esconderme detrás de las letrinas y ranchos y, una vez, cuando me retaron, me metí en la finca de Lalao y me llené la falda de las codiciadas toronjas.

—¿De dónde vienen estas toronjas? —preguntó Mami.

—Me las encontré.

—¡Embuste! Yo la vi metiéndose en la finca de Lalao con Tato y Pepito —Delsa hizo una mueca, y los ojos de Mami desaparecieron debajo de su ceño.

—¿Cuántas veces te tengo que decir que no te metas por ahí?

—Estaban en el suelo, ni a un pie de la verja . . .

Mami miró las toronjas, verdes matizadas con amarillo y marcadas con puntillos negros. Su olor cítrico llenaba la cocina como si fuera humo.

—No te vayas a meter ahí otra vez —me advirtió, agarrando una—, o te voy a castigar.

Peló una en franjas y chupó el dulce jugo ávidamente. Yo busqué en los ojos de Delsa y vi miedo, no de Mami, sino de mí, porque sabía que, mientras Mami estuviera trabajando, yo me las iba a desquitar por ser chota.

Un día Mami cocinó, lo arregló todo para cuando Gloria viniera, se vistió y nos preparó para la escuela uno a uno. Cuando yo regresé esa tarde, ella no había salido. Su ropa estaba estirada en la cama, arrugada, olvidada.

—¿Dónde está Gloria?

—Se fugó —dijo Mami. Las muchachas del barrio nunca se fugaban solas, aunque los muchachos se desaparecían por semanas en cuanto se creían hombres.

—¿Cuándo va a volver?

—Yo qué sé. Nadie conoce al hombre con quien se fue.

Mami no pudo ir al trabajo por dos semanas, y tuvimos que vivir con su mal humor y quejas. "Yo no sirvo pa' estar sentá haciendo ná," le dijo a Doña Ana, y yo me preguntaba cómo ella podía considerar el trabajo de la casa como nada cuando se pasaba horas haciéndolo.

. . .

❧ —¿Te gusta la factoría? —Doña Lola le preguntó a Mami mientras desgranábamos gandules en su nueva cocina con piso de cemento.

—Es buen trabajo —Mami contestó—. Primero me pusieron a cortar hilos, pero ya me movieron a operadora de máquina.

—¡Qué bueno!

Tato, el hijo de Doña Lola, entró corriendo.

—¿Hay algo por ahí pa' comer?

—Arroz con habichuelas en el caldero.

Tato guachapeó la tapa del caldero y dejó caer el cucharón al piso de cemento. Doña Lola se paró de un salto.

—Deja eso, nene, yo te sirvo —y, en voz baja—. Machos inútiles.

Tato me miró por debajo de sus pestañas largas. Doña Lola le dio un plato amontonado con arroz blanco y habichuelas colorás. El se sentó en una esquina, apaleándoselo en la boca como si no hubiera comido en días.

El era un año mayor que yo, flaco, del color de una algarroba, con pelo grifo, ojos claros llenos de travesuras y risa. Era el niño más sucio que jamás había visto, no porque no se bañaba, sino porque no se mantenía limpio no importaba cuántas veces Doña Lola lo metiera en la tina de bañarse detrás de la casa.

Tato no le tenía miedo a nada. Cazaba lagartijos verdes, les apretaba la mandíbula y se los ponía en las orejas, donde sus rabos, batiendo de un lado al otro, colgaban como decoraciones festivas. Atrapaba culebras y se las amarraba al cuello, donde se retorcían en suntuosas olas plateadas que parecían dar cosquillas. Embroquetaba iguanas y las asaba en fuegos abiertos, y decía que su carne era más sabrosa que la del pollo. Era un experto haciendo tirachinas, y fue él quien me enseñó cómo seleccionar las ramas con horquillas, las cuales descortezábamos, secábamos bajo el sol y tallábamos hasta que les pudiéramos amarrar dos trizas de una goma de bicicleta y un cuadrito donde poníamos las piedras letales que arrojábamos con pavorosa precisión.

Yo era tan buena tiradora como él, con los tiragomas tanto

como con esmeradamente construidos arcos y flechas, con los cuales podíamos tumbar un pájaro en pleno vuelo. Teníamos una amistad inquieta, basada en competición, la cual era mucho más especial porque Mami no la sancionaba.

—Ya tú estás casi señorita. No debes estar corriendo por los montes con los varones —me decía. Pero yo tenía poco en común con las niñas de mi edad. Juanita Marín había encontrado otras amigas al fondo del barrio, y las hijas de Doña Zena, quienes eran más o menos de mi edad, estaban bien guardadas por la religiosidad de sus padres, la cual no aprobaba influencias de afuera. Mis hermanas no me parecían tan interesantes como los muchachos que corrían y trepaban y a quienes no les importaba si se ensuciaban la ropa.

Tato puso su plato en el fregadero afuera de la ventana.

—Vamo' a jugar afuera —me invitó. Su carita sucia no indicó lo que en verdad íbamos a hacer.

—¿Puedo, Mami?

Ella rompió la punta de una vaina de gandul, jaló del hilo, abrió la vaina, deslizó su pulgar por dentro de la cáscara resbalosa y añadió los gandules al montón que ya tenía en la vasija entre sus rodillas. Me miró con una advertencia.

—No te vayas muy lejos, que ya mismo nos vamo' pa' casa.

Pensé que ella había leído nuestras mentes, y por un minuto temí irme con él.

—¡Avanza! —me llamó Tato desde el batey.

Me quedé un rato en la cocina, pero Mami y Doña Lola siguieron desgranando gandules como si yo no estuviera.

Corrimos alrededor de la letrina dos o tres veces para despistar a Mami y a Doña Lola, y después nos escabullimos entre las matas de orégano que crecían altas y fragantes detrás de la letrina.

—Tú primero —me dijo Tato.

—No, tú.

Se bajó el pantalón corto hasta las rodillas, y rápido se lo subió.

—Ahora tú —me dijo.

—Pero yo no vi ná . . .

—Sí que viste.

—No vi ná, y no te voy a enseñar hasta que no lo vea.

Aunque yo había visto los penes de Héctor y de Raymond cuando les cambiaba los pañales, nunca había visto uno fuera de la familia. Tato no tenía hermanas, así que yo estaba segura de que nunca había visto las partes privadas de una nena. Yo, por supuesto, ya había visto unas cuantas de esas también.

—Pues no me voy a bajar el pantalón otra vez —Tato dijo, volviéndome la espalda.

—A mí no me importa porque ya yo he visto los pollitos de mis hermanos, y son más lindos que el tuyo.

—Esos son pollitos de nene. Yo casi soy hombre. ¡Mi pollo tiene pelo!

—Sí, ya mismo te lo creo.

—De verdá. Y se pone tan grande, que se lo puedo meter a una mujer.

—Ay, no seas asqueroso.

—Se lo puedo meter a una mujer y meneárselo por dentro así . . . —empezó a menear su dedo en arcos que describían un espacio mucho más grande que su mano, a la misma vez serpenteando sus caderas de un lado al otro.

—¡Qué zángano! —corrí hacia el patio a la misma vez que Mami y Doña Lola salían de la cocina.

—Ya te venía a buscar —me dijo, mirando a su alrededor, como si yo no hubiera llegado—. Agarra esa bolsa, que nos vamos.

Doña Lola me dio una bolsa llena de gandules.

—Tato, vete y dale algo de comer a esos puercos, que han estao chillando toa la tarde —Tato salió corriendo en dirección al cochitril, y Mami cogió el camino hacia casa.

—¿Y qué hacían ustedes detrás de la letrina? —me preguntó casualmente.

—Jugando —no dijo nada más, y yo me fui corriendo entre las yucas, detrás del mangó pazote a la orilla de la finca de Lalao.

. . .

Otro día, Tato y yo estábamos detrás de la letrina.

—Puedo ver mejor si te ñangotas —dijo Tato, acuclillado delante de mí, para así mejor poder ver la raja lisa entre mis muslos.

—¡Olvídalo! —me subí los pantis.

—Pero te tapaste muy rápido y no vi ná. En cambio tu viste bien mi pollito.

—Sí . . . Y eres un embustero. No tiene ni un pelito.

—Porque no lo miraste bien.

—No había ná que ver. Es tan chiquito y arrugao como el de mi hermanito.

—Porque lo tienes que sobar pá que se ponga grande.

—¡Ni en tus sueños!

—Si lo tocas se pone grande y largo, ya vas a ver.

—Ni aunque me paguen.

—Te toco a ti si me tocas a mí.

—Yo no quiero que me toques.

—Es sabroso —se sobó entre las piernas como si tuviera una picazón. Empujó sus caderas hacia mí—. Ay, qué rico . . . —cerró sus ojos y se lamía los labios como si estuviera chupando un pirulí.

Yo me quedé mirando a sus manos moverse entre sus piernas cada vez más rápido, su lengua saliendo y entrando de su boca como una serpiente, saliva formándosele en las esquinas de los labios. "¡Los hombres son unos puercos!" Las palabras aparecieron en mi cabeza como el titular de un periódico, pero también las oí en las voces de Mami y Doña Lola, Gloria y Doña Ana, Abuela, cantantes de boleros, actrices de novelas y mi grito en la cara de Tato.

—¡Cochino! —abrió sus ojos, y su boca hizo una mueca que se convirtió en una sonrisa humillante, fea, lasciva. Trató de meter sus manos entre mis piernas y yo, furiosa, tiré mi pie para atrás y le di una patada tan fuerte que me pareció que lo levanté del suelo en mi pantorrilla antes de que se cayera en la tierra, retorcido, sus manos todavía entre sus piernas, pero no frotándose, sino aguantando lo que yo temía se le había soltado.

Mami y Doña Lola llegaron corriendo. Entre llantos, Tato les dijo que yo le había pateado sin razón alguna, y Mami me agarró por el brazo y me arrastró hasta casa.

A gritos, traté de explicarle lo que Tato había intentado. Pero Mami no quería explicaciones. Me solté de sus manos y salí corriendo, y ella se me fue detrás. Le di la vuelta al batey y me metí por la puerta del frente de la casa con ella detrás de mí, gritando que me parara. Cuando salíamos de la cocina, agarró una sartén y me dio un cantazo en la cabeza. Me amarró las manos con una de las de ella y me dio una pela, sacándome ronchas en los brazos, la espalda, y chichones en la cabeza, la frente, detrás de las orejas. Mis hermanas y hermanos salieron de donde andaban cuando me oyeron gritar, hasta Raymond, que ya había aprendido a caminar, y se le quedaron mirando a Mami mientras ella me daba fuete con la sartén y la dejaba caer sobre la bola en la que yo me había convertido, colgando de su mano como una fruta verde en un palo indoblable.

—Nunca te atrevas a hacer eso —me ruñía, y yo no estaba segura si quería decir patear a un muchacho entre las piernas o dejarle ver mis partes privadas. Porque me pareció a mí que Mami sabía lo que Tato y yo estábamos haciendo detrás de la letrina mientras ella y Doña Lola hablaban acerca de sus vidas. Ella lo sabía, y estaba esperando que yo hiciera algo peor de lo que yo me pudiera imaginar para ella poder hacer algo peor de lo que yo esperaba. Me dejé quedar floja, y parte de mí salió de mi cuerpo y se paró al lado de mis hermanas y hermanos, sus ojos redondos, lagrimosos y asustados, sus manitas entrelazadas las unas con las otras, sus cuerpitos moviéndose con cada cantazo que me daba Mami.

. . .

❧ Gloria vino a vivir a una casita en medio de un palmar detrás de la parcela de su mamá. Su marido era de un barrio vecino y trabajaba para la compañía eléctrica.

—Ojalá eso quiera decir que nos van a traer la luz otra vez —dijo Mami.

En cuanto Gloria volvió, Mami sacó su ropa de trabajo, se lavó el pelo y se pintó las uñas. Pero en vez de Gloria venir a casa todas las mañanas, nosotros íbamos a su casa, bajo la sombra del palmar.

Un día me dio una bolsita con algo envuelto adentro.

—Tírame esto en la letrina —me dijo.

—¿Qué es?

—Lo que no te importa.

—¿Y por qué me toca botarlo?

—¿Eres así de malcriada siempre, o sólo conmigo?

—Siempre.

—Eso me imaginé. Llévamelo a la letrina y te digo lo que es cuando vuelvas.

Yo quise abrir la bolsa y ver lo que había adentro, pero Gloria me velaba mientras le cambiaba el pañal a Raymond. Cuando miré al fondo de la letrina, noté que había unas cuantas bolsitas como la que tenía en mi mano flotando en la porquería.

—Ya lo boté —Gloria acostó a Raymond y a Edna a dormir. La tarde estaba fresca, aromática a las guayabas que crecían alrededor de la casa—. ¿Qué era eso dentro de la bolsita?

—Un Kotex.

—¿Un qué?

Vertió agua dentro de una dita y le echó mucha sal.

—¿Cuántos años tienes cumplidos?

—Diez.

Cogió dos plátanos de una tablilla y los trajo a la mesa.

—¿Y Doña Monín no te ha dicho lo que es ser señorita?

—Me dijo que tengo que dejar de jugar con los varones porque soy casi señorita, y que debo sentarme con las piernas juntas.

Gloria se rió tan fuerte que casi dejó caer el cuchillo que tenía en la mano.

—Se me pasó el chiste —le dije abochornada, pero a la misma vez feliz de haberle traído gusto. Era seguro de que había algo más en esto de ser señorita, y Gloria sabía lo que era. Me reí con ella, sabiendo que me iba a decir algo que mi mamá estaba supuesta a decirme pero que no había hecho.

—¿Tú sabes de dónde vienen los nenes?

—¿Quién no sabe eso?

—¿Pero sabes cómo se hacen?

Yo había visto a los gallos correr detrás de las gallinas, alcanzarlas, trepárseles encima y hundir los picos en su cabeza mientras la gallina cacaraqueaba y chillaba y el gallo aleteaba. Había visto a los perros perseguir a las perras, montárseles encima mientras corrían, tratando de tumbarlas e inyectar sus penes largos y rojos dentro del culo de ellas. Había visto a los toros montados en las vacas, a los caballos encorvados sobre las yeguas, los cerdos enrollados en fango, sus cuerpos conectados debajo del rabo de la puerca. Y había visto huevos acabados de poner, cachorros mojados y resbaladizos, becerros envueltos en una ampolla azul reluciente, caballitos flacos mojados e indefensos y muchos cerditos mamando las tetas engullidas de las cerdas. Pero hasta que Gloria preguntó, nunca me había imaginado que para que yo y mis cuatro hermanas y dos hermanos nacieran, Papi le tenía que hacer a Mami lo que los gallos le hacían a las gallinas, los toros a las vacas, los caballos a las yeguas. Me estremecí.

—Sí, yo sé cómo se hacen los nenes.

Gloria abrió un plátano de cabo a cabo, le peló la cáscara y lo cortó en ruedas diagonales, las cuales ensopó en el agua con sal.

—Antes de que puedas hacer nenes, tienes que ser señorita, lo que quiere decir que te sale sangre de allá abajo todos los meses —Gloria explicó lo que era "la regla," cuánto duraba, lo que una muchacha tenía que hacer para que la ropa no se le manchara—. Ya pronto vas a ser señorita, y entonces sí que vas a tener que cruzarte las patas, como dice tu mamá —se rió de su propio chiste, el cual no me hizo ninguna gracia—. ¡Ay, qué careta! Te asusté, ¿verdad? Pero no te apures, que eso no es ná. Sólo una molestia que una aprende a soportar. Todas lo tenemos que hacer.

Pero yo no estaba ni asustada ni apurada por los problemas que me iba a traer la regla, la cual no podía ser peor que las lombrices que ya había encontrado en mi ropa interior. Yo me imaginaba a Mami y a Papi pegados. Y me acordé de las palabras de Tato, que él podía meter su pollo dentro de una mujer, y se me ocurrió que eso era lo que Papi le hacía a Mami después que nos acostábamos nosotros y los muelles de su cama crujían en ritmos que siempre terminaban en un gemido bajo y largo, como un mugido o un murmullo ronco.

❧ Mami fue una de las primeras madres en Macún que salieron a trabajar fuera de la casa. Para ganar un poco de dinero, las mujeres del barrio lavaban o planchaban ropa o cocinaban para hombres solteros, o preparaban almuerzos para los obreros. Pero Mami salía de la casa todas las mañanas, peinada y perfumada, a trabajar en Toa Baja.

El barrio nos miró con ojos diferentes. Desapareció la buena acogida de vecinos ocupados con sus propias vidas, y fue reemplazada por un resentimiento abierto y manifestado en el chismorreo y sarcasmo del patio escolar.

Me di cuenta de que mi mamá estaba rompiendo un tabú que yo nunca había oído ser declarado. Las mujeres del vecindario le volvían la espalda cuando la veían pasar, o, cuando le hablaban, miraban hacia el horizonte, como si el mirarle en la cara las infectaría con lo que la había hecho a ella irse a trabajar. Sólo algunas de las vecinas la trataron como siempre —Doña Ana, porque su hija se quedaba con nosotros, Doña Zena, porque sus principios cristianos no le permitían criticar a la gente, y Doña Lola, para quien todos eran iguales. Hasta la esposa del Tío Cándido, Meri, nos trataba como si Mami fuera una mala mujer porque salía a trabajar y nos dejaba en casa.

A mí me confundía el efecto que el trabajo de Mami tenía en los vecinos.

—Pero, ¿por qué, Mami? ¿Por qué nos tratan así desde que empezaste a trabajar? —le rogué un día cuando uno de mis compañeros de la escuela había dicho que Mami no estaba ganando su dinero en una factoría, pero de los hombres en el pueblo.

—Es la envidia —me contestó—. Ellos no se pueden imaginar una vida mejor que la que tienen, y no quieren que nadie la tenga tampoco. No le hagas caso.

Pero yo no podía cerrar mis oídos a los insultos, no podía bajar la vista lo suficientemente rápido como para no notar las miradas odiosas. Fui abandonada por niños que hasta entonces habían sido amigos. Los vecinos ya no eran afables. Cuando pasaba camino a la escuela, ya no me ofrecían un trago de agua en tardes calurosas, ni un balcón seco cuando llovía.

Papi parecía compartir la misma opinión que los vecinos. El la miraba con una expresión turbada, y varias veces la oí defenderse, diciéndole: "Si no fuera por lo que yo traigo, todavía estaríamos viviendo como salvajes." El se apartaba con sus clavos y martillos, con los libros misteriosos de su tocador, con los periódicos y revistas que traía enrollados dentro de su caja de herramientas.

Yo me preocupé de que el no tener a Mami en casa nos iba a hacer la vida más difícil, pero al principio lo hizo todo más fácil. A Mami le gustaba su trabajo; estaba orgullosa de lo que hacía, alegre, impaciente por compartir sus aventuras del día en la factoría, donde cosía brasieres que ella decía tenían que ser para americanas, porque eran muy pequeños para las mujeres que conocíamos.

Pero sus días eran largos, llenos en la mañana con los quehaceres de cocinar desayunos y comidas, preparar siete niños para la escuela o para un día con Gloria y prepararse ella para su trabajo, ir al trabajo y regresar a la casa, donde siempre había un canasto de ropa para remendar, una casa que barrer, sábanas que se tenían que lavar y secar en un día porque no teníamos suficientes para las camas. Según se fue acostumbrando a su rutina, Mami decidió que necesitaba ayuda, y me escogió a mí.

—Tú eres la mayor, y necesito que seas responsable por los muchachos y que hagas más en la casa.

—Pero, ¿y qué va a hacer Gloria?

—Ya no puedo contar con nadie fuera de la familia. Y de todas maneras, tú eres la mayorcita y debes aprender a llevar más responsabilidad.

Y con esas palabras Mami selló un pacto que ella había diseñado, escrito y firmado por mí.

☙ —Delsa, ven acá y lava esos trastes antes de que Mami venga del trabajo.

Delsa subió la vista de los números que estaba escribiendo en su libreta. Números encima de números, uno al lado del otro, en columnas inmaculadas, en su letra pequeña y compacta.

—No es mi turno —siguió escribiendo números.

—¿Y a quién le toca?

—A ti. A mí me tocó ayer.

El fregadero estaba lleno. Platos, tazas, vasos, cucharas, tapas de ollas, el caldero de hacer arroz, la sartén, todos sumergidos en agua gris con grasa flotando en su superficie.

—¡Norma!

—¿Qué?

—Ven acá. Te voy a enseñar a lavar trastes.

—Yo estoy velando a Raymond.

—Pues, deja que Héctor lo cuide y ven acá.

—No.

—Si estos trastes no están limpios cuando Mami vuelva . . .

—¡Lávalos entonces!

Yo tampoco los quería lavar. Yo no quería hacer ninguna de las cosas que Mami me pedía que hiciera: darle una merienda a los nenes cuando regresaran de la escuela, recordarles que tenían que hacer sus tareas escolares, traer a Edna y a Raymond

de casa de Gloria, cambiar el agua en las habichuelas y ponerlas
a hervir a fuego lento, barrer el piso, hacer las camas, amon-
tonar la ropa sucia en un canasto, darle de comer a las gallinas
y a los cerdos. Delsa y Norma estaban supuestas a ayudar pero
casi siempre rehusaban, especialmente cuando yo las mandaba
hacer las tareas más desagradables, como cambiarle los pañales
a Raymond o estregar el caldero del arroz. Casi todos los días,
minutos antes de Mami llegar de su trabajo, yo corría por la
casa tratando de hacer lo que ella me había dicho que hiciera
esa mañana. Y casi todos los días recibía un regaño o un cocotazo
por no haberlo terminado todo.

—Ya tú estás casi señorita. Debes hacer estas cosas sin tener
que decírtelo.

—Es que no puedo . . .

—Eres una vaga, eso es lo que te pasa. Te crees que todo se
te va a dar.

—No, yo no creo eso —le contestaba, mis manos protegiendo
mi cabeza contra los inevitables cocotazos.

—¡No me faltes el respeto! —y me empujaba como si tuviera
una enfermedad contagiosa—. Por lo menos le debes dar buen
ejemplo a tus hermanas y hermanos.

Miré a Delsa, quien, a los nueve años, ya podía cocinar arroz
y sazonar habichuelas, y a Norma, quien barría y desempolvaba
con precisión, y a Héctor, quien se quitaba su uniforme y se
ponía ropa de jugar todos los días sin tener que estar llamándole
la atención. "¿Qué los hace a ellos tan buenos y a mí tan mala?"
me preguntaba. Pero no encontraba respuesta en los ojos so-
lemnes de Delsa, ni en la belleza altiva de Norma, ni en la avidez
con que Héctor quería complacer. Todas las noches Mami enu-
meraba mis fallos como hembra, hermana, la mayor. Y todos
los días yo probaba que ella tenía razón, al desdeñar mis quehaceres, al dejar que uno de los muchachos se golpeara, al
quemar las habichuelas y al no comandar el respeto de mis hermanas y hermanos que me merecía, al ser la mayor.

. . .

🔖 Yo quería cambiar sitios con mi prima Jenny. Ella era la única hija de mis tíos, y los manipulaba con berrinches y demandas que, si vinieran de uno de nosotros, hubieran resultado en una bofetada o un buen cocotazo. Jenny era tan mimada que hasta Papi, a quien no le gustaba criticar a nadie, se quejaba de que Jenny no tenía modales y no respetaba. Jenny era una influencia tan mala que no se nos permitía jugar con ella.

Jenny era un año menor que yo, pero todo el barrio sabía que ya era señorita. Su cuerpo se había desarrollado en una figura pequeña como la de su mamá, con caderas redondas y con pezoncitos en su pecho. Hacía tiempo que no la había visto mamando la teta de su mamá, y me imaginé que, siendo señorita, se le habría quitado esa costumbre. Pero no había cambiado en muchas otras cosas. Todavía se las echaba de la mucha ropa que tenía, las muñecas, los juegos, las prendas que sus padres le compraban. Dormía en su propia cama, en un cuarto decorado con muñecas con las cuales nunca jugaba, con un armario lleno de vestidos bonitos y zapatos de charol.

La envidia, Doña Lola había dicho, te come por dentro y te vuelve los ojos verdes cuando miras a la persona que celas. Si fuera verdad, cada vez que yo mirara a Jenny o pasara por su casa, mis ojos se enverdecerían como los lagartos que se paseaban sobre las hojas del plátano. Yo detestaba que, mientras peor se portara, más se le daba. No tenía quehaceres en la casa, nadie con quien compartir su ropa y sus juguetes, ningún límite a dónde podía ir en el barrio, ni con quién, ni por cuánto tiempo. No tenía que hacer sus tareas de la escuela, no tenía que hacer nada que no le diera la gana, y sus padres, el tranquilo, paciente Tío Cándido, y Meri, no decían nada, no le daban fuete ni la insultaban. Yo envidiaba tanto a Jenny que no aguantaba estar con ella ni un minuto. Mami y Papi nos habían prohibido pelear con nadie por cualquier razón, pero cada vez que yo le pasaba por el lado a Jenny le quería caer encima, quitarle su sonrisa de comemierda, callarle su cacareo por última vez, para que viera lo que era sufrir.

. . .

❧ —¡Jenny tiene una bicicleta! —los ojos de Delsa brillaban, sus manos aleteaban en el aire como si estuviera dibujando un retrato invisible de una bicicleta de niña—. ¡Y nos está dejando montar!

Yo dejé el trapo en medio del piso y me fui corriendo detrás de ella. Cuesta arriba, cerca de la casa de Doña Zena, estaba Jenny, esparrancada sobre su bicicleta. Tenía puesto tenis, pantalones cortos, y una chaqueta blanca apretada que lucía los chichones en su pecho.

Niños se arracimaban a su alrededor, mientras Jenny enseñaba los guardalodos brillosos, las gomas anchas, los guías decorados con flámulas de muchos colores.

—¿Quién más se quiere montar? —preguntó, feliz con toda la atención, las voces llamando su nombre. Yo me ahogué de rabia. Recogí a mis hermanos y hermanas, los cuales se aglomeraban posesivamente alrededor de Jenny.

—Vénganse, vámonos pa' casa.

—Ay, Negi, deja eso —exclamó Jenny—. Ellos se quieren montar en mi bicicleta.

—A mí no me importa. Mami no quiere que juguemos acá arriba.

—Entonces traigo la bicicleta más cerca a tu casa. Y así cada uno puede coger un turno.

—Olvídate.

—Pero, ¿por qué Negi? —lloriqueó Héctor.

—Deja eso y vente pa' casa.

Jenny nos siguió con su bicicleta mientras yo empujaba y jalaba a los nenes hacia casa.

—Tú no eres la mai de ellos, no tienes que estar mandando —me gritó.

—¡Verdá! —chilló Delsa—. Tú no eres Mami. Tú no nos puedes estar mandando —y mis hermanas y hermanos se alejaron de mí, empujándose los unos a los otros para ser los primeros al lado de la bicicleta de Jenny.

—Tú eres una mandona —dijo Norma—. Te crees que ya eres grande.

Yo quería llorar que no, no me sentía adulta, y que no era justo que todos se pudiesen montar en la bicicleta de Jenny pero yo no. Les quería mencionar que Mami no quería que jugásemos con Jenny, pero hubiera sido una falta de respeto decirlo delante de ella. Empuñé la mano de Raymond y lo jalé hacia mí.

—Está bien, si se quieren montar en ese trapo de bicicleta, móntense. Pero cuando vuelva Mami . . .

—Yo me quiero montar también —lloró Raymond a mi lado, soltando su mano de la mía—. Yo me quiero montar —corrió hacia Jenny, la cual lo levantó y trató de balancearlo sobre los guías.

—Jenny, él es muy chiquito pa' eso.

—Está bien . . . Siéntate en el asiento —le dijo a Raymond— y yo me paro detrás de ti y le doy a las ruedas.

—No, Jenny. Se va a caer. Raymond, apéate de ahí.

—Estate quieta, Negi, que yo sé lo que estoy haciendo —se paró en los pedales y los empujó poco a poco. Raymond se echó a reír—. Mira qué contento está el nene.

—Pues si a ustedes no les importa —les grité cuando iban cuesta abajo—, a mí tampoco. Móntense en esa estúpida bicicleta —miré a Delsa con chispas en los ojos, y a Norma, que ya estaba grande y debía ser más responsable—. Ya van a ver ustedes cuando venga Mami . . . Ustedes están supuestos a obedecerme cuando ella no está. Ella me dejó encargada a mí.

Se rieron y corrieron detrás de Jenny, la cual aceleró la bicicleta, con Raymond agarrando el asiento. Mi cara ardía, y lágrimas me saltaron a los ojos, pero no las dejé caer porque no quería que me vieran llorando. Me fui hacia casa, despreciada y abandonada por mis hermanas y hermanos, quienes me habían humillado delante de esa mocosa.

Cuando llegué al batey, oí un grito espeluznante. Raymond, Jenny y la bicicleta se habían caído. "Eso es por no hacerme caso," pensé, y seguí hacia la casa. Pero los gritos eran fuertes y asustados, más de lo que yo esperaba de una simple caída. Eran berrinches de terror, de dolor. Salí corriendo, y, al salir, vi que todo el vecindario estaba aglomerándose en un círculo alrededor de la bicicleta, alrededor de Raymond, cuyo pie estaba trabado en la cadena de la bicicleta, torcido en sí mismo, estropeado en un revoltijo de sangre, grasa y mugre.

Doña Zena y Doña Ana nos mandaron ir a la casa. Yo recogí a mis hermanos y hermanas, como una gallina a sus pollitos, y me paré a la orilla del camino mientras alguien desarmó la bicicleta y sacó el pie de Raymond. Sus gritos me cortaban, y yo quería correr hacia él, pero los adultos estaban a su alrededor y no dejaban a nadie acercársele. Alguien le amarró el pie, y alguien lo llevó al hospital en Bayamón. Alguien fue a buscar a Mami a su trabajo y la llevó al hospital. A Papi también. Y a mí me dejaron al cargo de mis hermanas y hermano. Comimos arroz con habichuelas que Gloria nos preparó, y en silencio nos bañamos y nos preparamos para dormir y nos metimos dentro de los mosquiteros, nos arropamos, y escuchamos, escuchamos por los pasos de Papi, o de Mami, o de Raymond que entrara brincando y riéndose con su sonrisa de payaso. Pero no llegaron, y me quedé dormida soñando en lo que Mami me haría cuando supiera que yo había dejado a Raymond que se montara en la bicicleta de Jenny.

Pero Mami no hizo nada. No sé cómo, pero el accidente de Raymond salió a ser culpa de Jenny. Mami, Meri, Tío Cándido y Papi hablaron, y todos los vecinos que habían visto lo que pasó hablaron, y se pusieron de acuerdo en que era la culpa de Jenny. Aunque nadie lo dijo, había sido mi responsabilidad cuidar a los nenes, especialmente Raymond, el menor. Pero nadie me gritó ni me insultó, ni me dieron fuete porque yo no había cuidado a los nenes. Jenny era la responsable. Me comió por dentro que Jenny estaba recibiendo toda la atención por algo que fue mi culpa.

❧ Mami tuvo que dejar su trabajo para cuidar a Raymond. Por muchos meses corrió de un doctor al otro, porque el pie no se

curaba. Los doctores le dijeron que tanta grasa y mugre se le
había metido en la herida, que no podían estar seguros si habían logrado limpiarla bien. Raymond, Mami le dijo a Papi,
sufriría de ese pie por el resto de su vida, y empezó a alistar
todos los problemas que tendría, todos los cuales terminaban
con *itis*.

Pero mientras más frenética se ponía Mami en su búsqueda
de doctores que trataran a Raymond, más distante se ponía Papi,
como si todos hubiéramos sido heridos de alguna manera en
la cual él no nos podía ayudar. Hubieron más riñas, más discusiones, más ausencias, hasta que me parecía que cualquier cosa
sería mejor que vivir con esta gente que tanto se odiaba.

👀 Un día, cuando salía de la escuela, empezó a llover. Me paré
debajo de un almendro por un rato, pero no escampaba. Guardé
mis libros debajo de mi chaqueta, me quité los zapatos, y fui
corriendo de palo en palo.

En la entrada al barrio, Mami y mis seis hermanas y hermanos
me estaban esperando, amontonados en la parada del público
con bultos a su alrededor. Mami estaba enojada.

—¿Por qué te tardaste tanto? Por poco te dejo.

—¿Pa' dónde vamos?

—Nos vamos pa' Santurce.

—¡Pero tengo un examen de aritmética mañana!

—¡Ah, pues, fíjate que suerte tienes!

Los muchachos estaban tranquilos. Debían estar tan asustados
como yo, pero no nos atrevíamos a decir nada.

Esperamos por mucho tiempo a que llegara un público que
nos pudiera llevar con todos nuestros paquetes, bultos y maletas.

—¿Se mudan? —preguntó el chófer que al fin nos recogió, y
Mami le dio una mirada que le espantó la voz. No se atrevió
a decir nada después de eso.

Tardamos como tres horas en llegar a la ciudad. Llovía fuerte,
y el tráfico hacia Santurce estaba embotellado por causa de
inundaciones. Mami se acomodó al frente con Edna y Raymond,

mientras Delsa, Norma, Héctor, Alicia y yo nos sentamos atrás.
No nos atrevíamos a decir nada ni a movernos porque cada rato
Mami nos miraba con mal genio. Nos pasó un canto de pan y
un trozo de queso del país, y el chófer la miró mal. Adiviné que
a él no le gustaba que los pasajeros comieran en su carro.

Cuando el público nos dejó, todo lo que podíamos ver era la
luz pálida y amarilla de bombillas reflejadas en el agua y altas
chimeneas con un letrero de luces rojas destellando las palabras
CERVEZA CORONA. Mientras los goterones de lluvia golpeaban
a nuestro alrededor, Mami nos dijo que tuviéramos cuidado,
porque estábamos caminando sobre un puente. Era resbaloso y
angosto, sin nada a que agarrarse en los lados. Si resbalábamos,
nos caeríamos en las aguas negras y apestosas.

Alcé mi cara hacia el cielo y dejé que la lluvia la lavara y se
llevara el detestable hedor que se metió en mis narices, como si
mis adentros se estuvieran pudriendo. Pero el aire fétido era
pesado y opresivo, y se nos pegaba, como si todo lo nuevo y
fresco tenía que ser contaminado por esa atmósfera nociva o no
podría sobrevivir.

Llegamos a la casa de Doña Andrea, y su esposo nos ayudó a
meter nuestras cosas adentro. Le enseñó a Mami un cuarto en
la parte de atrás de la casa con dos camas, y nos caímos en ellas,
tan rendidos que ni comimos ni nos dimos cuenta de dónde
estábamos.

EL MANGLE

De Guatemala a Guatapeor.

El Mangle era un barrio que flotaba sobre una laguna negra. Debajo de la casa, la corriente arrastraba feces en una sorprendente variedad de modelos, tamaños y colores. Fue fácil averiguar lo que a la gente del Mangle le gustaba comer, ya que trozos de alimentos no digeridos estaban pegados a los mojones que se iban a la deriva. A mí me gustaba tratar de adivinar a quién pertenecía cada mojón, y si lo que les salía de adentro decía algo acerca de cómo se veían por afuera.

—Negi, ¿qué haces ahí tan temprano? —bisbiseó Mami.

—Tengo que orinar —le contesté. Mi vejiga estaba tan llena que todo el tiempo que había estado mirando por la ventana tuve que mantener mis piernas cruzadas y apretadas una contra la otra. El ver tanta agua no facilitó la cosa.

—El baño queda por acá —se levantó pesadamente. La seguí al otro lado de una cortina. Una hamaca colgaba de un seto al otro, y un cuerpo dormido estaba aterronado en un sofá. Pasamos a otro cuarto y Mami prendió una bombilla colgando de la viga. La luz en el cuarto oscuro me hizo lagrimear los ojos y casi no vi el boquete en medio del cuarto.

—Es como una letrina —explicó Mami—. Te ñangotas y haces lo que tienes que hacer. Pero ten cuidado y espatárrate bien para que no te caigas ahí dentro. ¿Te enseño?

Asentí con la cabeza. Mami se ñangotó, dándome la espalda. Me miró sobre su hombro.

—Ten mucho cuidado de que apuntes bien para que no mees en el piso —se paró y se subió los pantis—. Mira a ver.

Me paré sobre el boquete y me espatarré lo más que pude. El agua corría hacia la izquierda, más rápido de lo que corría debajo de la ventana. Si lo miraba, me mareaba. Aire frío subió entre mis piernas, y salté para atrás y choqué contra Mami.

—¿Qué te pasó?

—Sentí algo . . .

—No seas tan jíbara, que ahí debajo no hay ná.

Me empujó hacia el boquete.

—¿Vas o no vas?

Explotaba de las ganas de orinar.

—Ese boquete es muy grande.

Lágrimas me quemaban los ojos, pero si empezaba a llorar Mami se enojaría.

—No lo podemos hacer más chiquito.

—¿No tienen una escupidera como en casa?

—No —me aguantó por los hombros—. Si quieres, yo te aguanto hasta que termines.

—Okei —me paré sobre el boquete otra vez, tratando de no mirar hacia abajo. Un cosquilleo de aire frío me alzó los pelitos hasta el raquis. Me bajé los pantis hasta las rodillas y tuve que retroceder porque me estorbaban cuando traté de ñangotarme.

—¿Y ahora qué?

—No me puedo ñangotar con los pantis. El boquete es muy grande.

—Quítatelos entonces —me dijo, bajándomelos.

"Alguien allá abajo puede mirar pa'arriba por el boquete y

ver mi cosita," pensé. "Hay alguien ahí abajo. Un muerto está en esa agua esperando que yo me ñangote pa' entonces atraparme y jalarme pa'allá dentro y ahogarme en mojones y meao. Hay ojos mirando pa'arriba de esas aguas negras, viendo partes de mí que ni yo puedo ver."

—Aguántame la mano —dijo Mami—. No tengas miedo.

Me acuclillé poco a poco, aguantando la mano de Mami para que si un muerto me trataba de alcanzar ella me pudiera jalar para afuera. Miré hacia abajo para atinar y vi algo meciéndose en el agua. No lo pude soportar. Se me salió un grito y salté hacia atrás hasta que choqué con Mami otra vez.

—¿Qué es lo que pasa aquí? —Doña Andrea estaba parada en la puerta, su pelo pinchado en rizos con hebillas.

—Le tiene miedo al baño —dijo Mami, aguantándome.

—¿Qué te crees, que te va a agarrar algo de ahí abajo? —se echó a reír. Mami también se rió con ella. Yo me recliné contra la pared, dejando las lágrimas caer como si fueran de plomo. No quería que Doña Andrea estuviera ahí. Pero ella y Mami se reían como si fuera lo más gracioso del mundo. La cara me ardía de bochorno.

—Déjense de reír —les grité. Le di un puño a Mami en el vientre que le sacó el aire. Ella amarró mis manos entre las de ella y me empujó contra la pared.

—¡Deja eso! —me gruñó. Sus manos magullaban mis muñecas. Traté de soltarme, sin éxito.

—¡Ave María, qué genio tiene esa nena! —resopló Doña Andrea.

Anhelaba que se callara la boca. Mami me empujó hacia el boquete.

—Ñangótate ahí y haz lo que tienes que hacer antes que se me acabe la paciencia.

La había humillado delante de Doña Andrea, pero no me importaba. No debían haberse reído de mí. El agua debajo del boquete corría más negra y rápida que antes, y no había quién me hiciera ñangotarme. Ni modo.

—Está bien —dijo Mami, soltándome—, si no lo haces ahora,

vas a tener que aguantarte el resto del día, porque no hay otro
sitio donde hacerlo.

No era cierto. No me lo iba a aguantar. No.

Mami dio unos pasos hacia la puerta. Doña Andrea señaló su
aprobación con una sonrisa. Mami volvió la vista hacia mí,
insegura de si dejarme o no. Parecía estar al otro lado del mundo,
con Doña Andrea detrás, pequeña como una cucaracha, aguantando la puerta. Mami tomó un paso afuera, pero antes de que
saliera, orín se me escurrió entre las piernas y formó un charco
caliente sobre las tablas del piso.

❦ Doña Andrea nos sirvió Kellogg's Corn Flakes en un plato
hondo azul. En casa, nunca comíamos cereal durante el día, pero
ella nos cuidaba mientras Mami buscaba trabajo, y no sabía
nuestras reglas.

—¿Tú sabes que si le pegas a tu mamá, cuando te mueras, no
te podrán enterrar?

Fue como si me hubieran chupado el aire de los pulmones.
Los ojos de Delsa se agrandaron, y se le abrió la boca.

—¿Por. . . por qué no? —dije.

—Porque —Doña Andrea salpicó una cucharada de azúcar
sobre cada plato de cereal— si le pegas a tu mamá, cuando
mueres, el brazo se te para pa'arriba —así— y se queda así y
no cabe en el ataúd.

—¿Y por qué no lo empujan pa'abajo?

—Porque si tratan, rebota pa'arriba otra vez.

—Pero lo pueden amarrar, con una soga o un bejuco.

Me dio una mirada curiosa. Delsa y Norma se rieron ner-
viosamente.

—Estas son cosas que Dios hace para castigar a los niños
malcriados. Nadie las puede cambiar.

Me tiró el plato lleno de cereal delante.

—Embustes —les bisbiseé a Delsa y a Norma—. Sólo le tienen
que amarrar el brazo. Y si no, hacen un cajón alto y ancho pa'
que quepa.

—Dejen el cuchicheo y las risitas —regañó Doña Andrea.

Nos vertió leche enlatada sobre el cereal. Yo odiaba el sabor de leche enlatada, pero Mami nos había dicho que cuando alguien te da algo de comer, te lo comes, aunque después tengas que vomitar.

Doña Andrea era bajita y redonda y tenía verrugas en una mejilla. Su pelo era grifo, y le faltaban unos cuantos dientes. Raymond le cogió miedo, y Héctor dijo que parecía una bruja. Le tuve que dar una nalgada a cada uno para que no le faltaran el respeto.

Su casa era una de dos que flotaban al extremo de una escollera angosta. Entre las dos casas, un bote de remos ondeaba en las aguas negras, amarrado por una soga a un gancho mohoso.

Doña Andrea no nos dejó salir afuera todo el día, porque no había dónde jugar.

—No quiero que uno de ustedes se me vayan a caer en la laguna —nos dijo, y yo me estremecí sólo con pensar en tocar esa agua sucia.

Nos aborrecimos de estar adentro. En Macún, salíamos afuera y corríamos y trepábanos palos y brincábamos de piedra en piedra por los montes. Pero en El Mangle, no podíamos hacer nada. No teníamos ni tareas de la escuela, porque Mami no nos quiso inscribir hasta que no consiguiera trabajo.

Mami quería alquilar la casa de al lado de Doña Andrea. Entonces tendríamos nuestra propia cocina, nuestros propios cuartos, y ella podría traer nuestros muebles de Macún.

—Mami, ¿cuándo viene Papi? —le pregunté un día que estaba sentada en el umbral de nuestra futura casa sobándose los pies.

—Yo no sé —me contestó en una voz brusca, y miró en otra dirección.

Se me ocurrió entonces que ella no le había dicho a Papi dónde estábamos.

Papi nunca viviría en un sitio así porque le molestaban los olores fuertes. Le hacían la boca salivar, lo cual lo hacía escupir. Por eso en Macún nuestra letrina quedaba lejos de la casa.

Pero en El Mangle no nos podíamos distanciar de la peste. El aire hedía a la cervecería, y el agua a feces. La comida no sabía buena. La peste vivía dentro de nosotros, y, aunque Mami usaba mucho ajo y orégano en el sofrito cuando cocinaba, no hacía ninguna diferencia. Yo todavía olía mierda cuando comía.

❧ La escuela era de piedra. Mami dijo que los pisos eran de mármol, y por eso brillaban tanto. El uniforme era una camisa de un feo color mostaza con una falda color chocolate y zapatos morados. Desemejante a todas las otras maestras que yo había conocido, mi nueva maestra, la Sra. Leona, insistía en el español, y no contestaba cuando la llamábamos Missis.

—Abastarda a nuestro idioma, que en Puerto Rico es el castellano.

A mí la Sra. Leona no me cayó bien. Siempre estaba de mal humor, y era malvada. Una vez le dio un cantazo a un nene con la regla porque se le escapó una risita cuando a ella se le cayó un mapa. El no fue el único en reírse, pero ella no castigó a más nadie.

Cuando ingresé en la escuela en el medio del semestre, mi clase estaba estudiando fracciones. En Macún, todavía no habíamos empezado con las fracciones, así que yo me sentía un poco perdida y no entendía todo lo que la Sra. Leona escribía en la pizarra. Yo leía las páginas de mi libro de aritmética, páginas que los otros niños habían estudiado hacía días, pero no entendía ni un pito. Mami no me podía ayudar. Me dijo que nunca había estudiado fracciones cuando iba a la escuela.

La Sra. Leona escribió unas fracciones en la pizarra y llamó al niño detrás de mí a que resolviera una. Ella no pedía sólo que uno resolviera la fracción, estaba supuesto a explicar cómo hacerlo, según lo iba haciendo. Yo me encaloré y me enfrié a la misma vez. El muchacho mencionó números enteros. A menos que los escribiera mal, a mí todos los numeros me salían enteros. Escribió un montón de números en la pizarra y la Sra. Leona aprobó su hazaña con una sonrisa.

—Esmeralda, ven a resolver la próxima.

¡Sabía que me iba a llamar! Lo sabía. El problema era ⅔ + ⁴⁄₆ = .

Arrastré los pies hacia la pizarra, mirando fijamente a los números. Traté de solucionar el problema en mi mente, para que así, al llegar al frente, ya tener la respuesta y no parecer burra. ⅔. Eso quiere decir que si uno está supuesto a tener tres guineos, sólo tiene dos de los tres. Okei. Cuatro sextos quiere decir que si estoy supuesta a tener seis guayabas, sólo me dieron cuatro. Bien. Un momento. ¿Cuántos guineos? Dos. Sí. Y cuatro guayabas. ¿A qué sale? Ay, Dios mío, yo no creo que lo de la fruta me resulte.

La tiza estaba seca y polvosa. La Sra. Leona me miraba a través de lentes gruesos que magnificaban sus ojos hasta que parecía que se le estaban saliendo. Dos partes de tres mas cuatro partes de seis. ¿Puede ser seis partes de nueve? No puede ser, porque seis partes de nueve es más pequeño que dos partes de tres. Por ahí no me salía, así que cambié de táctica. Si uno corta una china entre tres pedazos, las lonjas son más grandes que si las corta en nueve, pero más pequeñas que si las corta en tres. ¿Qué deja eso?

—¿Esmeralda, necesitas ayuda?

Alguien detrás de mí se echó a reír.

—No, Sra. Leona, sólo estoy pensando.

—Piensa un poco más rápido, por favor, o se nos va el día.

Seis chinas. No, una china, seis lonjas. Tres guineos. Cuatro guayabas. No, dos guineos.

—¿No te enseñaron fracciones en esa escuela de jíbaros donde estabas?

Los otros niños se rieron. La Sra. Leona se sonrió. Sus dientes eran pequeños. Yo tenía tanto frío que los huesos me restrillaban.

—Estábamos empezando . . .

—Me lo imagino. Esas escuelas de campo siempre están atrasadas. Por eso tenemos tanto jíbaro ignorante en este país . . .

—Yo no soy ignorante.

Me quitó la tiza y escribió unos números en la pizarra. Yo me fui hacia mi escritorio.

—No, señorita. Usted se me queda ahí mismito y atienda para que aprenda.

Mis compañeros se rieron. Alguien tiró una bolita de papel masticado. En la parte de atrás del salón, tres muchachos empezaron a cantar una canción acerca de un jíbaro que acaba de llegar a la ciudad. La Sra. Leona les dio tremenda mirada a través de sus lentes, que parecían fondos de botellas, y se callaron, pero el minuto que ella volvió la espalda, empezaron de nuevo en voz baja.

Ella explicó algo sobre convertir esto en aquello y sumarle esto otro y números completos, pero yo no la oí. Dejé a mi cuerpo parado al frente de ella, humillada, sufriendo las bolitas de papel masticado y los insultos. Mandé a aquella parte de mi ser que podía volar afuera, por la ventana, al flamboyán en el patio.

Las flores rojo-anaranjadas me cubrieron al sentarme entre ellas. Tenían un olor amargo, igual que la leche pegajosa que babosea del tajo cuando se corta la flor. Desde el árbol vi a la Sra. Leona escribiendo en la pizarra, y yo parada a su lado, cabeza baja, ojos enfocados en el piso pulido. Terminó la ecuación con un gran floreo de tachones y rascazones en la pizarra y me miró, triunfante.

—Y así es que se hace.

Volví adentro.

—Sí, Señora Leona.

—Puedes regresar a tu asiento —me dijo, y yo regresé lo más rápido que podía, mis zapatos taconeando vacíamente sobre el mármol frío.

☙ La caminata de la escuela a casa era larga. Caminaba sola, porque no quería que nadie supiera dónde vivía. Tenía que pasar por frente de una barra, una bodega, una oficina de doctor y

una botánica, su vidriera enlucida con retratos de una Virgen
María rubia, un Jesús sangrante y un árbol de tronco ancho
y largas ramas extendidas a su alrededor como si fuera una
sombrilla. Se llamaba "El Arbol de la Vida."

Casas de concreto con balcones enrejados y jardines flore-
cientes estaban agrupados detrás de los negocios. De adentro de
las casas, perros ladraban al yo pasar. Dentro de otras, pájaros
enjaulados cantaban una canción como ninguna que yo jamás
había oído en Macún. Yo quería vivir adentro de una de esas
casas, con sus cuartos grandes y lámparas en vez de bombillas
desnudas colgando de las vigas.

Las niñas de mi escuela caminaban en grupos delante de mí
y, una por una, entraban dentro de esas casas bonitas donde sus
mamás, vestidas en batas floreadas, sin maquillaje, con cabellos
enrolados, esperaban a la puerta y la cerraban amorosamente
cuando sus hijas entraban. Una vez, una de estas mamás me miró
y se sonrió, y yo quedé tan agradecida que quería correr entre
sus brazos y ser ahogada en los ruedos fruncidos de su blusa.
Otra me miró con mala fe, como si yo no tuviera derecho
alguno de caminar en su calle.

En mi casa, nadie me esperaba. Mami estaba trabajando.
Doña Andrea me daba una taza de café con leche y un trozo de
pan de agua con mantequilla, y después me mandaba cuidar a
los muchachos hasta que Mami regresara del trabajo.

Aunque se nos permitía caminar a la escuela solitos, no se
nos permitía jugar fuera de la casa. Yo hacía mi tarea de la
escuela y ayudaba a mis hermanas con las de ellas. Esperaba
a que Mami regresara. Dibujaba mariposas y flores, árboles en
colinas con yerba verde, colibríes besando pavonas, todo lo que
no existía en El Mangle. Pegué mis dibujos contra la pared
cerca del catre donde dormía con Delsa. A ella también le gustaba
mirarlos.

❧ Mami hablaba con Doña Andrea. Se sonreía y movía la
cabeza arriba y abajo y se sonreía otra vez. Cuando Doña Andrea

le dio una olla llena de garbanzos con patitas de cerdo, Mami no la quiso aceptar.

—No tenga pena —le dijo Doña Andrea—. Hice suficiente para las dos familias. Usted no tiene tiempo de cocinar todos los días.

—Está bien, pero sólo si me acepta una bandeja de arroz con dulce un día de estos.

—Cuando pueda. Buen provecho —y le dio la olla.

Garbanzos con patitas y arroz blanco era una de mis comidas favoritas. Mami le ponía calabaza en los garbanzos, y yo las mordía, esperando que fuera dura y gomosa, pero descubriendo que se derretía en la boca. Yo roía la carne alrededor de las patitas y chupaba los huesos hasta que la membrana resbaladiza y salada se salía de adentro. Según comíamos, tirábamos los huesos, tilín, por la ventana.

Al anochecer podía ver las sobras de los vecinos flotando por la corriente, huesos de chuletas y pollo, hojas de lechuga, a veces fideos. Los viernes, la gente comía mariscos o vegetales sin carne porque a Papá Dios no le gustaba que la comiesen.

☙ Cuando primero llegamos al Mangle, yo no quería tomar agua, y no me quería bañar porque creía que el agua salía de la laguna. Pero un día, Mami me cogió por la mano.

—Ven. ¿Ves este tubo conectado a la pluma de agua? Mira. Sigue por aquí y da la vuelta acá, debajo del puente. Nunca se mete en la laguna.

Caminamos hasta donde nuestra escollera se unía al tajamar acanalado con muchos espolones y puentes. Cada espolón tenía dos o tres casas, sus pilas gruesas altas sobre las aguas negras.

—¿Ves que todavía los tubos no tocan el agua? —estaban fijados a las tablas del tajamar—. Ahora los seguimos por aquí —caminamos hasta la punta de la tierra, donde los tubos, ahora anexos a muchos otros, desaparecían debajo de las aceras de cemento en rumbo a San Juan—. Por lo menos —dijo

Mami— ya no tenemos que caminar todo aquel trecho de Macún con una lata de agua sobre la cabeza.

❧ Algunas tardes Mami me dejaba sentar en el bote de Don Pedro, el cual estaba amarrado contra las pilas entre nuestra casa y la de Doña Andrea. Al principio yo temía caerme dentro de la laguna, pero Don Pedro me enseñó que el bote no se iba a hundir si yo me sentaba adentro. Lo empujé contra las pilas hasta que flotaba detrás de las casas y no había nada en frente de mí, solo agua negra y, en la distancia, montañas. Humo caracoleaba de la orilla al otro lado de la laguna. Gaviotas daban la vuelta, se abatían sobre su presa y subían para el cielo otra vez. El sol, suspendido sobre las montañas, manchó el cielo azul-rojo color naranja, y acható la laguna hasta que parecía un espejo para las estrellas. Las montañas se convirtieron en sombras mientras el sol se escondió detrás, y la laguna brilló blanca y plateada. El ambiente estaba tan tranquilo y silencioso que pude oír al agua bisbiseando contra los lados del bote y las pilas que mantenían al Mangle flotando sobre el agua. Recordé las veces que Papi y yo nos sentábamos en los escalones de nuestra casa en Macún, viendo ponerse el sol. Me atraganté, y me lagrimearon los ojos. Si volvía con ojos lagrimosos, Mami se preocuparía, y si le decía por qué, se enojaría. Era mejor estrangular el dolor que me apretaba el pecho. Así, nunca nadie sabría.

❧ Un día, Mami me dijo que yo iba a hacer algo muy especial. No todas las niñas de mi edad podían hacer esto, y ella me preguntó si yo lo quería hacer.

—¿Qué es?

Mami se sentó al frente de mí.

—A Doña Cony le pasó algo muy triste. Su nene, el más chiquito, se murió ayer.

—Ajá.

—¿No te parece triste?

—Sí, bastante triste. Ella debe de estar llorando.

—Sí, pobrecita. ¿Y sabes por qué? Porque cuando murió el nene, se le quedaron los ojos abiertos.

—¿Por qué?

—Nadie sabe. Pero no lo pueden enterrar así.

—¿Por qué no?

—Porque no se puede.

—¿Qué importa, si el nene ya está muerto?

Mami me dio una de sus miradas.

—No llegará al cielo.

—Ajá.

Respiró profundamente.

—Así que, Doña Cony me preguntó si tú le podías cerrar los ojos al nene.

—¡Olvídate!

—Solo por un ratito. Te pones tu traje de piqué y te compro un mantecado después de que lo hagas.

Algo me dijo que Mami ya había aceptado por mí.

—¿Lo tengo que tocar?

—¡Pues claro! Pero sólo por un ratito. Un segundo nomás.

—Pero, ¿y si cuando lo toque me agarra la mano?

—El nene está muerto. No se puede mover.

—Pero en los cuentos los muertos andan y hacen cosas . . .

—Esos son muertos ya grandes. Este era un bebito que no podía ni caminar. Va a ser un angelito. Pero sólo si alguien le cierra los ojitos.

—¿Por qué?

—Porque su alma está atrapada en su cuerpo. Cuando le cierres los ojos, podrá subir al cielo.

—¿Y por qué tengo que hacerlo yo?

—Porque la curandera te vio y te seleccionó de todas las nenas del barrio. Es un gran honor. Debes de estar orgullosa.

—¿Qué curandera? ¿Quién? ¿Dónde me vio?

—Negi, si no lo quieres hacer, dímelo y se lo digo y van a tener que conseguir otra persona. Pero si quieres hacerlo, te tienes que vestir ahora porque nos están esperando.

Yo tenía miedo, pero nunca había visto a un bebé muerto. Quizás le podría ver el alma atrapada dentro del cuerpo.

Mami planchó mi vestido de piqué blanco. Sólo me lo ponía cuando íbamos a visitar familia. Me amarró una cinta blanca por la cintura, agarrada con un imperdible para que no se me cayera.

—Me veo como si fuera a hacer la comunión.

Mami sonrió. Nosotros nunca íbamos a la iglesia. Quizás la Virgen María no me estaba protegiendo, como protegía a los niños católicos. Quizás cuando fuera a cerrarle los ojos al nene el diablo nos llevaría a los dos adentro de las aguas negras del Mangle. O quizás Papá Dios me tiraría un rayo allí mismo, delante del muerto.

—Mami, ¿no crees que debemos ir a la iglesia primero, tu sabes, pa' que un cura me bendiga o algo así, tú sabes, pa' que me quite los pecados?

—Date la vuelta, que este lazo me salió mal.

Nunca me hacía caso. Si yo le preguntaba algo, ella se hacía la que no escuchaba. Me enfogonaba.

—Vámonos.

Mis hermanas y hermanos estaban con Doña Andrea. Esta salió de su casa y me hizo dar vueltas para poderme ver bien.

—¡Qué linda te ves! ¡Tan inocente!

Nos fuimos por el puente que conectaba al tajamar del cual muchos otros puentes y espolones daban a casas sobre el agua.

Mami me jalaba más rápido de lo que yo podía caminar. Nunca habíamos caminado en esta dirección. El barrio era mucho más grande de lo que yo me había imaginado. Un anciano sentado en el umbral de la puerta de su casa alzó la mano y nos saludó. Una mujer colgaba ropa de una cuerda estirada entre dos casas. Se inclinó fuera de su ventana hasta que parecía que se caería al agua. Cuando nos vio, se echó a reír y se metió dentro de su casa.

Mis zapatos de charol resbalaban en la madera podrida del tajamar.

—¿Puedes caminar más despacio, Mami?

Esperó hasta que dejara de resoplar. Me enroscó las greñas entre las trenzas amarradas con cintas.

—¡Qué linda te ves de blanco! —me dijo, abrazándome.

Era tierna y cálida. Su brazo pesado alrededor de mis hombros, me señaló una casa al fondo de un espolón angosto.

—Ahí es donde vamos.

La casa estaba pintada del color de un lagarto verde. Un lazo negro fláccido colgaba de un lado de la puerta abierta.

Mami me jaló del traje por aquí y por allá, estiró su propia falda y agarró mi mano. Parecía tener tanto miedo como yo. Respiré profundamente.

—Okei —le dije—, lista.

Mis tacos zapateaban contra la madera como si estuviera bailando. Era irrespetuoso hacer tanto ruido cuando había muertos tan cerca. Deseé flotar sobre la madera para no hacer tanto ruido. Era difícil hacerlo cuando tenía miedo. Necesitaba mucha concentración. Pero cuando ya íbamos llegando a la casa, lo hice, estaba flotando.

El ataúd del nene estaba sobre una mesa con un mantel blanco. Encaje fruncido colgaba de las paredes por detrás y de un dosel sobre el ataúd.

Dos mujeres nos saludaron en la puerta. Llevaban rosarios blancos enormes con cruces plateadas. Una de ellas estaba vestida de luto, la otra en blanco, con un turbante, su piel carmelita brillosa. No tenía cejas sobre ojos salientes; uno morado, uno verde.

—Ah, aquí está nuestra angelita.

Puso sus dos manos sobre mis hombros y se arrodilló para que estuviéramos al mismo nivel.

—Yo soy Nicasia. La otra señora es la mamá del nene. ¿La conoces?

Doña Cony me parecía familiar. Le dije que sí con la cabeza a uno de los ojos de Nicasia. Miró detrás de mí, a donde estaba Mami.

—Gracias por traer a su hija a ayudarnos. El Buen Pastor le reparará.

Me volvió a mirar. Yo no sabía en cuál de sus ojos enfocarme.

—Estás asustá', ¿verdad?

Subí y bajé la cabeza.

—Es bueno tenerle miedo a las cosas que uno no conoce.

Cerró los ojos. Sus dedos apretaron mis hombros, sus uñas se hundieron en mi piel. Yo quería darme la vuelta, buscar a Mami, pero no podía mover la cabeza. Sólo podía mirar al nudo del turbante de Nicasia.

—Dios querido, bendice esta niña. Bendícela y protégela.

Doña Cony se unió a la oración.

—¡Aleluya! ¡Adorado sea el Señor!

—Detrás de mí, Mami respiraba duro.

—Virgencita, Protectora de los Niños, bendice esta nena.

—Sí, Virgencita, protege a todas las criaturas.

—Dios querido, bendice y protege esta mujer que ha donado su hija para este afán sagrado.

—Bendícela Dios, y a toda su familia.

Los ojos de Nicasia estaban nublados, los párpados medio cerrados sobre las pupilas. Miró hacia arriba y escudriñó el aire detrás de mí, donde el ataúd del niño estaba. Tarareó e inclinó la cabeza, como si estuviera concordando con alguien, pero no había nadie. Sólo el difuntito. Se me quedó mirando otra vez, y su cara se derritió. Yo no podía mover mi vista de sus ojos. Eran tan grandes que me podía ver en ellos. Dejó que su cabeza se cayera sobre su pecho, respiró hondamente y tembló de arriba a abajo.

—Tú tienes un espíritu muy fuerte que te protege. Siempre anda a tu lado. Te cuida para que nada te vaya a suceder. No le tengas miedo.

Mis rodillas matraqueaban. Yo quería salir volando, pero no podía moverme. Nicasia me aguantaba con sus dedos fuertes en mis hombros.

—Es tu ángel de la guarda —abrió sus ojos hasta que parecían bolas—. ¿Sabes lo que es un ángel de la guarda?

Incliné mi cabeza, sí. Ella sonrió. Sus dos dientes delanteros estaban franjeados en oro.

—Muy bien. ¿Estás lista?

Incliné mi cabeza que sí. Mi voz estaba asustada.

Nicasia les dio un apretón a mis hombros y se paró del suelo. Sus huesos resquebraban y crepitaban, como si no hubiera nadie dentro del largo vestido blanco. Me llevó hasta la mesa, donde había un clavel amarrado con un rosario blanco. Nicasia me lo dio.

—Aguanta esto en tu mano izquierda.

Amarró las cuentas sueltas del rosario alrededor de mi muñeca.

El cajón estaba cubierto con un mosquitero. Doña Cony lo levantó, y Nicasia me volvió hacia el bebé. Yo no lo quería mirar, pero lo hice. Era un nene chiquito, vestido en traje blanco de bautismo con volantes y cintas y encaje. Estaba sonriendo. Sus ojos eran grises, casi sin blanco. Estaban vacíos.

Nicasia tomó mi mano y la puso dentro de una taza de agua.

—Esta es agua bendita —me dijo.

Saqué mi mano al instante. Temía que el agua bendita me quemaría los dedos. Pero Nicasia me la empujó dentro del agua otra vez, y la aguantó allí. El agua se sentía fresca y suave.

Nicasia me puso la mano sobre los ojos del nene y dobló mi pulgar y mis dedos de anillo y menor dentro de mi mano.

—Pon los dedos así y escucha la oración. Cuando yo te toque el hombro con el rosario, bajas los deditos sobre los párpados del nene y déjalos hasta que yo te toque otra vez.

El sol entró por la puerta y salpicó mis piernas, pero no calentó el resto de mi cuerpo. Detrás de mí, sentí a Mami respirando. Traté de sincronizarme con ella, mis ojos cerrados para no tener que mirar la cara vacía del nene. Nicasia dijo algunas palabras entre dientes que yo no entendí. Doña Cony ticoteaba las cuentas de su rosario y decía "Amén" de vez en cuando. Nicasia me dio un toquecito en el hombro. Abrí mis ojos y bajé mis dedos a los ojos del nene y los aguanté allí mientras Nicasia seguía con su oración en un idioma que yo no entendía. La piel del nene estaba fría. Sus ojos eran como yemas de huevo; si las empujaba, reventarían.

Nicasia me tocó el hombro y quité mi mano. Ella miró adentro, y Doña Cony y Mami se acercaron al cajón. Los ojos del nene estaban cerrados. Los párpados estaban húmedos del agua bendita, como si hubiera estado llorando. Me raspé los dedos contra la tela de piqué de mi vestido. Lo sentía áspero y seco, pero no podía quitarme la sensación de que la muerte se me había pegado.

Mami me abrazó, y Nicasia me abrazó, y Doña Cony me abrazó. Yo tenía escalofríos y me moví hacia la puerta, donde me llamaba un cuadro de sol.

—Vámonos, Mami.

Me dolía la garganta.

—Sí, sí, ya mismo.

Ella y Nicasia hablaban en voz baja. Doña Cony cubrió el cajón del nene con el mosquitero.

—Me quiero ir pa' casa.

La cabeza me pesaba con voces bisbiseando. La lengua se me sentía grande y seca.

—¡Aguántate un minuto!

Nicasia le dio a Mami una botellita. Mami le dio las gracias y caminó de espaldas hacia la puerta, hablando todo el tiempo.

—Mami, por favor.

Frunció las cejas. El aire adentro estaba tieso. Afuera, una brisa rizaba la superficie del agua contra las pilas. Una gaviota aterrizó y caminó hacia la puerta.

—Sal corriendo —me dijo.

Doña Cony abrazó a Mami y le apretó las manos, sacudiéndoselas como si para ver si estaban pegadas a sus hombros. Me salí de la casa y bajé los escalones. La gaviota voló hasta el tajamar que daba hacia mi casa.

—Quédate ahí —me advirtió Mami— y espérame.

La luz del sol era amarilla. Mi pelo estaba empapado de sudor que chorreaba por mis sienes, dentro de mis orejas. Me cosquilleaba, pero las voces se callaron. Mi cabeza se sentía liviana, mi lengua su tamaño normal. La gaviota brincaba de tabla en tabla del tajamar, me miraba y al fin se fue volando hacia las montañas. Mami salió de la casa de Doña Cony.

—Es muy mala educación irse de una casa sin despedirse
—me dijo, dándome empujones hacia el frente.

Caminamos rápido por el tajamar. El viejo ya no estaba sentado
al frente de su casa. La mujer que estaba colgando ropa ahora
estaba barriendo el polvo hacia afuera por la puerta de su casa.
Cuando llegamos al puente que daba a nuestra casa, corrí lo
más rápido posible y subí los escalones en un salto.

Me solté los lazos de las trenzas y tiré las cintas por la ventana.
Desgarré el vestido, tratando de quitármelo lo más pronto posible. Mami me dio un grito por romperlo. Pero me lo quería
quitar. Me salí de mis pantis, zapatos de charol y medias y me
metí en la ducha. El agua fría me dio escalofríos. Me enjaboné
el pelo, los sobacos, entre los dedos de los pies. Pero más que
nada, me restregué los dos dedos que habían tocado al nene
muerto. Aunque los enjaboné bien, todavía estaban fríos y
oleosos, y yo no sabía si jamás les podría quitar la sensación de
muerte.

  🙬 Nunca antes había odiado ir a la escuela. Pero odiaba a la
Sra. Leona y, aunque ésta era la mejor escuela que yo jamás había
atendido, yo no quería ir.

Yo tampoco le caía bien a la Sra. Leona. Me llamaba al frente
del salón cuando creía que yo no sabía la respuesta a sus preguntas. Se irritaba porque casi siempre que me llamaba yo podía
contestar. Yo leía mis lecciones por adelantado para que no me
cogiera, para que pudiera preguntarme lo que le diera la gana.
No le iba a dar la satisfacción de humillarme otra vez.

Mis clases favoritas eran las de geografía y estudios sociales.
La maestra era otra para esos temas. Se llamaba Srta. Juárez. Se
sorprendió mucho cuando le dibujé un mapa de los continentes con
los países, los ríos mayores y las cordilleras, todos en sus sitios.

Cuando vivía con nosotros, Papi a veces me ayudaba con mis
tareas de la escuela, y cuando vio lo bien que yo dibujaba
mapas, me dijo que cuando yo creciera iba a ser cartógrafa.
Cuando le dije esto a Miss Jiménez, mi maestra en Macún, ella

dijo que yo era más topógrafa, porque los mapas cartográficos eran lisos, pero los míos tenían montes y llanos.

—Hoy —dijo la Sra. Leona— quiero que escriban una composición usando las palabras asignadas ayer.

Escribió las palabras en la pizarra. Alguien le preguntó si estábamos supuestos a usar todas la palabras, y ella se rió y dijo que eso sería imposible.

—Usen las más que puedan, pero no menos de cinco.

Es un examen necio. ¡Qué mujer odiosa!

Escribí las palabras en las primeras líneas del papel. La Sra. Leona caminaba de arriba a abajo por el pasillo formado por nuestros pupitres. Cuando llegó a mi lado, se paró.

—Esmeralda, trata de formar esas letras mejor. Siempre me es difícil leer tu escritura.

La punta de mi lápiz se rompió. Me miró por encima de los lentes, y deseé ser más grande para darle un puño.

—Váyase a sacarle punta.

Me trataba como si yo tuviera una enfermedad. Si me muriera y no regresara jamás a la escuela, ella se alegraría. Pero no por mucho tiempo. Yo me le aparecería. Le llenaría el tintero de pega. Le pondría ajíes en la crema que se embarraba en la cara. Le escondería una serpiente debajo de la almohada.

Me senté a escribir el tema necio usando sus diez palabras necias. Las usaría todas, sólo porque ella pensaba que no se podía hacer. "Incandescente" y "caramelizar" tenían que tener algo en común. "Pasamano" y "delimitación." "Frontera." "Una cartógrafa delinea la delimitación de las fronteras en los mapas." ¡Así mismo! Hasta le di una palabrota que no estaba en la asignación. ¿Qué más podía decir de las cartógrafas?

La puerta del salón estaba abierta. En el salón al otro lado del pasillo, alguien estaba recitando un poema que yo tenía memorizado.

—Esmeralda, ¿hay algo en el pasillo que quieres compartir con nosotros?

Mis compañeros se echaron a reír. A la Sra. Leona le molestaba cuando mi mente no estaba en lo que ocurría en su salón.

—Sólo estaba pensando, Sra. Leona.

Frunció su labio.

—Bueno, ésta no es hora de estar soñando. Usted debe de estar escribiendo, no pensando.

No me pude aguantar. La idea de que no estaba supuesta a pensar en el salón me sonó graciosa. Los niños a mi alrededor boquearon. La Sra. Leona se enrojeció.

—¿Qué te hace tanta gracia?

Me dio tanta risa, que me tuve que aguantar la barriga. Lágrimas me corrieron por las mejillas. Poco a poco, como si la marea estuviera subiendo, el resto de la clase empezó a reírse mientras la Sra. Leona se mantenía erecta al frente del salón con una expresión de boba. Agarró la vara de señalar a la pizarra y le dio un cantazo contra su escritorio.

—¡Cállense! ¡Bajen las voces ahora mismo!

La vara se partió en dos pedazos, y una parte salió volando al pasillo. Los muchachos en la parte de atrás del salón empezaron a dar cantazos contra sus pupitres y a rugir como si fueran leones. La Sra. Leona agarró el pedazo de vara que le quedaba, sus ojos casi saliéndosele de los lentes, su cara roja, sus labios estirados sobre dientes amarillos.

—¡Cállense, carajo!

Nunca habíamos oído a una maestra maldecir. Nos callamos todos a la misma vez y nos quedamos quietos. Ella parecía estar tan sorprendida como nosotros. Al fondo del salón, alguien empezó a reír, luego otro, y otro. Se oyeron pasos en el vestíbulo y la Sra. Leona miró hacia la puerta con una expresión de pánico. Nos dio una mirada asustada. Estábamos tratando de controlar la risa, pero se nos hacía imposible. Ella estaba casi en la puerta cuando apareció mi papá.

Salté de mi silla y me tiré en sus brazos, sollozando y riéndome a la vez. Me llevó hasta la escalera que daba a la puerta de afuera. La Sra. Leona cerró la puerta detrás de nosotros. Papi me secó las lágrimas de la cara con su pañuelo. Me abrazó y me pasó la mano por la cabeza y me abrazó.

—Está bien, nena. No llores. Está bien.

Nos sentamos en el último peldaño y yo le conté lo mala que era la Sra. Leona. Y qué feo era el sitio donde vivíamos. Y el terror de cerrarle los ojos al nene muerto. Era grato tener a Papi a mi lado y contarle esas cosas. Nos sentamos allí hasta que sonó el timbre para el almuerzo. Los niños salieron de sus salones y se nos quedaron mirando. Algunos señalaban y se reían.

—Espérame aquí, me dijo Papi.

Entró al salón y lo oí hablar con la Sra. Leona. Se echó a reír. Ella también se rió. Salió de espaldas del salón cargando mis libros. Le dijo adiós con la mano y le dio las gracias. Me llevó de la mano y me ayudó a bajar las escaleras. Ella salió del salón cuando íbamos saliendo por la puerta hacia afuera. Papi no la vio, pero yo sí. Me miró mal e hizo como para escupir hacia mí. Después me dio la espalda y se fue en la otra dirección, sus tacos zapateando el piso pulido.

CARTAS DESDE
NUEVA YORK

Escapé del trueno y di con el relámpago.

> *No te perdono más,*
> *Cerré mi corazón.*
> *Inútil es que llores,*
> *Inútil es que llames,*
> *No te perdono más.*

La vellonera trompeteaba los problemas del amante. Su voz se rompía cuando cantaba que su corazón se le había cerrado. Pero por muy definitivo que él quisiera que sonara, al fin ella lo perdonaría, y volverían a vivir amándose y peleándose. Igual que Mami y Papi.

Cuando nos encontró viviendo sobre la laguna negra, Papi enamoró a Mami otra vez, y nos mudamos a la Avenida Eduardo Conde. El edificio había sido una casa de familia, pero el nuevo dueño la había dividido en mitad para hacer un apartamento de dos cuartos por atrás y una barra dando a la calle. Había puesto una vellonera en una esquina del cuarto de enfrente y un mostrador contra la pared. Una mesa de jugar billar, alumbrada por una bombilla sobre el centro, parecía flotar sobre el piso pegajoso enlozado, entre la música y el licor.

—No se atrevan a entrar en esa barra —Mami nos dijo nuestro primer día—, y no le hablen a nadie que entre o salga de ahí. Cuando vayan a la escuela, sigan la ruta que les enseñé, y no se paren en ningún sitio hasta que no lleguen a casa.

Mi nueva escuela quedaba a unas cuadras de la avenida, detrás de un portón que daba a un patio de cemento deteriorado cercado con verja de huracán. Yo caminaba de casa a la escuela sola porque no encontraba cómo amistarme con las muchachas insolentes con figuras pimpollas, ni con los muchachos que se recostaban contra las paredes de los negocios o contra las paradas de guaguas a piropear y desvestir con la mirada.

—Si un muchacho te dice algo —Mami me advirtió—, no le hagas caso. Ya encontrará a otra a quien molestar.

Pero los muchachos no le prestaban ninguna atención a mis piernas flacas y pecho como una plancha. Si me notaban era para comentar sobre lo rápido que caminaba.

—¿A quién le huyes, mami? —me decían al verme pasar velozmente, libros apretados contra el pecho, ojos enfocados en la acera.

En casa nos agrupábamos en un nudo, dos adultos y siete niños dentro de dos cuartos. La pared dividiendo nuestro lado de la casa con el de la barra estaba hecha de paneles de láminas de madera falsa, pero el resto de las paredes eran de unas tablas gruesas y astillosas pintadas verde claro. En el cuarto del frente había una mesa, dos sillas y el catre de Héctor y Raymond. Las camas de las hembras estaban en el cuarto de atrás. La cama de Mami y Papi daba contra la pared de paneles, separada del resto del cuarto con una cortina.

Nuestras noches eran puntuadas por la percusión ensordecedora de boleros borrachos, el estrépito de las bolas del billar chocando contra la mesa, vasos tintineando y bullas nocturnas.

—No puedo dormir, Mami —nos quejábamos, y ella encontraba algodón para taparnos los oídos.

—Mira a ver si con esto —nos decía, sabiendo que no ayudaría. Nada ayudaba. Sobre la bulla, se oían hombres riéndose, gritando malas palabras.

—Si cojo a alguno de ustedes repitiendo esas malas palabras, les voy a llenar la boca de ají —nos decía.

A veces se oía la voz de una mujer, y entonces los hombres hablaban más duro, los vasos se escacharraban, y las canciones en la vellonera cambiaban de boleros acerca de la perfidia a guarachas y merengues acerca de la buena vida.

—Esas no son mujeres buenas. Las mujeres decentes no se meten en esos sitios —nos explicaba Mami con cara asustada.

Dormíamos con ventanas y puertas cerradas con pestillo. De noche, los clientes de la barra, buscando un baño, se metían por detrás de la casa, donde meaban contra las paredes o vomitaban debajo de un árbol. En las mañanas, cuando salíamos para la escuela, brincábamos sobre charquitos de vómito cuajado y fango apestoso de orina.

—Por lo menos —decía Mami— tenemos luz y agua corriente. Eso no lo teníamos en Macún.

❧ El pie de Raymond todavía se veía descarnado y lleno de ampollas desde su accidente casi un año atrás. De vez en cuando, sin aviso, le daba fiebre, y pus se le formaba en flemones alrededor de las cicatrices de varias operaciones. Mami lo llevaba de emergencia al hospital, donde de nuevo le raspaban la herida y le envolvían el piel en vendajes. Después de muchas de estas visitas, los doctores le dijeron que quizás sería mejor que el pie de Raymond fuera amputado.

—¿Estarán locos? —le dijo Mami a Papi una noche—. No encuentran cómo curarlo, así que se dan por vencidos.

—Ellos saben lo que hacen, Monín.

—¿Y qué tú te crees, que voy a dejar que le corten el pie a ese nene así porque sí? —levantó a Raymond en su falda, difícilmente, porque ya tenía cinco años y era alto y patilargo—. Aunque todos ustedes se den por vencidos yo no lo voy a hacer —lo meció de lado a lado hasta que yo misma sentía su calor, su dulce ceder—. No te apures, nene —le murmuró en el oído—, que yo no voy a dejar que te corten el pie —Raymond alzó sus brazitos como palillos y la apretó por el cuello, como si eso fuera suficiente para prevenir la cosa—. Encontraré un especialista . . . alguien que sepa lo que hace, no como estos charlatanes en traje blanco que dicen ser médicos —su voz era suave pero indignada, como si fuera la culpa de los doctores que el pie de Raymond se enmarañó en la cadena de una bicicleta. Me doblé sobre mi misma, deseando volver al camino polvoriento al frente de nuestra casa y bajar a Raymond de la bicicleta antes de que Jenny se lo llevara.

❧ —¡Llegó una carta de Tata! —cantó Mami, agitando un sobre de correo aéreo como si fuera un abanico—. Y mira, una nota pa' ti, Negi.

Mi abuela de Nueva York no escribía frecuentemente, pero cuando lo hacía, yo le enviaba una de mis mejores composiciones escolares, o un dibujo, o un chiste copiado del periódico. Siempre me respondía indirectamente, con besos y abrazos en las cartas de Mami.

El papel de correo aéreo era tan fino que lo tuve que llevar a la sombra, porque el sol del mediodía lo hacía transparente. Tata lo había doblado en pliegues apretados, como para que nadie lo abriera. "Querida Negi," escribió en su letra decorosa, "Gracias por la historia que me mandaste. Estaba muy buena pero me fue difícil leerla porque tu letra es tan descuidada. Siempre me es difícil leer lo que tu me escribes. La próxima vez, ten más cuidado al formar tus letras para esta pobre vieja. Besos y abrazos, Tata."

Mis ojos quemaban, y un dolor tembloroso empezó en mi estómago y se movió hacia fuera, como agua en un vaso lleno.

—¡Ay, qué bueno! —exclamó Mami al leer su carta, una expresión feliz en su cara. Volvió el papel al otro lado con una sonrisa ansiosa, su mano derecha sobre su corazón.

Yo arrugué mi carta en una bolita y la tiré al patio.

Mami me miró.

—¿Qué pasó?

—Ná'.

Me desplomé en su falda.

—¿Qué te pasa, nena? ¿Qué dice la carta?

Estaba tan molestada como yo, sus ojos corriendo desde mi cara sollozando a la pelota de papel en el patio.

—¡Héctor! —llamó a mi hermano, quien estaba practicando su atino con bolitas en un hueco en el barro—. Tráeme aquel papel —lo leyó, suspiró y puso el papel debajo de su muslo para que no se lo llevara el viento. Me abrazó por unos momentos, y después alzó mi cara hacia la de ella y me secó las lágrimas con el ruedo de su vestido—. De ahora en adelante, cuando le escribas a Tata, escribe en letras de molde.

☙ Esa noche, mientras Felipe Rodríguez cantaba que su amor lo había dejado con nada para acompañarlo menos una botella de ron, escuché a Mami y a Papi murmurando en su cama. El ruido de la barra hacía imposible oír todo lo que decían, pero, después de un rato, Papi se enojó y se salió de la cama. Lo oí vestirse y salir afuera, y sus pasos desaparecieron en la noche. No reapareció por días.

☙ Porque Mami siempre estaba corriendo con Raymond de una clínica a otra, no podía coger un trabajo que la obligara a estar en la factoría a diario sin falta. Pero los medicamentos y visitas a doctores costaban dinero, así que Mami convenció al dueño de la barra que le pagara por cocinar un caldero de arroz con habichuelas y pollo frito o chuletas, los cuales él vendía a su clientela. A veces, Mami se iba de la casa vestida no en su ropa de salir, pero en algo mejorcito de lo que se ponía para estar en la casa. No nos decía para dónde iba en esos días, y pasaron años antes de yo saber que ella salía a limpiar las casas de otras personas.

Un día regresé de la escuela y encontré una soga amarrada de pared a pared en el cuarto del frente, con camisas de hombres, limpias y planchadas, colgando como si a la venta.

—No las toques, que no son de aquí.

—¿De quién, entonces?

—Son de la lavandería de allá abajo.

Le roció un poco de agua de una botella al puño de una
camisa y lo planchó hasta que estaba liso, haciendo que el vapor
le subiera a su cara, encrespándole el pelo.

—¿Por qué le estás planchando sus camisas?

—Porque son buena gente y me dejaron traer el trabajo a
casa en vez de hacerlo en su local.

Terminó con la camisa y la colgó en un gancho al lado de las
otras.

De todas las cosas que Mami odiaba hacer, esto era lo que
menos le gustaba. A ella le gustaba cocinar, coser, lavar trastes
y hasta desempolvar. Pero siempre se quejaba de lo mucho que
odiaba planchar.

—¿Me puedes enseñar?

—¿A planchar?

Sus cejas formaron signos de interrogación sobre sus ojos. Su
boca jugó con una sonrisa. Esta era la primera vez que yo
había querido aprender algo remotamente utilitario.

Apagó la plancha y buscó una de las camisas viejas de Papi
en su canasto de ropa limpia.

—No podemos dejar que le quemes una de las camisas de los
clientes —me dijo. La estiró sobre la tabla de planchar.

Sin algazara, me enseñó cómo determinar la temperatura para
lienzo o algodón, cómo mojarme el dedo con la lengua y escuchar el siseo cuando tocaba la plancha, y cómo poner el cordón eléctrico cosa que no tocara el metal, lo cual podía causar
un fuego. Vertió la botella de agua fría y roció mi muñeca.

—Necesitas poco más que un chispito de agua pa' que suba
el vapor.

Encorvó mis dedos alrededor del mango, comprimiendo la
plancha contra la tela, mientras la estiraba con la otra mano.

—Siempre planchas la parte de adentro de los ojales y donde
están los botones, después adentro y afuera del cuello, después
los puños.

Bailamos alrededor de la tabla de planchar, Mami guiando

mi mano, oprimiendo la plancha y echándose para atrás a ver si yo lo estaba haciendo bien. El vapor subía de la camisa y llenaba mi cabeza con el olor fresco de algodón secado al sol, y el sudor brotó contra mis sienes y goteó dentro de mi cuello. Pero seguí planchando, enfocada en los cuadritos del tejido de la tela, los puntos derechos y uniformes que aguantaban las costuras unas contra las otras, la manera en que la sobaquera alabeaba contra el hombro.

—Lo estás haciendo bien —murmuró Mami, sorprendida.

—Me gusta hacerlo.

—¿Te gusta? Entonces de ahora en adelante te toca a ti planchar.

Lo dijo con una sonrisa, para que yo supiera que estaba bromeando. Y nunca me mandó que lo hiciera. Pero desde ese entonces, cada vez que me quería sentir cerca de Mami, llenaba un canasto de ropa arrugada y, una por una, las planchaba lisas, saboreando la tarde que me enseñó a hacer la cosa que ella más odiaba.

A principios de diciembre, Don Teo, el dueño de la casa, armó un cochitril detrás de la casa y al otro día se apareció con un puerquito.

—El lechón de Navidad —nos dijo con una sonrisa.

Con la ayuda de Papi, excavaron un hoyo cerca de la verja de atrás, le pusieron las piedras que nosotros niños recogimos en el fondo, estacaron dos varas en sus orillas y pusieron una varita en las horquillas.

—Está bien.

Llegó el día del sacrificio. Los niños nos agrupamos alrededor del cochitril. Mami tenía una palangana blanca, Papi una soga, Don Teo un cuchillo largo bien afilado. La vecina y sus hijos pusieron una mesa en borriquetes, y, en el fogón, hervía una olla de agua, atendida por una gente que yo no conocía.

El cerdito chillaba como si supiera lo que venía. Papi lo amarró por las patas y, con la ayuda de uno de los hombres, lo volteó

y lo llevó a la mesa. Don Teo dibujó un collar en el pescuezo del
cerdo con un arco de su cuchillo y sangre brotó dentro de la
palangana de Mami, y gotitas salpicaron su delantal, donde se
coagularon y formaron puntos cimarrón.

—El rabo es mío —anuncié, y los adultos se rieron.

—Te lo tienes que ganar —la vecina dijo. Me dio una jofaina
donde cayeron los intestinos del puerco como almíbar, temblando
rosado, azul, amarillo, caliente y almizcleño, vivos, imposible
de imaginarlos como deliciosas morcillas picantes.

Mientras los hombres preparaban y asaban el cerdo, Mami y
las mujeres hacían pasteles. Guayaron plátanos, guineos verdes,
yautías y yuca y sazonaron la masa. Amontonaron cucharones
de la mezcla en el medio de hojas de plátano pasadas por el
fuego del fogón y le pusieron carne sazonada en el centro. Do-
blaron los pasteles en rectángulos, los amarraron con hilo de
algodón y los pusieron a hervir en una olla de agua de sal.
Rompieron cocos, partieron la carne de adentro y nos la
dieron a nosotros niños a guayar, cuando no estábamos comién-
dola. Después de guayarlo, se exprimió la leche del coco, la
cual se usó para arroz con dulce y tembleque. También se mezcló
con leche evaporada, azúcar, yemas de huevos y ron para hacer
coquito. Ayudé a Papi a poner bombillas de colores de un lado
al otro del batey, y decoramos un palo de berenjenas con flores
de papel crepé y con muñequitos hechos de papel de construcción.
Por primera vez, la música que venía de la barra era feliz y
llena de esperanza, y sólo unas pocas canciones culpaban a las
mujeres por todos los problemas de los hombres.

En Nochebuena la barra se cerró, y los vecinos salieron de
sus casas cargando mesas, las cuales alinearon alrededor del
batey amontonadas con comida preparada por mujeres que yo
jamás había visto, las cuales entraban a nuestro batey como si
fueran familiares perdidos, pasando las manos por nuestras
cabezas, sonriéndose con nosotros como si fuéramos los niños
más preciosos del mundo. Un grupo se presentó con un cuatro,
una guitarra, maracas y güiros, y bailamos en el centro del
batey. Cantamos aguinaldos y, por el resto de la noche, bailamos

y cantamos y comimos y bebimos y celebramos como si fuéramos amigos todos y sólo necesitásemos una excusa para juntarnos.

✍ —Mañana te voy a llevar a visitar a tus primas —me dijo Mami un día varias semanas después.

—¿Cuáles primas?

—Gladis y Angie. Son primas mías, pero son de tu edad. Te vas a quedar unos días con ellas.

Vivían en una casa de cemento con un balcón azul y blanco al lado del cafetín de Lalo en la Parada 22. Mami se había criado en esta calle, y Tío Lalo había hecho su fortuna aquí, en una tienda que se especializaba en dulces, frituras y sus famosos rellenos de papa.

Nos saludaron su esposa Angelina y sus dos hijas. Camino a su casa, Mami me había dicho que fuera especialmente buena con Gladis, y, cuando la conocí, supe por qué. Era alta, delgada, con color desvaído, ojos negros enormes y aguados y una manera tímida que me dijo que se iba a quedar jamona el resto de su vida. Su hermana, Angie, era bonita, vivaracha, con un rápido sentido del humor y el aire y manera de una persona acostumbrada a hacer las cosas a su manera. Me gustaba Gladis mejor, pero noté que Angie quizás fuera más divertida.

—Nenas, llévense a Negi y enséñenle sus cuartos —les dijo Angelina.

Angie se metió detrás de una cortina, y yo seguí a Gladis, la cual caminaba lenta y segura, como si estuviera contando los minutos.

—Aquí es donde vamos a dormir —dijo Gladis, pasando a un cuarto estrecho con una cama de dos plazas bien tendida, la cual alojaba casi todo el cuarto. Una ventana Miami daba a un patio de cemento y a la pared de la casa del lado. Había una alfombra enfrente de la cama, y un tocador despejado de decoraciones cerca de una puerta a otro cuarto, la cual estaba decorada con retratos de estrellas de cine y de cantantes famosos.

—Esos retratos son de ella —dijo Gladis en una voz que me acordaba al sonido de una armónica.

—Ya puedes entrar —cantó Angie y abrió la puerta lo suficiente para que yo pasara—. Tú no entres —le dijo a su hermana, la cual se tiró en la cama boca arriba, sus ojotes fijados en el cielo raso.

El cuarto de Angie era de color rosado, envolantado, alfombrado y decorado con peluches, muñecas y páginas de revistas con retratos de estrellas del cine americano. Tenía su propio tocadiscos y una colección de discos. Libros y revistas estaban acumulados en una canasta al lado de su cama. El tocador tenía un juego de cepillo, peine y espejo de mano, una bandeja espejada con botellitas de perfume en forma de gatitos y conejitos. En la mesita al lado de la cama, una bailarina aguantaba una pantalla de lámpara como si fuera una sombrilla y una luz rosada y suave alumbraba su tutú, acentuando las curvas de sus piernas bien formadas.

—¡Wow! —no me pude controlar. Ni el cuarto de Jenny era tan bonito.

—No puedes entrar a mi cuarto a menos que yo te invite —dijo Angie, y yo me salí de espaldas, temiendo que si me atrevía a tocar algo, lo mancharía, o lo rompería, o de alguna manera contaminaría el aire femenino de este cuarto fragante. Angie cerró la puerta. Yo me retiré a la esquina de la cama de Gladis y clavé la vista en la cortina que daba a la sala donde Mami y Angelina hablaban en cadencias suaves.

—Es tan antipática —refunfuñó Gladis—. Mamita y Papito la miman porque es la menor.

Me pareció raro que Gladis llamara a sus padres por el diminutivo.

—Insisten que los llamemos así —dijo, como si hubiera leído mi mente—. Yo sé que suena infantil, pero así lo quieren ellos.

Miré a mi alrededor. La única decoración en todo el cuarto era un "Padre Nuestro" encuadrado sobre la cama. Se oía música detrás de la puerta de Angie tan suave que podía venir de la casa de al lado.

—¿Tienes una radio? —le pregunté a Gladis.

—No. Mamita es evangélica. A ella no le gusta la radio a menos que no estén predicando.

Una ola enturbió mi estómago, y mis manos y los dedos de mis pies de repente se sentían fríos. En Macún, muchos de los vecinos eran evangélicos. Los hombres vestían camisas blancas bien planchadas y corbatas. Las mujeres siempre usaban blusas de manga y faldas largas de colores sólidos y oscuros. Nunca se cortaban el pelo y no se maquillaban. Nunca se ponían pantalones ni joyas. No bailaban, no bebían, no leían novelas populares ni paquines. Cada otra palabra que les salía de la boca era "Bendito sea el Señor," o "Aleluya," y se pasaban de casa en casa los domingos vendiendo revistas religiosas. Por lo que yo había visto, tenían una vida inhibida y aburrida. Pero la vivían con un fervor que daba miedo.

Nuestra familia nunca iba a la iglesia, y yo me preocupaba de que las personas que lo hacían eran infalibles y nosotros estábamos extraviados por nuestra resistencia testaruda a la vida religiosa. Mami no me había dicho que Tío Lalo y Angelina eran evangélicos, y yo me preocupaba de que ella no lo sabía y ellos iban a tratar de convertirme. Entonces ya no iba a gozar de mi juventud y pasaría el resto de mi vida vendiendo *La Atalaya* y cepillándome el pelo y enlazándome una trenza que colgaría hasta mis rodillas.

—Quiero ver a mi mamá —le dije a Gladis y me salí al otro lado de la cortina. Mami y Angelina estaban cocinando— Mami, ¿cuándo nos vamos?

—No seas boba. Acuérdate que vas a pasar unos días aquí —lo dijo medio enojada, dejándome saber que era irrespetuoso querernos ir sin comer primero.

Angelina me cogió de la mano.

—Todavía no has visto la tienda de tu tío Lalo. Ven, y puedes escoger un dulce para después del almuerzo.

Me llevó por una puerta trasera hasta un cuarto con una mesa larga y angosta al lado de un lavamanos. Tablillas colgaban de las paredes, y una refrigeradora rugía en una esquina. En

otra esquina había un acopio de sacos con letras negras: PAPAS.
Bajamos dos escalones a otro cuarto dominado por dos neveras
con vidrieras que servían como el mostrador de la tienda. En
cada lado del pasillo formado por más neveras y congeladores
para sodas y helados, las paredes estaban decoradas con dulces
en fundas de papel de celofán de colores, enganchados en esqueletos de metal.

Tío Lalo estaba detrás del mostrador. Todo el tiempo que
estuvimos en la tienda, él estaba sirviéndoles a los clientes alineados a comprar sus famosos rellenos de papa o su tembleque
cremoso.

—¡Buenas! —murmuró, su rostro escueto no dando la menor
indicación de que se sentía feliz al verme—. Agarra lo que te
guste —me dijo. Miré a mi alrededor, indecisa, hasta que él jaló
una barra de chocolate Hershey's de la pared—. Toma éste
—me dijo— y vuelve a la casa.

Aunque yo no hubiera seleccionado aquel dulce, lo cogí y salí
corriendo, sabiendo que la tienda, con todos sus colores y cosas
para hacer a una niña feliz, era del Tío Lalo sólo, y ni siquiera a
su familia le era permitido pisar su suelo.

☙ La comida de Angelina era sosa y sin color. Antes de comer,
ella ofreció una oración, y todos bajamos la cabeza para escu-
charla. Al final, Mami me codeó para que yo dijera "Amén" con
ellos.

—¿Cuánto tiempo vas a estar en Nueva York? —preguntó
Tío Lalo.

Todos me miraron a mí. Mami tenía una expresión asustada.

—Como dos semanas —le contestó.

—¿Tú vas pa' Nueva York?

No podía creer que no me lo había dicho. Me vine a dar
cuenta de por qué tenía que pasar unos días en esta casa callada
y triste.

—Tata sacó una cita pa' que un médico especialista vea a

Raymond. Quizás le puedan salvar el pie —era una justificación, no una respuesta.

—¿Por qué no me lo dijiste? —no podía contener el sonido de mi voz, la tensión que cerraba mi garganta, haciendo difícil el hablar sin dolor—. ¿Por qué no puedo ir contigo?

—Tu mamá no puede llevarlos a ustedes dos —contestó Angelina—. Es muy caro viajar a Nueva York. Y, de todos modos, nosotros queremos que te quedes con nosotros unos días, ya que nunca nos has visitado —como si fuera mi culpa.

—Ven, deja eso, no hagas la situación más difícil para tu mamá.

Mami nunca había necesitado a quién la defendiera y, de repente, era como si ella fuera la niña y yo la mamá pidiendo razones por algo que debía ser obvio.

—Yo te vengo a buscar en cuanto regrese —dijo Mami.

—¿Cuándo?

—En dos semanas.

—Pero, ¿cuándo? ¿Cuál día? —no me importaba si todos pensaban que yo era una malcriada impertinente.

Mami respiró profundamente, tal que su cuerpo se anchó y el rubor de sus mejillas desapareció.

—El domingo que viene después de éste —estaba abochornada de mi comportamiento, pero yo sabía que no me iba a hacer nada delante de su tío.

—¿A qué hora?

—A la una y media de la tarde —me contestó entre dientes.

—Se te está enfriando la comida —murmuró Angelina, su voz un maullido.

Me comí las habichuelas sosas, el arroz pegajoso, el pollo frito. A mi derecha, Mami se sentía tensa y apretada, pero hablaba con Angelina y Tío Lalo como si nada estuviera pasando, como si desapareciendo por semanas fuera algo que hacía todos los días, como matar pollos o lavarse la cabeza. Al otro lado de la mesa, Angie jugaba con su comida, dispersándola sobre su plato para que nadie supiera que no se la estaba comiendo. Gladis

masticaba tan deliberada y lentamente como una vaca, sus ojos
grandes fijos en los míos, sus labios en una leve sonrisa.

❧ Esa noche, acostada al lado de Gladis, no podía dormir.

—Si yo le hablara a Mamita así —decía Gladis— Papito me
despellejaría con su correa.

Yo no le tenía simpatía alguna, ni deseos de recibirla de ella.

—Una vez, le falté el respeto a Papito, y me llevó detrás de
la cocina, y me dio fuete con su correa de cuero.

Yo no tenía la menor idea dónde estaban mis hermanas y
hermanos, ni quién los estaba cuidando mientras Mami andaba
con Raymond por Nueva York. Me preguntaba si Papi había
tenido que quedarse en casa y no ir a trabajar. ¿Por qué no podía
yo quedarme con los muchachos? Después de todo, yo era la
mayor.

—Angie le falta el respeto cada rato y no le dicen ni ji.

Mami probablemente no me tenía confianza con los muchachos. Después del accidente de Raymond, ella nunca me dejaba
sola con ellos por más de una hora. Quizás ella sabía que el
accidente fue mi culpa.

—Papito la mima porque la nombraron igual que a Mamita.
Yo no sé porque a mí no me dieron ese nombre. Soy la mayor.
Yo debo de tener el nombre de mi mamá.

Mami probablemente estaba planeando quedarse en Nueva
York y dejarnos a todos en Puerto Rico. Quizás nos había dado,
como hacían algunas mujeres cuando no podían mantener a
sus hijos. Quizás me había regalado a Tío Lalo y Angelina porque
eran tan estrictos.

—Siempre me hacen pelar las papas. Ella siempre tiene una
excusa que otra. Ahora te van a hacer a ti pelar las papas que le
tocan a ella mientras ella duerme hasta las tantas.

—¿Qué papas?

—Para los rellenos de papa. Papito es famoso por sus rellenos
de papa.

—¿Qué tiene eso que ver conmigo?

—Tú estás aquí para pelar papas. Todas las mañanas él pone a hervir dos sacos de papas, y no podemos salir ni hacer otra cosa hasta que se pelen, o Papito se enoja.

—¿Y por qué nos toca a nosotras hacerlo?

—¿A quién más? Papito tiene que atender el cafetín, y Mamita tiene que limpiar la casa y hacer la comida.

No era justo. Mami me había regalado a estos evangélicos que me iban a hacer pelar papas día y noche. Empujé la almohada debajo de mi cabeza y dejé las lágrimas caer. Me parecía más castigo de lo que me merecía por haber dejado que Raymond tuviera un accidente.

Tío Lalo ponía las papas a hervir cuando se levantaba, y las sacaba de las ollas y las escurría el minuto que Gladis y yo terminábamos el desayuno. En cuanto nos veía terminar, nos llamaba al cuarto detrás de la tienda.

—Enséñale cómo se hace —le dijo a Gladis el primer día.

Gladis puyó una papa caliente con un tenedor y me enseñó cómo despellejarla hasta que quedara limpia.

—Si no las pelas bien, la masa sale arenosa y los clientes se quejan.

Había que pelar las papas mientras estaban calientes, me explicó, porque si no, al pelarlas muy frías, mucha de la papa se venía con el tegumento. A Papito no le gustaba el desperdicio.

De vez en cuando, Tío Lalo se paraba detrás de mí y miraba a ver si estaba pelando las papas como a él le gustaba. Cuando lo hacía, yo temblaba por dentro, pero volaba los dedos sobre la superficie de la papa caliente, quitándole cada centímetro de pellejo hasta que estaban limpias, amarillas y sin manchas.

Dos domingos más tarde me levanté temprano, pelé papas y empaqué mi maleta. Me bañé, me amarré las trenzas con cintas y me senté en la sala leyendo una revista religiosa mientras esperaba que Mami me viniera a buscar. Angelina se había llevado a sus hijas a la iglesia, como siempre, pero a mí me dejaba y no intentaba convertirme como yo me había imaginado. Quizás me había considerado perdida al demonio el primer día que me conoció.

Me senté, con mi vestido bonito, con mis mejores zapatos, tratando de verme lo más inocente y buena posible para que cuando Mami regresara viera que yo había aprendido mi lección. Pero Mami no llegó. Angelina y las muchachas regresaron de la iglesia, y nos sentamos a almorzar, y Angie se metió en su cuarto y Gladis en el de ella, y yo esperando, sintiéndome más y más abandonada según la tarde se alargó, anocheció y oscureció.

Tío Lalo cerró la tienda, entró a la casa, me encontró sentada en la misma silla, maleta a mi lado, las revistas religiosas arrugadas de las veces que las había leído.

—Ella ya no viene.

—¿Quién se lo dijo?

—Me escribió a decir que no viene hasta el viernes.

Estaba mintiendo, aunque era evangélico y ellos estaban supuestos a siempre decir la verdad. Había esperado hasta que yo estuviera humillada antes de decirme que Mami no vendría. Pero su mentira acerca de la carta sólo era un intento por ocultar lo que los dos sabíamos: que Mami no vendría este día y no se sabía cuándo lo haría.

Recogí mi maleta y me escurrí detrás de él, mis ojos llenos de las lágrimas que últimamente estaban siempre tan cerca de la superficie. Lo oí reír cuando entré al cuarto de Gladis y me desvestí, arrugando mi vestido y las cintas en una bola tan sólida y redonda como sus papas rellenas.

❧ Llegó con regalos para todos, envueltos en el *Daily News*. Para mí, una cartera amarilla con un espejito adentro.

—Y en casa te tengo mucha ropa de tus primas de Nueva York —estaba contentísima, y le dio a Angelina, Tío Lalo, Angie y Gladis sus regalos mientras parloteaba acerca de Tata y Ana y Margot y Gury y Chico y todos nuestros familiares en Nueva

York. Los doctores que habían tratado a Raymond eran los mejores del mundo, nos dijo, y le habían asegurado que, con el tratamiento adecuado, el pie se le sanaría y no le daría más problemas.

Yo no la quería soltar, temerosa de que cuando llegara la hora de irse se olvidara de mí. Pero no lo hizo. Me ayudó a empacar mi maleta, puso dos o tres chavos en mi cartera amarilla y nos fuimos de la casa de Tío Lalo cargando dulces para mis hermanas y hermanos y una docena de los famosos rellenos de papas.

En la guagua Mami me contó lo altos que eran los edificios de Nueva York, y cómo había viajado en trenes más veloces y limpios que nuestras guaguas angostas y calurosas. Nos apeamos en una parada diferente y, cuando se lo mencioné, me dijo:

—No, está bien. Nos mudamos.

CASI SEÑORITA

Con la música por dentro.

❧

No era que yo quisiera robarle el dinero de la alcancía del nene que estaba cuidando. Pero me dejaron sola con él, y la alcancía de vidrio en forma de un cerdito estaba encima del tocador, y el nene estaba dormido. Yo no sabía que una vieja estaba velándome por la ventana y me vio verter la alcancía y sacar uno, dos, tres vellones máximo. Aunque Papi me habló acerca de ser una persona confiable y Mami me dio unos cuantos cocotazos, no me arrepentí de haber robado el dinero. Pero sí me enojé de que nadie le preguntó a la vecina por qué estaba espiando por la ventana.

Esa vieja presentá en nuestro nuevo vecindario terminó mi carrera de niñera. Y la vecina de al lado, con sus buenas intenciones, aseguró que yo jamás entraría a una iglesia.

—Aunque tú no aceptes al Señor —le dijo a Mami un día desde el otro lado de la verja— puedes mandar a los nenes a la escuelita los domingos en la mañana. Por lo menos te da unas horas libres.

Mami nos hizo bañar, y, como era una ocasión especial,

verificó que nos laváramos bien el cuello y detrás de las orejas, cosa que, aunque la gente pudiera quejarse de que éramos paganos, nadie pudiera decir que no éramos limpios. Héctor y Raymond fueron abotonados en sus camisas de la escuela, y nosotras nos vestimos con nuestros trajes de fiesta, mientras Mami nos hacía trenzas amarradas en la nuca con cintas blancas.

—No se metan los dedos en la nariz. No se mamen los dedos. No hablen a menos que les dirijan la palabra primero —le subió las medias a Delsa y le abrochó los zapatos a Alicia—. No se empujen los unos a los otros. Digan "con su permiso" y "muchas gracias" y "de nada" —le subió los pantalones a Héctor y le arremangó la camisa—. Si necesitan un baño, atinen bien para que no hagan una porquería, y lávense las manos después.

En realidad no era necesario repasar todas las reglas de comportamiento. Estaban cinceladas en nuestros cerebros por repetición constante y los resultados dolorosos de no seguirlas a la letra. Pero Mami no era una para aventurar con nuestro brío y tendencia de ignorar todo lo que nos había dicho el momento que estuviéramos fuera de su vista.

—Doña Susana los va a estar velando —nos advirtió, sin necesidad, ya que esperábamos otro par de ojos tan severos y implacables como los de ella—. Ahora, váyanse a la iglesia.

La Iglesia San Juan Bautista de Paz y Misericordia quedaba más arriba de nuestra casa. Había sido antes una casa privada, pero su dueño se había ido a entrenar como ministro, y cuando regresó, pregonaba en su sala. Antes de poco, la congregación había crecido hasta que él se tuvo que mudar y amueblaron la casa con bancos de madera y una fuente en el sitio donde antes la familia tenía su televisión.

—¡Ay, qué lindos! —exclamó Doña Susana cuando entramos al patio. Le llamó la atención a una muchacha delgada como una vara—. Hermana Dolores, éstos son los niños que le dije.

La Hermana Dolores nos llevó a la parte de atrás de la casa, donde fuimos segregados por edad en grupitos guiados por muchachos con lentes y muchachas bien paraditas.

—Tú —me dijo a mí— eres suficientemente mayor para sentarte en la iglesia.

Me senté con los muchachos más grandes en los últimos bancos de la iglesia unos minutos antes de que empezara el servicio.

Comparada con la iglesia donde iba Abuela, ésta era sencilla, con nada que divirtiera la atención del servicio. Las paredes blancas no tenían adornos de ninguna clase; la fuente parecía una bañera de loza. El predicador, Don Joaquín, era un hombre pequeño, con manos infantiles, hombros delicados y un cuello enjuto atrapado dentro de una camisa de cuello almidonado hasta quedar tieso.

—Hermanas y hermanos —empezó, en una voz tan honda que yo miré a mi alrededor para ver de dónde acudía. Pero Don Joaquín estaba solo frente a su cofradía.

En menos tiempo en el que yo podía recitar el "Padre Nuestro," se había inflamado en un frenesí que mandó a la hermandad a sus pies, llorando contrición y el éxtasis de la redención.

Don Joaquín llamó a todos los pecadores a que dejaran su perversidad y se unieran a Jesús. Hombres y mujeres que hasta ese día habían sido ciudadanos serios y formales —un negociante sombrío, el cartero, la señora que nos ayudaba a cruzar la avenida, el vendedor de periódicos— se arrebataron, corrieron al frente de la iglesia, se arrodillaron al frente de Don Joaquín, agarraron sus manos y menearon sus brazos hacia el cielo en movimientos espasmódicos. Lágrimas les bajaban por las mejillas, sus voces cargadas de sollozos, risa atragantada, oraciones no terminadas, gratitud alborozada. Esta gente tan decorosa, quien siempre aparentaba una reserva apacible, ahora se bamboleaba con abandono. La voz de Don Joaquín subía en tono y timbre, hasta que parecía haber desaparecido, y que sólo sus palabras se quedaron atrás, rebotando contra las paredes de cemento, precipitando a los miembros de la asamblea a un estado de estremecimientos deliriosos y a trances extasiados.

Cada vello en mi cuerpo se me puso en punta al presenciar estas transformaciones. Un sudor frío empapó mi ropa, y goteó detrás de mis orejas. Quería lamentar, alzar los brazos en alabanzas, darme allí mismo a la fuerza inexplicable que subyugaba a los otros en la iglesia.

Pero mi miedo era demasiado fuerte, mi conciencia muy precoz para permitirme ceder control de mi alma bien guardada. Me sentí sola, aislada en un escollo de resistencia, contemplando este espectáculo, magnificándose hasta lo incomprensible. Me encogí contra el banco de madera y escondí mi cara en mis manos, entre las cuales puntitos de luz bailaban en círculos.

❧ —Si quiere la muchacha tocar piano, déjala —Papi discutía con Mami, orgullo en su voz.

—¿Y con qué vamos a pagar por un piano? —preguntaba Mami—. Todavía no tenemos ni una televisión.

—No se necesita tener piano mientras esté estudiando. Don Luis dijo que puede venir a practicar cuando quiera.

Mami alzó las narices al aire.

—¡Ese viejo emperejilado!

—Es el principal de la escuela, Monín. Un personaje muy respetado.

—Pa' mí que tiene ojos de marrullero, y no se puede sentar tranquilo por un minuto.

—Es porque es músico. Esa gente siempre parecen estar nerviosos.

Yo no quise empezar un pleito entre mis padres cuando mencioné mi sueño de aprender a tocar el piano. Mis manos parecían siempre estar buscando algo que hacer, moviéndose constantemente cuando hablaba, buscando texturas cuando me sentaba a leer un libro, excavando audazmente por huecos en las paredes, sumergiéndose en vasijas, gavetas, cajas con tapas que no cerraban bien, baúles. Como me gustaba la música, aprender a tocar el piano me sonaba como una buena idea, aunque en realidad yo jamás había visto un piano, ni tenía la menor idea de lo que se necesitaba para aprender a tocarlo.

Cuando se lo mencioné a Papi, él se alegró. La idea de una

carrera de concertista para mí despertaba su visión de sí mismo como poeta y de mí como algo más que una nena viva y retozona. Decidió conseguirme un maestro y encontró al principal de mi escuela, un señor de edad avanzada con cabellos finos y un bigote espeso que parecía haber sido pegado a su rostro delicado. No tendríamos que pagar nada, Papi dijo, porque "él está dispuesto a darte clases en cambio de un trabajo que yo le voy a hacer."

Un domingo en la tarde me fui con Papi a mi primera lección de piano. Yo nunca había visto a un maestro fuera de la escuela y, al acercarnos a la casa de Don Luis, cogí miedo y metí una uña dentro de las otras tratando de sacar cualquier granito de tierra que se me hubiera quedado después de que Mami me hizo estregarme las manos con el cepillo de lavar ropas.

—¡Buenas! —nos saludó. Yo no le soltaba la mano a Papi ni aunque me pagaran, porque no confiaba que mis rodillas, las cuales chocaban una contra la otra de miedo, me iban a aguantar si lo soltaba. Pero la sonrisa cálida de Don Luis pronto derritió mi pavor al encontrarme en su casa, fuera de las consecuencias desagradables de una reunión entre estudiante y principal.

Su casa estaba separada de las otras a su alrededor por jardines que florecían en colores abundantes y fragancias abrumadoras. Por dentro, era pequeña, pero tan adornada como el patio; cortinas de encaje cubrían las ventanas, las mesitas eran de vidrio, los muebles curvilíneos invitaban a que uno se sentara en ellos y, dominando la pared de atrás, un piano enorme, rojo-marrón, lustroso y desempolvado, majestuoso contra una pared encortinada. Miré a Papi, el cual me guiñó el ojo y se sonrió. Compartimos la satisfacción de estar en este cuarto, en la casa de un artista, una persona cuya vida era gentil y sin cuidados, cuyos muebles y decoraciones eran tan poco prácticos como los nuestros eran utilitarios.

—Bueno —Papi dijo—, me voy a trabajar afuera.

Me dejó en la sala, la cual de repente se convirtió en algo tan extranjero como otro país.

Don Luis me llevó hacia el piano y me enseñó cómo abrirlo

para revelar las teclas blancas y negras que me acogerían a un mundo tan lejos de mi vida diaria como yo jamás había imaginado. Corrió sus dedos con un toque ligero, y noté lo largos que eran, delgados y femeninos.

—Pones los dedos en las teclas así.

Me trató de enseñar. Afuera, Papi serruchaba y martillaba con un ritmo mucho más musical del que yo podía evocar de las teclas. Pero, una hora más tarde, Don Luis insistía en que yo tenía aptitud y sugirió que en el futuro Papi considerara venir a otra hora, porque su martilleo interfería con mi sentido rítmico.

Después de eso, Mami me llevaba hasta la casa de Don Luis, pero dejaba que yo regresara a casa sola. No insistía en que me vistiera con mi mejor vestido, sólo que me cambiara a ropa limpia antes de ir. Pero a Don Luis sí le importaba mi vestuario. Siempre comentaba sobre el color de mi blusa o el corte de una falda, y una vez sugirió que la próxima vez me pusiera el mismo traje sin mangas. Sus florecitas azules, me dijo, eran muy bonitas. Cuando se lo dije a Mami, hizo una mueca, y esa noche le dijo a Papi:

—¿Qué se traerá ese viejo? Tú sabes que esa nena es casi señorita.

Hasta entonces, Mami había usado la excusa de que yo estaba casi señorita para advertirme que no jugara con varones, para insistir que hiciera algo útil como barrer o cocinar y para recordarme de que me sentara con las piernas juntas. Pero ahora estaba usando esa frase familiar para regañar a Papi, no a mí, como si fuera él quien tenía que hacer algo sobre mi casi-estado. Me entusiasmaba que el ser "casi señorita" quería decir que mi maestro de piano me veía como algo más que una estudiante con talento. La próxima vez que fui a mi lección, me puse el traje sin mangas, que hasta ese día había sido mi favorito sólo porque la falda era lo suficientemente ancha para permitirme sentar despatarrada sin que se me vieran los pantis.

—¡Qué linda! —dijo Don Luis cuando entré—. ¡Qué bonita! Empezamos la lección haciendo mis gamas torturadas, pero él me interrumpió al poner su brazo a mi alrededor para

demostrar, dijo, la posición correcta de mis muñecas. Era tan
fragante como las flores de su jardín, tan leve, pero temblaba
con un calor el cual yo nunca había sentido, un tremor casi
imperceptible que no sé cómo se trasladó a mí. Le di un codazo
en las costillas, respetuosamente, como si por accidente. Devolvió su brazo a su propio cuerpo y se deslizó a su lado del banco,
aclarándose la garganta y arreglándose el cuello de la camisa.

Yo seguí tocando, pero me era difícil concentrar porque mantenía el rabito del ojo en sus manos inquietas, los dedos elegantes que bailaban contra la tela azul de sus pantalones.

—¡No! ¡No! ¡No! ¡No!

Agarró mis dedos en los suyos y, con una varita que yo nunca
había visto dentro del piano, me dio cuatro cantazos en la
mano.

Brinqué del banco, humillada.

—¿Por qué me está pegando?

—Porque estás tocando el piano como si fuera un tambor. Es
un instrumento delicado. El toque tiene que ser leve, leve . . .
—y onduló sus dedos en el aire—. Ahora, siéntate y trata otra
vez.

Me senté lo más lejos posible de él sin caerme del banco,
codos como alas de mariposas a mis lados para que no se me
acercara. Se paró, caminó detrás de mí, se dobló, y dulcemente
empujó mis codos hasta que estaban contra mis costillas, donde
los aguantó.

—Mucho mejor —dijo suavemente.

Se cernía sobre mí, sus dedos, suaves como la harina, en mis
codos, su piel temblando contra la mía. Machaqué mi malestar
contra las teclas, esperando que la disonancia lo ahuyentara,
pero él seguía a mi lado. Su aliento abanicaba mi pelo mientras
se me acercaba más. Me encorvé, apartándome de él, y noté
cómo el escote de mi vestido se abollaba y daba vista directa,
desde arriba, de los chichones, como yemas de huevos, que
recién habían salido en mi pecho. Brinqué y me subí el vestido
hasta que mis puños estaban contra mi barbilla. El se echó para
atrás, sus manos en su frente, en una posición similar a la que

yo asumía cuando Mami me iba a dar fuete. Sus ojos resaltaban de su cara moteada de rubor, su boca invisible bajo el bigote.

—¡Viejo asqueroso! —le grité con una voz y un tono prestados de Mami.

Vergüenza subió desde el piso y me envolvió en un embudo alborotado que yo quería que me levantara y me llevara de aquella sala, fuera de la vista azul del principal de mi escuela y de sus manos temblorosas pero elegantes. Temblé de miedo y rabia. Me sentía sucia, como si sus ojos hubieran marcado a mi pecho desnudo. Habló, pero no entendí lo que decía, ni me quedé a escuchar. Salí corriendo, confusa, abrazándome, mi cabeza pesada como si hubiese crecido y me hubiese dejado sin cuerpo.

Esa noche, cuando les dije a Mami y a Papi lo que había sucedido, se pelearon. Me dijeron que yo no estudiaría más el piano, y Papi le iba a hablar a Don Luis. Como si no confiara que Papi lo hiciera, Mami se apareció en la escuela al otro día y discutió con el principal. Y por el resto del año, cuando nos pasábamos en los pasillos de la escuela, Don Luis buscaba la distancia sobre mi cabeza, como si yo me hubiera convertido invisible como el polvo.

✍ Si yo salía de mi casa en la Calle Castro Viña, calle arriba hacia la izquierda, podía entrar por una calle, tranquila y sombrada por flamboyanes, que le daba la vuelta a callejones y barriadas, y en unos minutos estaba sentada al lado de mi abuela comiendo guanimes, masa de harina de maíz rellena con queso, envuelta en una hoja de guineo, y hervida en agua de sal. Mami no hacía guanimes.

—Demasiado trabajo —decía.

Abuela no lo consideraba mucho trabajo. Todos los domingos los preparaba y los servía con un caldo de cabeza de pescado decorado con culantro.

Mi abuelo había muerto el año anterior, de vejez. Cuando entraba en la casa de Abuela, yo lamentaba su cuarto vacío, del cual él salía vestido en su camisa de manga larga blanca, descalzo, su pelo como rastrojo plateado.

Una vez, cuando Abuela estaba en la cocina, entré al cuarto de Abuelo. Todo se veía igual: el catre, el retrato de Jesús sangrando debajo de su corona, las hojas de palma en forma de cruz, la mesita y su silla. El cuarto estaba frío, sus paredes de cemento más blancas de lo que yo recordaba, la ventana sombreada por el árbol de panas afuera, sus hojas grandes tirando reflejos contra el cielo raso. Toqué la almohadita donde su cabeza había descansado y tuve una imágen de él pelando una china, la cáscara una cinta larga hasta sus pies descalzos.

—Está en el Paraíso, con Papá Dios —dijo Abuela detrás de mí, asustándome fuera de la angustia cavilosa que me apretaba el pecho. Dejé que me llevara a la mesa, donde el caldo caliente y la harina arenosa de los guanimes me alivió el dolor.

—Ojalá que cuando tu mamá esté en Nueva York me vengas a visitar —me dijo mientras lavábamos los trastes.

—Mami ya fue a Nueva York, el año pasado.

—Yo creo que vuelve pa' allá. Generosa los va cuidar mientras tanto.

Me sequé las manos en el ruedo del vestido y me recosté contra el fregadero. Me vestí con la soledad del cuarto de Abuelo, las paredes frías, desoladas, duras.

—Tú sabes que el piecito de tu hermano todavía le está dando problemas.

Sí, yo lo sabía. Pero no me importaba. Su dolor quería decir que él iba a pasar más tiempo con Mami que ninguno de nosotros. El podía viajar a Nueva York, un sitio del cual Mami hablaba reverentemente.

—Tienes que ayudar a tu Mami. Tú eres la mayor. Ella depende en ti.

Me entregué al dolor continuo de saber que Mami otra vez me iba a dejar, y que, otra vez, no me había dicho nada, no me había incluido en sus planes.

—Es que a mí no me gusta cuando ella se va —lloré en los brazos de Abuela, el único sitio donde podía expresar mi soledad,

mi temor. Confiar en Mami me era imposible. Ella estaba ago-
biada por lo que ella llamaba "los sacrificios que tengo que
hacer por ustedes," y mi amor, expresado en pedidos, añadía a
su carga. Yo sabía que no era *mi* madre: la tenía que compartir
con Delsa, Norma, Héctor, Alicia, Edna y Raymond. Pero me
parecía que mi parte era más pequeña porque yo era la mayor,
porque era casi señorita, porque debía demostrar mejor juicio.

Me fui de la casa de Abuela sintiendo la ausencia de Mami
como si ya se hubiera ido. Cuando llegué a casa, ya me había
envuelto en el manto de responsabilidad que ella me iba a poner.
Era muy pesado, muy grande para mí, pero si me movía, temía
romperlo, desenmascarando a una niñita flaca y asustada.

❧ No es que cuando Mami no estaba nosotros nos portábamos
peor. Era simplemente que yo no podía valerme de su autoridad,
no podía controlar a mis hermanos y hermanas bajo sus reglas
de la propia conducta. No cuando yo también veía una oportunidad para romperlas.

—¿Qué les gusta comer a ustedes? —nos preguntó Titi Generosa, su voz raspante como un güiro.

—¡Avena! —cantó Héctor.

—¡Avena! —concertaron Delsa y Norma.

—¿Qué más? —preguntó Titi Generosa.

—Chuletas con papas fritas —dije yo.

—A mí no me gustan las papas fritas —dijo Edna, haciendo
hocico.

—Y a mí no me gustan las chuletas si están muy tostadas
—dijo Alicia, enseñando sus encías sin dientes.

—Pero a todos les gusta la avena.

—¡Sí! —gritamos a la misma vez, como si hubiera contestado
la pregunta que se ganó el premio.

—Bien, entonces avena comen.

Yo quería mucho a Titi Generosa. Su voz, quienes todos decían
sonaba como si estuviera ronca, salía en el rítmico dialecto

jíbaro que yo amaba. Pero había una cosa que Mami nos había advertido, una mala costumbre que no debíamos coger de ella bajo ninguna circunstancia. Titi Generosa hablaba malo.

Vivía al lado de mi abuela, cuya cada otra palabra era Dios, era hermana de mi papá, quien era poeta, y de mi Tío Vidal, el cual recitaba poesías mientras atendía a los peludos en su barbería. Pero Titi Generosa no se inclinaba ni hacia la palabra elegante ni hacia los eufemismos. Decía lo que tenía que decir en palabras toscas, como si no se abochornara, como si no hubiera nada malo en llamar a ciertas mujeres putas. Eso era lo que más me gustaba de Titi Generosa, y deseaba tener el valor de expresarme con lengua zafia. Pero sólo el pensar en esas palabras me hacía mirar a mi alrededor, como si Mami estuviera detrás de mí con un ají en la mano, lista para librarme del vicio de hablar en vulgaridades.

La otra cosa que a todos nos gustaba de Titi Generosa era que, aunque era madre, creía todo lo que le decíamos, aunque a nosotros mismos nos pareciera increíble. Le dijimos que a Mami no le importaba si nos paseábamos por el vecindario, cuando Mami no nos dejaba salir ni del portón sin permiso, instrucciones sobre cómo llegar a donde íbamos y por cuál camino regresar, y una hora a la cual nos esperaba sin falta y con consecuencias si llegábamos tarde. Le dijimos a Titi Generosa que no nos teníamos que bañar todos los días, que no teníamos faenas en la casa, que podíamos comer dulce en vez de almuerzo y que nos podíamos poner la ropa que quisiéramos cuando nos diera la gana.

Delsa y Norma, a quienes les gustaba vestirse como princesas tantas veces como les fuese posible, destrozaron sus vestidos de salir en unos días. Héctor, quien conocía el arte de convencer a cualquiera de hacer cosas de las que no estaban seguros querían hacer, se insinuó en la tienda de la esquina a "ayudar" a vender dulces. Alicia, dulce y plácida, se pasaba los días en la cama jugando con sus muñecas y construyendo casitas con las sábanas y colchas que Mami había dejado guardadas en un baúl. Y Edna corría detrás de quien estuviera jugando. Yo me desaparecía en caminatas solitarias por las calles prohibidas por la vigilancia de Mami.

A unas cuadras de casa, en la Avenida Roosevelt, encontré un edificio enorme, redondo, su techo de zinc pintado de rojo, sus paredes adornadas con murales de gallos feroces con picos y espolones afilados y ojos crueles. Estaba cercado con verja de alambre, y un candado colgaba de una cadena amarrada contra los portones. De la parte de atrás del edificio salían chillidos alarmantes, los cuales se mezclaban con el estruendo de la avenida, de vez en cuando interrumpido por el rítmico quiquiriquí de los gallos. Yo le tenía pena a esas pobres aves atrapadas, sus patitas peladas y sus espolones afilados.

Al cruzar la avenida, tan llena de tráfico que me daba miedo cruzar al otro lado, estaban construyendo una urbanización. Máquinas para rasar y mover la tierra, grúas, camiones llenos de arena para mezclar cemento y hombres con rastrillos y palas, rugían su estrepitoso clamor, engranajes crujían, arena se deslizaba —y, de vez en cuando, se oía el pito y piropo a una mujer que pasaba.

Más abajo, detrás de un centro comercial con letreros anunciando SE ALQUILA, una barriada de parcelas dormía bajo el murmullo de palos de mangó y aguacate. Perros realengos dormían bajo el sol en medio de la calle, y, a cada lado, zanjas apestosas anulaban los olores que subían de los fogones.

Muchachos jugaban a la pelota en los patios polvorientos, mientras muchachas se paseaban en grupitos volubles de tres o cuatro, riéndose de nada. A veces hablaban de mí, preguntándose por qué yo siempre andaba sola, y no acompañada, como se debía. A mí no me importaba. Yo no tenía a quien darle cuenta. La libertad que yo había ganado de la credulidad de Titi Generosa era usualmente reservada para los varones, y me separaba de mis amigas, cuyas madres eran tan cuidadosas con sus hembras como la mía. Saboreaba mi libertad como si fuera turrón de Navidad.

Le habíamos puesto el apodo a Titi Generosa de Titi Avena,

ya que eso era lo único que nos cocinaba. Papi nos preguntó una vez por qué nunca había otra cosa que comer en la casa, y se lo dijimos. Se frotó la barbilla y nos miró sospechosamente, pero no dijo nada.

Otro día nos reunió en el patio de atrás y nos dijo que Titi Avena había dicho que nos peleábamos demasiado y que le estábamos dando muchos problemas.

—Se tienen que portar bien —nos dijo— o no va a haber quien los cuide mientras yo estoy trabajando.

Esto no era gran amenaza, ya que la opción sería que Mami regresara de Nueva York lo más pronto posible. No tuvimos que consultarnos para llevar un plan a cabo. Sólo hacíamos lo opuesto a lo que sabíamos que debíamos hacer, dispuestos a sufrir las consecuencias cuando Mami regresara.

Nos valimos de cada oportunidad para torturar a la pobre Titi Avena. Jugábamos a caribes y españoles dentro de la casa, corriendo, gritando y muriéndonos a sus pies mientras ella meneaba la avena del día. Delsa, la cual tenía una conciencia más disciplinada que la mía, trató de instalarse como la hermana mayor responsable, pero la despachamos en lágrimas a sentarse resentida y desconsolada en una esquina mientras nosotros destartalábamos los muebles, rompíamos las sábanas y mosquiteros y nos peleábamos hasta sacarnos sangre. Yo sabía que lo que estaba haciendo era malo, pero estaba gozando, aunque todas las noches me acostaba preocupada de que Mami se apareciera y viera la casa sucia, las sábanas en trizas, el desorden que la pobre Titi Avena trataba de prevenir pero no podía porque éramos seis contra una.

Al principio, Papi no parecía notar lo que estábamos haciendo. Trabajaba siete días a la semana, desde la madrugada hasta el anochecer y, cuando llegaba a casa, miraba los regueros en lo que antes era un hogar ordenado, y movía la cabeza.

Una mañana, no fue a trabajar. Cuando Titi Avena llegó, me ayudó a empacar una maleta, y Papi me llevó donde Tío Lalo.

—¿Por qué me tengo que ir de casa, Papi?

—Porque tu Titi no los puede cuidar a ustedes. Y yo tengo que trabajar, y no me puedo quedar con ustedes todo el día.

—Pero, ¿por qué no viene Mami?

—Yo no sé —lo dijo como si no le importara si ella regresaba o no.

Se tomó un pocillo de café y un pedazo de arroz con coco. Antes de irse, me besó en la frente.

—Pórtate bien, hasta que tu Mami te venga a buscar.

Me quedé en la puerta viéndole caminar hacia la parada de guaguas. Gladis, con sus ojos húmedos fijados en mí, Angie con una sonrisa ambigua, Angelina maullando que Mami regresaría pronto, y que entonces volvería a ver a mis hermanas y hermanos.

La visita con mis primas siguió una rutina tan aburrida como los días antes habían sido estimulantes. Gladis y yo nos levantábamos temprano a pelar papas y después nos sentábamos en el balcón a jugar cantillos y a saltar soga. De vez en cuando, Angie jugaba con nosotras, pero casi siempre se quedaba en su cuarto rosado, tocando discos no permitidos en el resto de la casa. Una vez consideré escaparme y empaqué mis cosas en mi maleta destartalada que alguien me había enviado de Nueva York, pero no me atreví a salir ni del balcón. Contaba los días por los sacos de papas que pelábamos Gladis y yo. Dedos quemándoseme, silenciosamente le quitaba el pellejo a las papas calientes, tragándome el dolor y el resentimiento con la misma resignación que Gladis. Pero aunque me parecía que Gladis había aceptado su sentencia con humildad, yo estaba herida por dentro, y pelando papa tras papa, repetía en mi mente las malas palabras que había aprendido de Titi Avena. Una papa, coño. Dos papas, puñeta. Tres papas, carajo.

SUEÑOS DE LA
BUENA VIDA

Adiós Candelaria hermosa
las espaldas te voy dando,
no siento lo que me llevo
sino lo que voy dejando.

—¡No lo quise creer! Llego a casa, y no veo a nadie. La casa
está con llave. Las ventanas están cerradas. Parece que nadie
vive allí. Le pregunto a la vecina y me dice que Pablo se mudó.
¡Ni siquiera me lo mandó a decir! Vendió lo que podía, cogió
a los muchachos y se volvió a Macún.

—¿Y cómo los encontraste? —preguntó Angelina.

—Fui a donde Doña Margara y ella me dijo dónde estaban
—Mami me pasaba la mano por la cabeza, la cual estaba contenta y relajada sobre su falda.

—¿Y ahora vamos a vivir en Macún otra vez?

—¡No! Yo no vuelvo a vivir allí.

—Y Papi, ¿dónde va a vivir?

—Con nosotros, por supuesto —dijo con labios apretados.
Se paró—. Ve y busca tus cosas, que ya nos vamos.

Metí mi ropa en la maleta, las manos temblando tanto que
no podía cerrar el *zíper*. Mami había regresado de Nueva York
con el pelo recortado como una corona alrededor de su rostro.
Se había dejado crecer las uñas, y se las había pintado del color

de una manzana roja. Calzaba tacos, y medias que ensombra-
ban las líneas azules de sus piernas.

Pero, más que su apariencia, había algo nuevo en Mami, algo
en la manera que hablaba, la manera en que se movía. Siempre
se había parado erguida, pero ahora había un nuevo orgullo
en su postura, determinación y confianza en sí misma. Hasta su
voz me sonaba diferente, como que era más insistente, más
fuerte. Me confundía y me asustaba esta transformación, pero a
la misma vez me animaba. Se veía más bonita que antes, con
ojos que parecían haber oscurecido mientras su piel aclaró. Hasta
Angelina había notado la diferencia.

—¡Qué bonita te ves! —había exclamado cuando Mami entró.

Rumbo a la guagua, los hombres la miraban, le pitaban, le
echaban flores. Ojos fijados al frente, ella pretendía ignorar los
piropos, pero de vez en cuando noté una sonrisita jugando en la
esquina de sus labios. Yo andaba a su lado medio asustada,
medio orgullosa. Muchas veces había oído a los hombres piro-
peando a las mujeres, pero nunca se me había ocurrido que
lo hicieran hacia mi madre. Cada hombre que la miraba abiertamente, o que juraba amarla toda la vida, o que ofrecía seguirla
hasta el fin del mundo, o que sacrificaría su vida por un beso,
cada uno, me parecía a mí, me estaba robando a mi mamá. Su
belleza la había convertido en propiedad pública, en una mujer
deseada por muchos, no en una madre de siete hijos. Quise
caérmeles encima a esos atrevidos, darles puños en sus caras
frescas, callar sus promesas y miradas seductivas, enfriar el calor
que emanaban sus cuerpos. En la guagua, me sentía llena de
una rabia incomprensible. Mami hablaba de Nueva York, mis
primos, el cine y rascacielos. Pero yo no la oía. Estaba fijada
en la caminata hacia la parada de guaguas, su presencia orgullosa,
las miradas de los hombres, las promesas y la desnudez que su
belleza accesible me hacía sentir a mí.

❧ Nuestra nueva casa en Sábana Seca era una parcelita al final
de un callejón cerca de un campo de jugar golf. Una quebrada

dividía nuestro terreno con el de la casa grande en la esquina, la cual Mami dijo que pertenecía a "una gente rica." Al otro lado de nosotros estaba la casa de Doña Lina y Don José, sus hijos y su televisor.

Nosotros habíamos visto televisión antes, pero esta fue la primera vez que nos habíamos quedado cautivos de los personajes en el televisor. Tom y Jerry, El Pato Donald, El Ratoncito Mickey Mouse nos deleitaban con sus aventuras. Superman entraba por paredes, alzaba carros con sus manos y salvaba a personas cayéndose de rascacielos antes de que estallaran contra la acera. Tarzán gritaba y se daba contra el pecho, volaba de rama en rama en sogas decoradas con bejucos. Todas las voces masculinas, de muñequitos o actores, sonaban como las dos mismas personas —José Miguel Agrelot y Jacobo Morales, dos de mis voces favoritas de la radio. Tardé un poco en entender que los programas actualmente eran en inglés y doblados al español, y después no los disfrutaba tanto porque me concentraba en mirar las bocas, fuera de sincronización con las voces.

Papi nunca era parte de este entretenimiento. Había convertido un ranchito al lado de la casa en su mundo privado, con candado en la puerta y ventanas encortinadas por las cuales a veces salía un oloroso humo dulce. Llegaba a casa, comía y desaparecía dentro de su cuarto con una vela prendida y libros y revistas. Sabíamos que no debíamos molestarlo. Estaba lo más lejos que una persona puede estar y todavía vivir en la misma casa; malhumorado, preocupado con cosas que no nos importaban a nosotros.

Un día, cuando se metió a la letrina, me escabullí dentro de su escondite y ojeé su literatura rosacruz y un libro acerca de Nostradamo. Sólo el tocar los libros me dio escalofríos. Ilustraciones de desastres e incendios florecían sobre los turbantes de hombres con ojos malévolos. El texto era en castellano, con "vuestros" y "vosotros" y gramática complicada, con muchos -*éis*. En una mesita cerca de la ventana, una botella color de ámbar centelleaba al lado de un pocillo con cenizas. Una energía rara oscurecía las esquinas del cuarto; el aire parecía dar vueltas en sí mismo, aprisionado en ese cuarto angosto. Salí corriendo sin resuello, mi corazón palpitando rápidamente, el miedo enroscándome el cóccix.

❧ Me dieron mi propio cuarto, al lado de la cocina, con una cortina como puerta. Mami puso un catre con su mosquitero, una mesita, una silla y un canasto para poner mi ropa interior. Papi me hizo una percha contra la esquina, donde colgué mi uniforme y mi ropa de salir.

—Quiero que mantengas este cuarto limpio —dijo Mami—. Ya que eres casi señorita tienes que aprender a cuidar tus cosas.

De su caja de herramientas, Papi sacó un paquetito de tachuelas verdes.

—Puedes usarlas para poner poemas y retratos en la pared —me dijo, dándome un retrato de Don Luis Muñoz Marín.

Corté las flores de los potes de leche Carnation e hice una corona alrededor de la niña bajo la sombrilla que recorté de la caja de sal y del Sr. Quaker de la caja de avena. Edna me dibujó un caballo, y Héctor me dio una de sus mejores bolitas, la cual yo puse en un pedestal labrado de una pepa de aguacate.

La primera noche en mi cuarto, no podía dormir. El piso estaba cacarañado donde los nudos de la madera se habían caído. Aire frío entraba por esos huecos, haciendo un sonido que me sonaba como los muertos pitando. Me arropaba hasta la nariz, y escondía mi cabeza entre mis brazos. Bajo la casa, el cló cló de las gallinas, y, sobre ella, al aletear de pájaros nocturnos, sonaban como un aplauso secreto. Me enrosqué en una bola en el centro del colchón, sudor frío picándome la espalda. Me hacía falta la calor de Delsa, la sensación segura de estar durmiendo en un cuarto lleno de gente. Me di vueltas hasta la madrugada, no acostumbrada a tanto espacio en mi cama, mientras al otro lado de la pared, mis hermanas y hermanos dormían, sus cuerpos subiendo y bajando en compás con sus respiraciones.

Me levanté con el canto del gallo. Afuera, el aire resplandecía, un gris húmedo, y en las esquinas oscuras del patio, sapos y coquís todavía cantaban su serenata nocturna. Adentro, mis hermanas y hermanos se arqueaban unos contra los otros como gatitos recién nacidos. Del cuarto de Mami y Papi oí un escarbar entre sábanas y murmullos enmudecidos. Caminé de puntillas hasta la puerta del cuarto y una de las tablas rechinó.

—¿Quién anda? —llamó Mami.

—Soy yo —susurré, entrando. Mami estaba envuelta en los brazos de Papi, cabeza en su hombro, la mano izquierda de él sobre la mejilla derecha de ella. En cuanto me vieron, él la tapó a ella con la sábana, pero vi que estaba desnuda. Ella enrojeció, y aunque la piel de Papi era muy oscura para que se notara, supe que él también se ruborizó por la expresión asustada de sus ojos.

—¿Y qué tú haces despierta a esta hora? —preguntó Mami, sentándose en la cama. Su cabello estaba enmarañado contra su cuello, y se lo amarró con una mano, mientras con la otra, se tapaba hasta el pecho con la orilla de la sábana.

—Yo no sé. No podía dormir.

—Acuéstate a dormir que todavía es temprano —se acostó contra el hombro de Papi otra vez, y yo me salí del cuarto de espaldas, desechada. Me paré al otro lado de la puerta, pero no salió ningún sonido de su cuarto hasta que no crucé la tabla rechinosa. Los escarbos resumieron, y los murmullos enmudecidos. Me acosté en el sofá de la sala y me quedé dormida, arrullada por el sonido de mis padres haciendo el amor.

Papi y Mami montaron un negocio. Nosotros niños le llamábamos el cafetín ambulante, porque era una guagüita con gavetas y tablillas en la parte de atrás, una sección refrigerada y una estufita. Papi vendía café, pan con mantequilla, bizcochos, los almuerzos que Mami cocinaba a diario y el maví que él preparaba por galones. Las gavetas estaban llenas de golosinas, las cuales nosotros no debíamos tocar. El iba por las calles de las urbanizaciones bajo construcción, anunciando el menú del día por un altoparlante. Su voz profunda se podía oír por millas, recitando poemas acerca de la comida en su guagüita.

Dicen que mi arroz guisao
Con pollo y con habichuelas
Es como el que hacía mi abuela
Se come uno hasta el pegao
Es porque está preparao
Con las especias de aquí
También tengo el buen maví
Y café en mi "Come y Vete"
Ven a darte el gran banquete
¡No hay nada igual por ahí!

El negocio no duró. Costaba caro mantener la guagua, bandidos trataron de robarle sus ganancias y él le fiaba a hombres que luego no le pagaban. Después de un tiempo, la guagua fue devuelta a donde la habían alquilado y Papi volvió a su trabajo arreglando las casas de otras personas.

🙠 El amor enloquecía a la gente. Esposos mataban a esposas en arrebatos de pasión, volvían la pistola contra sí mismos y pintaban las paredes con sus sesos. Los periódicos publicaban fotos de cuerpos desmembrados, sábanas ensangrentadas, cuartos en los cuales los muebles estaban regados por todas partes como si un huracán los hubiera tocado: ESCENA DEL CRIMEN, decían los titulares del periódico.

En la radio, el amor era diferente. Hombres de bella voz, siempre altos, siempre trigueños, se ganaban el corazón de muchachas siempre inocentes, siempre hermosas. Aunque fueran pobres, los hombres siempre eran decentes, respetables, cultos en las masculinas artes ecuestres y de armas de fuego, pero no descuidados en el manejo de animales ni pistolas. Las mujeres sufrían. Frecuentemente eran huérfanas, criadas por monjas o madrastras malas, quienes las obligaban a servirles de fregonas.

Aún así, eran alegres y optimistas, confiadas en que llevar una vida pura y limpia resultaría en una existencia mejor.

Yo corría de la escuela a casa todos los días para sentarme al lado de la radio a escuchar las historias románticas de mujeres con nombres como Mariana y Sofía, y hombres como Armando y Ricardo. Mientras más enredada la historia, más me gustaba, y me imaginaba que todas las sufridas heroínas se parecían a mí, o, mejor, que yo me parecía a ellas. De noche jugaba a las fantasías, viéndome correr por un prado lleno de flores, cabello por el aire, brazos abiertos hacia un Armando o Ricardo alto y trigueño, el cual me besaba apasionadamente al compás de un frenesí de violines. Siempre me dormía en el momento que Armando o Ricardo tocaba mis labios y, por las mañanas, me despertaba en medio del mismo abrazo, y de una calidez entre mis piernas que saboreaba hasta que se disipaba como la neblina crepuscular.

Según las novelas, algún día yo me enamoraría a primera vista, pero mi amado y yo sufriríamos antes de ser felices. Habría enfermedad, de la cual me recuperaría estando a punto de morir. Habría mujeres malas que mentirían, me harían trampas y tratarían de matarme sólo por meterle las garras a mi amado. Habría guerras y terremotos, huracanes y tormentas, epidemias, las cuales yo sobreviviría cuidando a los menos afortunados, uno de los cuales sería mi amado a punto de morirse, y al cual yo reviviría con el poder de mis ojos negros. Todo esto lo soñaba durante esas noches inquietas en mi cuartito.

A la misma vez, Mami y Papi se peleaban, inmiscuyéndose en mis fantasías con su relación auténtica, entremezclando amor con odio. Aunque habían vivido juntos catorce años, no estaban casados, pero eso no había sido de consecuencia en nuestras vidas hasta que Mami regresó de Nueva York. De repente, le parecía a ella importante que legalizaran su unión. Discutían sobre esto constantemente. Un minuto estaban contentos, como cualquier otro matrimonio, jugando con nosotros, echándo-selas que nosotros éramos los niños más inteligentes y buenos del mundo. Al otro se estaban insultando, sacando listas de

ofensas en ambos lados, con el tema reiterado del inseguro
estado de Mami en un matrimonio consensual.

Yo me desaparecía dentro de mi cuarto el minuto que el aire
se sentía tenso, y me envolvía en una sábana liviana que no
silenciaba sus insultos, pero que me hacía invisible al rencor que
nublaba sus ojos. Llamaba la imagen de Armando o Ricardo
y, con las batallas de Mami y Papi de trasfondo, me imaginaba
a un hombre y una mujer tocándose con cariño, descubriendo
belleza en una barbilla sin afeitar, o en un rizo, murmurándose
"te adoro," calentándose sus cuerpos con amor.

❧ Johannes Vélez se fijó en mí, aunque Maritza Ortiz dijo que
yo era tan fea que jamás conseguiría novio. Ella era la niña
más popular en el séptimo grado. Yo era nadie. Sus razones por
meterse conmigo eran tan misteriosas como las razones por las
cuales Johannes se me vino corriendo detrás un día después de
las clases ofreciéndose a llevar mis libros.

—Yo los puedo llevar yo misma —le gruñí.

—Ay, Esmeralda —me dijo, acercándoseme—, no me hagas
quedar mal.

Un grupo de muchachos recostados contra el seto de la escuela
hacían como que no nos veían. Maritza y su corte coqueteaban
cerca de ellos. Yo no me había enamorado a primera vista de
Johannes Vélez, pero sus ojos sobre mí se sentían cariñosos, y
yo quería darle mis libros. Pero, si se los daba, era como si
estuviera dándole algo más importante que las notas para mi
tarea de matemática, pero no sabía lo que era.

—Mañana —le dije, y seguí caminando en tinieblas de miedo
y rabia por ser tan zángana. Esa noche Armando y Ricardo se
manifestaron en forma de la cara triste de Johannes Vélez.
Revisité nuestro encuentro de la tarde, pero esta vez yo fui
encantadora, segura en mi poder femenino, capaz de conversar
tal que él quedó deslumbrado por mi inteligencia, mientras
Maritza y sus amigas nos miraban envidiosamente desde una
esquina.

. . .

     🡒 —Mami, ¿qué hago si un muchacho me quiere cargar los libros? —le pregunté al otro día.

    —Dáselos —me dijo, revolteando un huevo. Fue a la puerta de la cocina, sartén en la mano—. Delsa, Norma, Héctor, avancen o van a llegar tarde a la escuela —deslizó el huevo en mi plato—. ¿Quién te quiere cargar los libros?

    —Johannes Vélez.

    —¿De dónde salió ese nombre?

    —Yo no sé.

    —¿Es americano?

    —No, es de acá.

    —¿Quién es de acá? —preguntó Delsa, sentándose en su silla.

    —El novio de Negi —dijo Alicia desde su sitio.

    —¡No es mi novio! —le grité. Norma y Héctor se empujaron por sentarse cerca de la ventana.

    —¡Dejen eso! —Mami les advirtió. Rompió tres huevos en la sartén—. Hmm . . . Vélez . . . No conozco a ningún Vélez —como si todo el mundo tuviera que consultarla a ella antes de mudarse al vecindario.

    —Hay una Vélez en mi clase. Sarita Vélez. Es bien antipática —Norma hizo un hocico.

    —No es la misma familia —mordí las palabras, de repente posesiva.

    —¡Negi tiene novio! —cantó Héctor.

    —¡Embuste!

    —¡A que sí! —Delsa y Norma se unieron en el canto, y Edna y Raymond aparecieron de no sé dónde a torturarme.

    —¡Mami, diles que me dejen quieta!

    —¡Ustedes dejen eso y cómanse sus desayunos!

Pero sólo bajaron las voces a un murmullo en cuanto Mami volvió la espalda:

    —¡Negi tiene novio!

    —¡Mami! —me abochornaba que estuvieran molestándome

así, y les hubiera dado un cocotazo a cada uno si Mami no estuviera cerca.

—¡Ustedes se me preparan pa' la escuela! ¡Ahora!

Se fueron de la mesa uno por uno, Mami cogiendo pasos amenazantes hacia ellos cada vez que se paraban a mirarme con ojos traviesos y a hacerme muecas que decían: "Negi tiene novio."

Me sentí humillada. Lágrimas se me formaron, haciendo ver la cara de Mami como si estuviera desenfocada.

—Si hay un muchacho a quien le gustas —me pasó la mano por la cabeza— y él te gusta a ti, dile que venga a la casa. Eso es lo debido.

—No es como que nos vamos a casar, ni na' d'eso. Solo pidió cargarme los libros.

—Sí, ya lo sé . . . pero tú estás casi señorita, y los muchachos se van a interesar. La cosa es que ningún muchacho te va a respetar si no lo traes a tu casa a conocer a tu familia.

No debí haberle preguntado. Ella no tenía la menor idea de lo que yo sentía. Lo único que la preocupaba era el muchacho, no yo.

—¿Por qué tú te pasas diciéndome que estoy casi señorita? ¿Cuándo voy a ser señorita, sin el casi?

—Negi, no tomes ese tono de voz conmigo.

—Pero ¿cuándo, Mami? Tú te pasas diciendo que debo de hacer tal cosa, o que no debo de hacer lo otro, o que debo portarme de tal manera. Todo porque soy casi señorita. ¿Qué quiere decir eso? ¿Qué tiene eso que ver?

Me salieron sollozos que me asustaron a mí misma. Me abrazó por unos minutos y luego me mandó a mi cuarto.

—Quítate el uniforme antes de que se arrugue.

—Pero tengo que ir a la escuela —lloré como si alguien se hubiera muerto.

—Puedes llegar un poco tarde. Acuéstate un rato, y yo mando una nota que no te sientes bien.

Me desabroché la falda y desabotoné mi blusa, lágrimas

derramándoseme por las mejillas, sollozos despedazando mi pecho hasta que tuve que recostarme contra la pared mientras me desvestía. El mundo era un sitio cruel y terrible, una cueva oscura abriéndose como la boca de un animal espantoso para tragarme en una perpetua miseria.

Mami mandó a Delsa, Norma, Héctor, Alicia y Edna a la escuela, sus protestas probando mi punto, haciéndome llorar aún más. Raymond me sobaba la pierna suavemente, pero yo le di tremenda patada, maldispuesta a aceptar pena de nadie. En la cocina Mami lavaba los trastes, suspirando:

—¡Ay, Dios Mío, ayúdame a sobrevivir todas estas pubertades!

► Nuestra casa estaba suspendida sobre zancos de concreto lo suficientemente altos para que nosotros niños pudiéramos caminar por debajo, y se nos hizo posible demarcar áreas de juego con límites bien definidos. Pedazos de zinc descartados, alambre, cajas de cartón, pedazos de las sábanas rotas que Mami nos daba y palmas de coco secas formaban las paredes de nuestro propio barrio debajo de la casa. Mi casita estaba en la esquina trasera, debajo de la cocina, donde la tierra declivaba hacia el cuarto de Papi. Como no era lo suficientemente alto para poderme parar adentro, me metía de bruces, y podía jugar adentro en cuclillas o arrodillada. Le había barrido la tierra hasta que estuviera lisa, y había hecho un mosaico en el suelo de trozos de lozas encontradas por la barriada. Era a este refugio donde yo me iba cuando estaba cansada del mundo, queriendo decir casi todo mi duodécimo año.

Por un boquete en el saco que servía de puerta a mi escondite, tenía una vista del arroyo, las matas de malangas y plátanos creciendo a su orilla, y el arbusto de gardenias creciendo cerca del balcón. Mientras más miraba esa mata, más me encariñaba de su verdez, que nunca había florecido. Era alta y ovalada, con ramas que le salían de aquí y de allá como las greñas de una mujer despeinada.

—Papi, —le pregunté una noche mientras estábamos sentados en el balcón leyendo el periódico—, ¿por qué esa mata de gardenia nunca ha florecido?

—Puede ser que necesite agua —me dijo.

Así que todos los días yo llenaba un pote de café dos o tres veces, y le echaba agua alrededor de las raíces, empapando la tierra hasta que se sentía esponjosa. El arbusto creció más redondo, más alto, denso de hojas verdeoscuras.

—Si le cortas las puntas de las ramas —dijo Mami— crecerá más rápido y más lleno.

Con unas tijeras mohosas le corté las puntillas de las ramas.

—Lo siento, arbolito —le decía en voz baja que nadie más podía oír—, pero quiero que crezcas y me des flores —todo lo que le cortaba lo ponía alrededor de su tronco, para alimentar sus raíces.

—Lo he cuidado bien —le dije a Papi—, pero no le salen flores.

—Paciencia, nena. Sólo lo has hecho por una semana. Tienes que darle tiempo.

—No le van a salir flores cuando tú quieras —dijo Mami—. Sigue cuidándolo, y verás. Cuando menos lo esperes, te va a sorprender.

Dejé de hablarle al arbusto, pero continué echándole agua y cortándole las ramas más desaliñadas. Las hojas crecieron aún más grandes y verdes, venosas por debajo y de un color verdoso pálido, los tallos llenos de un líquido que yo esperaba oliera a gardenias, pero que no tenía olor.

—Puede ser que sea un palo macho —dijo Papi—. Necesita una mata hembra para florecer.

—Ay, por Dios Pablo, no le hagas cuentos —regañó Mami—. Las gardenias no son como la gente.

—Pero sí es verdad que algunas plantas necesitan un macho y una hembra para dar fruto. Como los plátanos, por ejemplo.

—Sí, claro, plátanos. Pero no las gardenias —Mami se echó a reír, y Papi no dijo nada más.

. . .

❧ Johannes Vélez no pidió cargarme los libros después que lo
planté pero durante la clase de matemática se me quedaba
mirando. Sonreí hacia él, pero él volvió la vista a su libreta y
parecía concentrarse en los problemas que Miss Nuñez nos había
dado a resolver. Todos los días por una semana me paraba a
amarrarme el zapato, o a tomar agua de la fuente, para que
Johannes Vélez tuviera tiempo de alcanzarme. Pero no tomó
la oportunidad, y yo no me atrevía a hablarle primero. Un sábado, mientras yo regaba mi árbol de gardenias, se apareció.
—Hola.
Se había parado al otro lado del portón como si fuera un
adorno, rogándome con los ojos que lo invitara a entrar.
Mi primer impulso fue irme corriendo adentro de la casa y
cambiarme el vestido que tenía puesto por uno más bonito. Al
mismo tiempo, me enojé de que hubiera venido a visitarme
sin haber sido invitado.
Mami apareció en el balcón como si lo hubiera anticipado.
De cada esquina del mundo mis hermanas y hermanos se mate-
rializaron a mirarnos, como si fuéramos animales en un zooló-
gico.
—Buenas tardes —dijo Mami, secándose las manos contra
las caderas—. ¿Negi, es éste tu amiguito de la escuela?
Hubiera sido preferible que un relámpago me cayera encima
y me hiciera cenizas en ese mismo instante. La idea de que él
ahora sabía que yo hablaba sobre él con mi mamá, ¡mi mamá!
—Sí —le gruñí.
—¿Y no lo vas a invitar que pase adentro? —estaba más
contenta que una reinita, mientras yo rogaba que la tierra se
abriera y me tragara.
—Adelante —le dije entre dientes, y cogí los escalones hacia
la sala de un salto.
Se sentó en el sofá, serio y digno, mientras Mami le hacía
comer galletas y agua de limón. Mis hermanas y hermanos se

arreglaron cuidadosamente alrededor de la sala, haciendo como que estaban jugando o leyendo, sin quitarle el ojo a todo lo que pasaba. Yo quería espantarlos afuera como si fueran moscas.

—Yo conozco algunos Vélez en Bayamón —le dijo Mami— y también en Caguas.

Yo apostaba que había Vélez en cada pueblo de la isla. Pero ella hablaba como si los conociera a todos.

—Mi familia es de Ponce, pero mi papá es militar, y ahora vivimos en la base.

—Oh —Mami quedó impresionada. ¡Su papá era un soldado, con sueldo regular!

—¿Y de dónde sacaron ese nombre tan raro? —le pregunté, malvada como las arpías de las novelas.

Su piel color chocolate enrojeció. Mami me miró mal. Mis hermanas y hermanos soltaron risitas.

—Pues . . . creo . . . mi papá lo seleccionó . . . yo nací en Kentucky.

—¡Kentucky! —murmuró Mami. Mi primer pretendiente, ¡un americano!

—Hay un Johannes-berg en Africa del Sur. ¿De ahí sacaron tu nombre, de una ciudad?

Los muchachos se rieron. Johannes se mordió el labio.

—Negi, ven acá un momentito —mandó Mami desde la puerta de la cocina.

En cuanto estábamos al otro lado, me agarró el brazo.

—Estás tratando a tu amiguito muy mal.

—El no es mi amigo. Yo no lo invité.

—Pues, aunque no lo hayas invitado, aquí está, y lo tienes que tratar con respeto. Ahora, vuelve a la sala y pórtate como una señorita.

—Los muchachos nos están velando. Me van a molestar.

—Mira a ver si él quiere salir afuera un ratito. Enséñale la gardenia, o algo. Yo me quedo con los muchachos . . . Espera un minuto —mojó un trapo y me lo pasó por la cara y el cuello—. Lávate esas manos sucias antes de irte.

Regresamos a la sala, donde Johannes examinaba el nuevo trompo de Héctor.

—¿Quieres ver un palo? —le pregunté a Johannes. Los ojos de Mami dieron vuelta en sus órbitas.

Salimos al patio, con Delsa, Norma, Héctor, Alicia, Edna y Raymond detrás de nosotros.

—Ustedes se me quedan aquí —les dijo Mami.

—Pero se me quedaron mis bolitas allá abajo —se quejó Raymond.

—Las puedes buscar después. Entra pa' acá.

Caminé con Johannes hasta el arrollo, lejos de la casa pero en vista de Mami.

—Tu mamá es muy amable —dijo Johannes.

—¿Qué haces aquí?

No me podía controlar. El era el muchacho más guapo del séptimo grado, y me gustaba. Pero cada vez que abría la boca, me salían palabras desagradables, como si la parte de mí que hablaba era diferente de la parte de mí que sentía. Traté de recordar lo que las heroínas de las novelas de radio le decían a sus amantes, pero no podía comparar a este nene flaco con pantalones cortos y medias hasta las rodillas con los Ricardos y Armandos de mis fantasías. Y yo tampoco era una heroína. No con mi vestido descolorado y zapatos estropeados.

Nos paramos a la orilla del arrollo, Johannes contándome acerca del trabajo de su papá como sargento del *Army,* los muchos sitios donde habían vivido, que se iban a mudar otra vez, para Colorado. Pero yo no quise escuchar nada de eso. Yo quería escuchar la voz profunda de un hombre diciéndome que era bella, que me amaría siempre, que la vida no le era nada sin mí. Traté de imaginar que el gorgoteo del arrollo emanaba de un río en una isla desierta, sus playas llenas de orquídeas y gardenias, pájaros trinando dulces melodías. Quería bailar al compás de la música en mi cabeza, pero cuando di un paso, caí de boca en el arroyo. Johannes me miró estupefacto desde la orilla. Yo chapaleaba contra el lodo, y al fin salí gateando como una

criatura prehistórica de una laguna antediluviana, al mismo
tiempo que Mami y mis hermanas y hermanos llegaron corriendo.

—Mejor es que te vayas a tu casa —le dije a Johannes Vélez
en mi lloriqueo. Lo último que vi de él fue su espalda dester-
nillándose de risa, sus pantalones kaki y medias hasta las rodillas
pintadas de fango.

 ⬢ Mami se llevó a Edna y a Raymond a comprar zapatos. Yo
me quedé en casa leyendo una novela de Corín Tellado en vez de
estar cuidando a mis hermanas y hermano, quienes desaparecían
cuando yo estaba a su cargo.

Un hombre salió de la casa de la gente rica, sus ojos tapados
por un sombrero de paja. Vestía una camisa amarilla con pantalones blancos, y su manera de caminar me trajo a la mente
a Jorge Negrete. Sus hombros anchos contrarrestaban una cintura
ceñida, y caminaba con la bravuconería del que lleva una pistola
de seis cañones en cada cadera. Se sentó en una piedra, dejó
caer las manos entre sus rodillas y fijó la vista en el agua de la
quebrada como si le estuviera revelando un secreto. En mi
corazón latió el nombre de Armando, murmurado en voz ronca
como las heroínas de las novelas de radio, y le miré y deseé
que me mirara y se enamorara de mí a primera vista. Pero sólo
tenía ojos para el agua de la quebrada, su cara invisible bajo
su sombrero. Corrí adentro de la casa, me peiné, me lavé la cara
y jalé de aquí y allá, para que el corpiño de mi vestido se
apretara sobre los chichoncitos en mi pecho. Con dedos trémulos,
deshice uno de los botones para destapar más piel donde debía
tener senos.

Cuando volví, él estaba boca arriba en la grama, manos bajo
la nuca, sombrero sobre su cara. La tarde tranquila se estreme-
cía de vez en cuando por el zumbido de un colibrí alrededor de
la mata de gardenias. Una gardenia florecía hacia el arroyo, la
primera en salir de los muchos capullos que adornaban la planta
como si fueran joyas. La corté, la acerqué a mi cara y me

embriagué en su fragancia. El se sentó y miró hacia donde yo
estaba. Era yo peligrosa, atrevida, mayor de edad, inspirada por
todas las Marianas y Sofías, por sus subibajas emocionales,
que alimentaban mis fantasías románticas. Lo miré y me encontré
un par de ojos azules contra piel canela y una sonrisita cosquilleando dientes blanquísimos. Levantó el sombrero. Yo bajé la
cabeza y ensortijé el tallo de la gardenia en el ojal abierto, donde
se desmayó en el vacío de mis futuros senos. A él se le escapó
una carcajada, pero no me importó. Saqué la gardenia y me la
puse detrás de una oreja, donde, me imaginé, acentuaría mis
negros ojos. Era yo bella, fragante, cálida como el sol matinal.
Me recosté contra el tronco de un mangó, alzando mi pecho
como en las películas de María Félix cuando Jorge Negrete estaba
a punto de besarla. El hombre al otro lado del arroyo cruzó
los brazos, y se me quedó mirando con una sonrisa amplia y
acogedora. Cerré mis ojos.

—¿Negi, qué haces ahí?

Mami estaba al otro lado del portón, mirándome como si yo
estuviera loca, Edna y Raymond a su lado controlando la risa.
Raspó el portón contra la acera de cemento, y yo me abotoné en
un instante. Volvió la vista hacia el hombre caminando hacia
la casa de el lado.

—¿Y quién era ese señor?

—¿Cuál?

—Ese al otro lado de la quebrada.

El había entrado en la casa tan rápido como había salido.

—Yo no veo a nadie.

—Métete adentro y ayúdame con estas cosas —me dijo,
poniéndome una bolsa llena en los brazos—. Y no te quiero ver
aquí afuera cuando ese hombre esté ahí.

En el mecedor, las páginas de mi novela de Corín Tellado
aleteaban en la brisa.

—Deja de estar leyendo esta basura —me dijo, tirándola
adentro, donde cayó debajo del sofá, de donde yo la rescataría
más tarde.

. . .

&> Las riñas de Mami y Papi eran insoportables. Se gritaban, rompían la noche con insultos y palabras odiosas que retumbaban en mi mente por días. Tirada en mi cama, llorando, oía cosas rompiéndose, pero al otro día no encontraba fragmentos, nada desbaratado, nada que barrer a la basura. Desayunábamos en silencio después de que Papi salía a trabajar, Mami lejos, como en otro país, envuelta en algo oscuro y penoso, el cual no podíamos atravesar. Nos servía, nos ayudaba a vestir, nos mandaba a la escuela, y salía para su propio trabajo en una tiniebla dolorosa que obliteraba toda esperanza, todo romance. Yo traté de perderme en los pasillos de la escuela Ramón Emeterio Betances, donde niños de hogares felices jugaban en grupos alegres. La biblioteca de la escuela se convirtió en mi refugio contra posibles amistades, y me sentaba por horas a leer cuentos de hadas, zambulléndome en ellos como si en una piscina de agua tibia que lavaría el miedo, la tristeza, el horror de vivir en un hogar donde no quedaba amor.

&> —¡No seas tan dramática! —me regañaba Mami mientras le torcía el pescuezo a una gallina.

—¡Pero es verdad! —sollozaba—. ¡Nadie me quiere! No tengo amistades. En la escuela se pasan molestándome. Y tú y Papi . . . —se me cerró la garganta.

La gallina aleteaba desenfrenadamente; sus plumas flotaban alrededor de Mami como lluvia blanca.

—¡Dios Santo, ésta no quiere ser sopa! —le dio un jalón, y el pescuezo de la gallina se quebró. Mami sonrió triunfante—. ¡Por fin! —el aleteo de la gallina se volvió lento, como si estuviera volando dentro del agua.

—¡Ni me estás atendiendo! —me quejé.

Suspiró hondamente, colgó la gallina contra la pared y se secó las manos en su vestido.

—Negi, nosotros te queremos mucho. Pero lo que sucede entre tu papá y yo son nuestras cosas. Nosotros tenemos problemas, como cualquier pareja.

—¡Ninguno de los vecinos se pasan gritándose como ustedes!

—Ahora me estás faltando el respeto —la advertencia en su voz me abochornó.

—Eso no es justo.

—¿Qué no es justo?

—¡Nada es justo! ¡No hay justicia! —gañí, inconsolable.

Se sentó a mi lado en los escalones y me puso los brazos alrededor de los hombros. Su cuerpo vibraba y, cuando la miré, lágrimas corrían por sus mejillas, pero su boca estaba torcida en una mueca tratando de controlar la risa.

—¿De qué te ríes? —le pregunté.

—De nada —dijo Mami, riéndose y besándome la cabeza— me estoy riendo de nada.

Nos quedamos sentadas en los escalones, abrazadas una contra la otra, riéndonos y llorando de nada, las alas de la gallina dando cantazos contra la pared de la cocina.

—La semana que viene ya vas a ser *tineyer* —dijo Papi mientras estábamos sentados en el balcón, oliendo el sereno.

—¿Qué es eso?

—En los Estados Unidos, cuando los niños cumplen los trece años, les llaman *tineyers*. Viene del rabo del número en inglés. *Thir-teen. Tineyer.*

Conté en inglés para mí misma.

—Entonces, quiere decir, que voy a ser *tineyer* hasta que cumpla veinte años, ¿verdad?

—¡Así mismo! Ya pronto no vas a querer oír más que el *rocanrol*.

Se echó a reír como si hubiera hecho un gran chiste.

—A mí no me gusta el *rocanrol* —protesté—. Es más ruido que música. Y es todo en inglés. No entiendo lo que dicen las canciones.

—Ya vas a ver. Cuando seas *tineyer,* es como que se te mete por dentro. El *rocanrol* te va a gustar. En serio.

Se reía como si yo supiera de lo que estaba hablando. Hacía tiempo que no lo había visto tan contento.

—Pues eso no me va a pasar a mí —refunfuñé, y no le presté atención a su risa.

—Ya vas a ver. En cuanto llegues a Nueva York te vas a convertir en una *tineyer* americana.

—Yo no voy pa' Nueva York.

—Oh, sí. Tu mamá piensa mudarse para allá.

—¿Cómo?

—No me digas que no se lo dijiste, Monín —llamó adentro de la casa, donde Mami y los muchachos estaban viendo un programa en nuestra propia televisión.

—¿No le dije qué? —salió de la sala, manos en las caderas.

—Que te mudas para Nueva York.

No la miró; escupió las palabras como si fuera un gargajo.

—Pablo —murmuró como si fuera un ruego.

—¿Es verdad, Mami?

Risa llenaba la sala, donde mis hermanas y hermanos miraban a Don Cholito.

—¿Cómo puedes ser tan abusador? —le preguntó a Papi—. Tú sabes que no me queda otro remedio.

—Sí te queda otro remedio.

—¿Quedarme aquí? ¿Aceptar tus pocavergüenzas?

—Yo te he dado un hogar. No soy un hombre rico, pero nunca hemos faltado.

—¿Y eso es suficiente? —su voz estaba tensa, e iba subiendo.

—Yo no sé lo que tú quieres de mí, Monín. No sé.

—He vivido contigo catorce años. Tenemos siete muchachos, y no te quieres casar conmigo ni me quieres dejar tranquila.

—¿Eso es lo que quieres? ¿Matrimonio? ¿Para qué? Yo los he reconocido a todos. Todos llevan mi nombre . . .

—Mami, Papi, por favor.

La rabia los transfiguraba; una furia roja atragantaba todo lo bueno en cada uno y embotellaba al amor que una vez sintieron dentro de un sitio oscuro donde nadie lo podía encontrar.

—Por favor, dejen eso . . .

Sus manos formaban puños; sus ojos se cerraban, como hendiduras soltando puñales invisibles.

—Papi, Mami, por favor . . .

Se gruñían palabras sin sentido, ecos de todos los insultos y las ofensas, las comidas desperdiciadas, las mujeres, los abandonos.

Me acuclillé contra la pared y los vi herirse sin tocarse, tirándose palabras que tenían el mismo efecto que ácido sobre metal. Cada palabra los disminuía, los aplastaba contra la noche hasta que parecían marionetas señalándose el uno al otro. Sus voces sofocaban la noche, y la oscuridad se tragaba todo menos estas dos personas que yo amaba, la tenue luz de la bombilla colgando del techo desfigurándoles las facciones hasta que parecían muecas. Uno por uno, Delsa, Norma, Héctor, Alicia, Edna y Raymond salieron al balcón, sus ojos redondos como guayabas, lágrimas mojándoles las pestañas. En su pasión, Mami y Papi nos habían olvidado. Eran reales sólo el uno para el otro. Nos acurrucamos en una esquina, asustados, temiendo que, si los dejábamos, se comerían el uno al otro.

  Agosto marcó el principio de los temporales. Truenos y relámpagos rompían el cielo, mientras en nuestra casa una calma alucinante se estableció como agua fresca en una charca fangosa. Mami preparó para nuestro viaje con la determinación de quien nunca mira hacia atrás. Compró maletas y las llenó con nuestra mejor ropa, dejándonos poner sólo la ropa descolorida que dejaríamos, como las mariposas dejan sus capullos. Edna, Raymond y yo iríamos con ella. Delsa, Norma, Héctor y Alicia se quedarían con Papi hasta que Mami tuviera suficiente para sus pasajes.

—¿Quiere decir que tú y Papi se están divorciando? —le pregunté un día.

—Nunca estuvimos casados, así que no nos podemos divorciar.

—¿Y por qué no se casa contigo?

—Porque dice que ya no me quiere.

—¿Y tú, lo quieres a él?

—Eso no tiene nada que ver.

Era una piedra dentro de un carapacho irrompible. Papi estaba aterido, fuera de sí mismo, su voz inexpresiva, su paso tan leve que parecía no estar. Andábamos en puntillas alrededor de ellos, y guardábamos las voces hasta que estuviéramos lejos de la casa, donde hasta nuestra risa de niños se recibía con una mirada enojada, o una advertencia.

—Tu papá es un hombre bueno —me decía Mami—. Nunca pienses otra cosa.

Pero no me parecía posible que fuera un hombre bueno cuando no estaba luchando por nosotros ni por ella. Nos estaba dejando ir para Nueva York como si no le importara dónde fuéramos, como si los muchos abandonos y reconciliaciones le hubiesen agotado, le hubiesen quemado la chispa que lo había hecho buscarnos en fangales y lagunas apestosas.

—No, para allá no voy —dijo cuando le pregunté, y una herida se abrió en mi corazón que yo estaba segura jamás se cerraría. Me compró revistas con retratos de Fabian y de Bobby Rydell, y me animaba a aceptar lo que venía sin preguntas, sin mirar hacia atrás. Como si estos ídolos adolescentes pudieran ocupar el sitio que él estaba cediendo con tan buena voluntad. Pegué los retratos con tachuelas contra la pared al lado de Don Luis Lloréns Torres, cuyos poemas me habían inspirado a amar a mi tierra, sus jíbaros y la belleza salvaje de su naturaleza que se podía encontrar hasta en el ambiente apestoso de El Mangle.

❧ Cuando llegó el día, Papi nos llevó al aeropuerto, la radio en la estación americana donde Brenda Lee cantaba lo mucho que lo sentía. El cantaba con ella, sus ojos enfocados en la carretera, el resto de nosotros quietos como tinieblas. En el aeropuerto, nos ayudó con el equipaje y a verificar los pasajes.

Yo esperaba que al último momento iba a decidir no dejarnos ir, iba a arrodillarse en frente de Mami y rogarle que no se fuera. Pero no lo hizo. Cuando llamaron nuestro vuelo, nos besó y nos abrazó por mucho tiempo. Yo amarré mis brazos flacos alrededor de su cuello y me apreté contra su pecho, olí la fragancia mentosa de su colonia, rastrillé mis dedos por su pelo pasita. Detrás de él, Mami reunía a Edna y Raymond, sus ojos en la puerta que nos llevaría a la pista, su boca alargada en una línea sólida. Yo no quería dejar a ninguno de los dos. Pero me parecía que estaba perdiendo a ambos. Papi me soltó, me besó en las mejillas y la frente, me quitó el pelo de los ojos.

—Escríbeme. No se te olvide.

Edna, Raymond y yo seguimos a Mami por la puerta que daba a la pista, donde nos esperaba nuestro avión, gris y frío en el crepúsculo. Miré hacia donde Papi, su cara inescrutable, parado detrás de Delsa, Norma, Héctor y Alicia, quienes se atrabancaban contra el vidrio de la ventana de la terminal de aviones. Dos o tres veces tropecé contra Mami porque estaba caminando de espaldas, rehusando encarar al pájaro plateado que nos llevaría a nuestra nueva vida. Mami me jalaba del brazo, y me volteaba de frente, pero yo seguía dando la vuelta hacia el horizonte matizado con palmares al frente de montañas verdinegras subiendo hacia un cielo inocentemente rosado. Mami me empujó dentro del avión, por un corredor formado por asientos a cada lado, terminando en una pared gris —mi primer vista de cómo sería Nueva York.

Sentada al otro lado del pasillo formado por los asientos, noté que los ojos de Mami se veían húmedos. Estiró sus dedos hacia mí, y nos agarramos de la mano según el avión subía sobre las nubes. No sabíamos lo que nos esperaba. Para ella, empezó como una aventura, pero resultó tener más recovecos de lo que se hubiera podido imaginar y que pudo enfrentar. Para mí, la persona en que me iba convirtiendo cuando nos fuimos fue borrada, y otra fue creada en su lugar. La jíbara puertorriqueña quien soñaba con la verdez silenciosa de una tarde tropical se convertiría en una híbrida quien nunca perdonaría el desarraigo.

ÁNGELES EN EL CIELO RASO

Ahí fue donde la puerca entorchó el rabo.

❧

Mujeres vestidas en uniformes, tacos altos y faldas apretadas, sus peinados tiesos con espray, nos señalaban que debíamos amarrarnos los cinturones de seguridad, poner todos los paquetes debajo de los asientos y sentarnos derechos.

—Azafatas —dijo Mami, admirando sus uniformes bien planchados, sus blusas almidonadas, las cintas azul marino amarradas en lazos en peinados que parecían cascos. Ni una hablaba español. Sus sonrisas apretadas no me convencían, no decían "bienvenidos." En mi mejor vestido, bien peinadita, el barro bajo mis uñas cincelado con hebillas antes de salir, todavía me sentía sucia al lado de estas mujeres bien cuidadas, perfumadas, con ropa que no se arrugaba, quienes nos servían.

—Algún día —meditó Mami en voz alta —quizás te gustaría a ti ser azafata. Así puedes viajar gratis por todo el mundo.

Las azafatas caminaban melindrosamente arriba y abajo por el pasillo formado por los asientos, mirando de lado a lado como si fueran reinas saludando al gentío. Yo traté de leer en sus caras si sus viajes las habían llevado a sitios como Mongolia,

Singapur, Tombuctú. Allí es donde me gustaría ir a mí si yo
fuera azafata. No a Nueva York, París, Roma. Yo iría a sitios
tan lejos que ni siquiera podría pronunciar sus nombres. Quería
ver cosas tan raras, que se vería en mi cara. Ninguna de las
azafatas parecía haber visto nada muy exótico. Sus sonrisas
evasivas, la manera en que parecían tener todo bajo control era
demasiado tranquilizadora, muy estudiada, muy manejada para
hacerme sentir cómoda. Me hubiera sentido mejor si hubiera
más caos.

—¿Estos aviones se caerán del cielo? —le pregunté a Mami.

Una mujer sentada delante me tiró una mirada asustada y
se cruzó.

—¡Ay, nena, no digas tal cosa! Nos va a traer mala suerte.

Mami se sonrió.

Estábamos sobre nubes espesas, el cielo sobre nosotros tan
claro que me dolían los ojos. En el asiento de la ventana, Edna
pegó su cara contra el vidrio. Me miró, ojos relucientes.

—¡No hay ná' allá afuera! —estiró su mano sobre mi falda,
hacia Mami—. Tengo hambre.

—Ya pronto nos van a servir. Espera un ratito.

Las azafatas nos trajeron bandejas con platos cuadrados llenos
de salsa sobre pollo, arroz amogollado y habas hervidas. Todo
me sabía a sal.

El cielo oscureció, pero nosotros flotábamos como si en leche
que parecía aguantar el avión suspendido en el aire sobre
Puerto Rico. No me parecía que nos estábamos moviendo; me
imaginé que el avión estaba parado sobre las nubes mientras
la tierra volaba bajo nosotros. El zumbido monótono del motor
del avión nos adormeció en los asientos duros con los pañitos
blancos en el espaldar.

—Mami, ¿qué son esos? —le pregunté, tocando la tela almi-
donada, texturada como piqué.

—Para que las pomadas que la gente se pone en el pelo no
manchen el espaldar del asiento.

Un hombre, su pelo embarrado con brillantina, ajustó su
pañito, jalándolo hasta la nuca.

Dormí, desperté de repente, asustada al no reconocer dónde estaba, me acordé hacia dónde íbamos, y dormí otra vez, repitiendo el ciclo, dentro y fuera del sueño, entre la tierra y el cielo, entre Puerto Rico y Nueva York.

❧ Llovía en Brooklyn. La neblina se colgaba sobre el aeropuerto, así que no vi nada al aterrizar, sólo luces azules y blancas en la pista y en la terminal. Caímos del cielo como si el piloto no hubiese calculado bien lo cerca que estábamos de la pista. Un silencio atemorizado fue seguido por llantos y aleluyas, y la prisa de la gente tratando de ser los primeros fuera del avión.

La voz de Mami se mezcló con la de las otras mamás diciéndoles, a sus hijos que agarraran sus cosas, que se quedaran juntos, que caminaran rápido hacia la puerta y que dejaran a la gente pasar. Edna, Raymond y yo teníamos paquetes, y Mami dos bultos llenos de viandas y especias del país.

—Esto no se encuentra en Nueva York —había explicado.

Desfilamos por un túnel largo y ventoso, al final del cual esperaban muchas personas sonriendo, sus manos al aire, señalándose a sí mismos, sus voces mezclándose en una confusión de "holas" y "¿cómo estás?" y "¡Ay, Dios mío, tanto tiempo sin verte!"

—Por acá —nos dijo Mami, empujándonos. En las orillas de la muchedumbre, una mujer alta, con pelo corto, un vestido de encaje negro y sandalias, estaba recostada contra un poste pintado de amarillo. No la reconocí, pero me miró como si me conociera, y caminó a medio galope hacia nosotros, sus brazos abiertos. Era la mamá de Mami, Tata. Raymond soltó la mano de Mami y se tiró en los brazos de Tata. Mami la abrazó y la besó. Edna y yo no nos atrevíamos a mover de donde nos habíamos parado como estatuas.

—Esta es Edna —dijo Mami, empujándola hacia el beso y abrazo de Tata.

—Y ésta debe de ser Negi —dijo Tata, abrazándome. Me apretó contra su pecho, y sentí las puntas del broche en su hombro contra mi mejilla. Me abrazó más de lo que yo esperaba, y me encontré envuelta en la suavidad rasguñosa de su vestido de encaje, la calor de su piel empolvada, su aliento maloliente a cerveza y cigarrillos.

Detrás de ella se destacaba un hombre más bajo que ella, pero imponente. Tenía un cuerpo fuerte, con ojos pequeños bajo cejas peludas, nariz ancha y labios llenos bajo un bigote tan escaso que parecía un dibujo. Nadie hubiera dicho que era un hombre guapo, pero emanaba una delicadeza y dulzura que inspiraban confianza. Era, más o menos, familia. Mami lo presentó como "Don Julio, el amigo de Tata." Le apretamos la mano, que era grande y carnosa, y que parecía tragarse las nuestras.

—Vamos a sacar las maletas —dijo Mami, arrimándonos hacia ella—. Ustedes, no se suelten de la mano, que este sitio parece un manicomio.

Nos unimos a la gente desfilando hacia el reclamo de equipaje. Cajas llenas de frutas y vegetales se habían desbaratado, y sus contenidos se habían caído, formando un frangollo resbaloso en el suelo. Maletas demasiado llenas, amarradas con sogas y cintas, se habían reventado, y ropa interior, pañales y zapatos destartalados se calaban por las hendeduras, cosa que todos podían ver lo que tenían dentro. La gente señalaba, se reía y miraba a ver quién reclamaba esos trapos, a quién se le ocurría que esa ropa remendada y descolorida y esos zapatos manchados y con tacos gastados les iban a servir en su nueva vida en Brooklyn.

—Por eso fue que yo dejé todo —dijo Mami—. ¿Quién quiere andar cargando con tanta porquería?

Nosotros teníamos dos maletas nuevas y tres o cuatro cajas bien empacadas, reforzadas en las esquinas, amarradas con soga, y con nuestra nueva dirección en Brooklyn, la cual era casi toda números. Habíamos traído sólo nuestras "mejores" cosas: la ropa y zapatos que Mami se ponía para ir a trabajar, unos cuantos cambios de ropa de estar en casa para mí, Edna y Raymond, algunos de los cuales Mami misma había cosido, otros

comprados en Santurce unos días antes de irnos. Había traído
sus toallas, sábanas y fundas, las cuales no eran nuevas, pero
por lo menos todavía "se veían decente."

—Voy a ver si encuentro un taxi —nos dijo Don Julio—.
Ustedes espérenme aquí.

Nos agrupamos al frente de la terminal mientras Don Julio
negociaba con los chóferes. El primero nos miró, contó el número
de paquetes y bultos que teníamos, le preguntó a Don Julio
hacia dónde íbamos, movió su cabeza que no y manejó hacia un
hombre vestido con traje completo, una portapapeles de cuero
a su lado, sus dedos cosquilleando el aire.

El segundo chófer nos dio una mirada odiosa y dijo unas
palabras que yo no entendí, pero supe lo que querían decir. Al
pasarnos, Mami dijo entre sus dientes: "*Charamanbiche.*" Don
Julio dijo que era ilegal que un chófer rehusara llevar a un
pasajero, pero que a ellos no les importaba.

Al fin, un señor trigueño de mucho pelo negro y una gorra
chata se paró, salió de su taxi y nos ayudó a poner nuestras
cosas adentro. No hablaba español, ninguno de nosotros hablaba
inglés y parecía que él tampoco lo hablaba muy bien que digamos. Pero se sonreía como si estuviera contento de vernos,
puso a Raymond en la falda de Mami, se aseguró que ninguna
de nuestras manos o pies se podían pillar antes de cerrar la
puerta y se metió en su carro con muchos resoplidos y suspiros,
ya que su barriga casi no cabía entre el sillón y el volante. Tata
y Don Julio se sentaron al frente, con el chófer, el cual platicaba
sin descanso aunque nadie le entendiera.

—Parece que quiere saber de dónde llegamos —adivinó Mami,
y le dijo.

—Ah, Porto Rico, yes, is jot —nos contestó—. ¿San Juan?

—Yes —dijo Mami, la primera vez que yo la había oído hablar
inglés.

El chófer siguió un discurso sazonado con palabras que nos
sonaban, tales como América y President Kennedy. Mami, Tata
y Don Julio movían la cabeza de vez en cuando como si
supieran lo que él les decía, y se reían cuando el chófer lo hacía.

Yo no estaba segura si él tenía la menor idea de que nosotros
no le entendíamos ni una je, o si no le importaba.

 Las calles, lustrosas después de la lluvia, formaban túneles
bruñidos entre los rascacielos cuyas cumbres desaparecían en la
neblina. Postes de luz echaban sus círculos plateados hacia las
orillas grises. Un zafacón amarrado a un poste se arrojaba de
lado a lado, y su tapa, también encadenada, daba vueltas en
el viento como una chiringa atada a un corto hilo. El taxi se
paró frente a una luz roja debajo de un puente. Un tren pasó
claqueteando sobre nosotros, sus ventanillas llenas de formas
indistinguibles.

—Mírala —se rió Tata desde el asiento delantero—, se le
están saliendo los ojos de la cabeza.

—Eso es porque las calles no están hechas de plata, como se
imaginaba —dijo Mami.

El chófer me miró. Aplasté mis facciones contra el vidrio de
la ventana, el cual estaba nublado menos en el área que yo había
secado para poder mirar.

Era tarde. Pocas ventanas en los rascacielos a cada lado de
nosotros enseñaban luz. Las tiendas estaban cerradas, rejadas,
sus portones amarrados con cadenas de las cuales colgaban
candados enormes. Guaguas vacías pasaban llenas de una misteriosa luz azul-gris, roncando de una parada a la otra, sus
chóferes casi dormidos.

Mami no dijo la verdad. Yo no esperaba que las calles de
Nueva York estuvieran pavimentadas de plata ni de oro, pero sí
esperaba que fueran alegres, iluminadas, limpias. En vez de
eso, se veían oscuras y temibles, vacías, duras.

Nos paramos al frente de un edificio de ladrillos. Aquí también,
zafacones destartalados estaban amarrados a un poste de luz
negro, pero estos zafacones estaban llenos de basura, y algunos
se habían vaciado y el desperdicio había formado charcos resbaladizos y apestosos. La puerta del edificio era negra, y había
un boquete donde debía estar el cerrojo.

Mami tuvo que despertar a Edna y a Raymond. Tata se llevó a uno, Mami al otro. Don Julio ayudó al chófer a sacar las cosas del taxi.

—Por aquí —dijo Tata.

Entramos en un pasillo donde una bombilla echaba un poco de luz contra paredes verdes. Pasamos muchas puertas hasta llegar al fondo del pasillo, donde Tata empujó otra puerta negra y nos guió por un patio embaldosado con un árbol en el centro al frente de otro edificio más pequeño.

—Cuidado con los charcos —advirtió Tata demasiado tarde. Agua fría se me coló dentro del zapato derecho, enchumbándome la media blanca. Nos metimos por otra puerta sin cerrojo a un pasillo angosto con escaleras que subían hasta un rellano.

Con su pie, Tata empujó la primera puerta a su izquierda. Entramos en un cuartito con una ventana dando al patio. Al entrar, un hombre alto se paró de un catre cerca de la ventana y tambaleó hacia nosotros. Su pelo largo y lacio era gris. Ojos castaños, grandes y redondos, sobresalían de sus órbitas, la parte blanca estriada de rojo y amarillo. Abrazó a Mami, y la ayudó a poner a Raymond en el catre. Tata puso a Edna al lado de Raymond, y les arropó.

—Así que ésta es Negi —dijo el hombre alto.

—Este es tu tío Chico, el hermano de Tata —dijo Mami—. ¿Te acuerdas de él, verdad?

Me acordaba del nombre, pero no de este espantapájaros huesudo con el tufo a sudor y cerveza.

—Era una nena cuando último la vi —dijo, sus manos sobre mis hombros—. ¿Qué edad tienes?

—Trece —croé como un sapo.

—¡Trece!

Don Julio entró. Descolgó una llave de un clavo al lado de la puerta, y salió otra vez.

—Ayúdame con estas cosas, Chico, por favor.

—Sí, claro, ¿cómo no? —le siguió hacia afuera.

—¿Te gustaría comer algo? —Tata le preguntó a Mami—. ¿O

una cervecita? —Mami movió la cabeza que no. Tata sacó una
Budweiser de una neverita y la abrió. Bebió del pote.

—¿Tienes hambre? —me preguntó Mami.

—Sí.

Tata dejó su pote y prendió la estufita al lado de la nevera.

—Chico hizo un asopao. Voy a preparar café.

—¿Dónde está el baño? —preguntó Mami.

—Al otro lado del *jól* —Tata señaló hacia la puerta, al lado
de la cual había una área cubierta por una cortina. Al salir,
Mami miró detrás de la cortina, que tapaba una cama de dos
plazas y ropa colgando en ganchos contra la pared.

—Ese es mi dormitorio —dijo Tata—. Tu apartamento está
arriba. Dos cuartos grandes. Y tienes tu propio baño.

—Ya lo voy a ver —dijo Mami al salir, yo detrás de ella—.
Tú te me quedas aquí.

—Pero yo también quiero ver.

—Come algo y estate quieta. Ya habrán más oportunidades.

Me recosté contra la puerta y miré a Tata.

Aunque Tata era alta, el cuarto pequeño no le entorpecía. Sus
manos, con dedos largos y finos y uñas anchas, agarraban las
ollas y cucharas de las tablillas sobre la estufa y las ponían sin
ruido en la hornilla ardiente. Su espalda era ancha, erguida, y
llevaba su cabeza como si tuviera algo encima que no podía dejar
caer. Su pelo era negro con canas plateadas, cortado corto
alrededor de su cara. Sus ojos castaños eran grandes, cercados
por pestañas largas y negras bajo cejas arqueadas. Se sonrió con
picardía al poner un plato hondo lleno de asopao en la mesita
al lado del catre, y acercó una de las dos sillas contra la pared.

—Aquí está. Chico hace un buen asopao, pero no tan bueno
como el mío.

Era delicioso, espeso con arroz y trozos de pollo, cubitos de
papas, aceitunas y alcaparrado. Cortó un pedazo de pan de un
bollo de encima de la nevera, lo embarró con mantequilla, y
lo puso al frente de mí en una servilleta.

—Monín dice que a ti te gusta el pan. Este vino caliente de la
panadería.

Era crujiente por fuera, suavecito por dentro, como a mí me gustaba.

Don Julio y Chico regresaron, seguidos por Mami, sus ojos brillando.

—¡Qué lindo el apartamento! Espera que lo veas, Negi. Es dos veces más grande que éste, con ventanas al frente y hacia atrás. Y tiene una bañera bien grande, y una estufa con cuatro hornillas.

—Y tu escuela queda a cinco bloques —dijo Don Julio—, al otro lado de la *marqueta*.

—¿Qué es la *marqueta*? —pregunté, y todos se echaron a reír.

—Es un edificio bien grande con quioscos donde se puede comprar de todo —dijo Mami.

—Como la plaza de Bayamón —añadió Tata.

—Pero mucho más grande —dijo Chico.

—Mírala, ya está emocionada —dijo Tata, y todos me miraron con grandes sonrisas, rogando que me entusiasmara. Me tiré en los brazos de Mami, abochornada que parte de mí estaba esperando ansiosamente la mañana, la novedad de nuestra vida, y la otra parte, la que no me atrevía a enseñar, tenía miedo.

  Había ángeles en el techo. Cuatro querubines gorditos y desnudos bailaban en un círculo, sus manos entrelazadas con guirnaldas, nalgas al fresco, ya que la tela que las cubrían se les había caído y lucía alrededor de sus piernitas. A mi lado, Mami roncaba dulcemente. Al pie de la cama, Edna y Raymond dormían encorvados en sus esquinas, sus espaldas contra mis piernas.

El dormitorio tenía un cielo raso alto, con molduras trenzadas alrededor de la pared, terminando en una rueda de hojas sobre el dintel de las ventanas al otro lado de donde estaba la cama. La cortina estaba cerrada, pero el sol brillante se colaba por las orillas. Los querubines nos miraban, sonriendo misteriosamente, y me pregunté a cuántas personas habrían visto entrar y salir de este cuarto. Poco a poco traté de bajarme de la cama.

—¿A dónde vas? —preguntó Mami media dormida.

—Al baño.

La cama estaba contra la esquina opuesta a la ventana, al lado de una puerta ancha que daba al cuarto de enfrente. Un tocador se extendía desde la puerta hasta la ventana, dejando un pasillo estrecho que sólo permitía abrir las gavetas hasta la mitad.

Eran las seis de la mañana de mi primer día en Brooklyn. Nuestro apartamento, en el segundo piso, era el sitio más elegante donde jamás había vivido. Las escaleras eran de mármol, con un descanso en medio, y ventanas de vidrio de colores con guirnaldas enramadas entre racimos de uvas. La puerta que daba a nuestro apartamento también tenía racimos de uvas y hojas. Desde la ventana del cuarto delantero, podía mirar hacia el patio por donde habíamos entrado la noche anterior. Un árbol con hojas anchas de un color que las hacía verse como si tuvieran moho, crecía del centro de un pozo hecho de las mismas piedras que embaldazaban el suelo. Pasto crecía entre las grietas y en el barro negrudo alrededor del árbol. El edificio enfrente del nuestro era de tres pisos, cruzado con escaleras de hierro con balconcitos donde la gente crecía tomates y geranios en tiestos de barro. Nuestro edificio sólo tenía dos pisos, pero era casi tan alto como el de enfrente. Nosotros también teníamos un balcón de hierro con una escalera suspendida entre nuestro balconcito y el suelo. Me mareaba si miraba hacia abajo.

El cuarto principal de nuestro apartamento era grande y soleado y decorado con más moldura trenzada. Todo el apartamento estaba pintado de amarillo, menos los cielos rasos, los cuales eran grises. El piso estaba cubierto con una alfombra deshilachada en las orillas donde se encontraba con el piso de madera. El hogar había sido tapado con una lámina de metal, pero querubines, uvas y enredaderas decoraban su alrededor. A un querubín le faltaba la nariz, otro había perdido los dos pies y una mano. Al lado del hogar había una estufa con cuatro hornillas, un gabinete de gavetas angostas y un fregadero

hondo. Una puerta al lado del fregadero daba al lavabo, el cual
se inundaba con un chorro de agua si uno le jalaba a una
cadena colgando de una caja sobre el asiento. Al otro lado del
lavabo, en la pared frente a las ventanas, había una bañera
enorme con patas de garra cubierta con una tapa de metal es-
maltado. En el centro del cuarto había una mesa y cuatro sillas
de plástico que combinaban con la mesa. Un sofá estropeado
y una butaca aterronada, los dos tapizados en tela basta, estaban
puestos en frente de la bañera, como si bañarse fuera un evento
al cual se invitaban espectadores.

Las ventanas y puertas estaban cerradas con llave, y Mami
me había dicho la noche anterior que no dejara el apartamento
sin avisarle. De todas maneras, no había donde ir. Yo no tenía
la menor idea de dónde estaba, sólo que era muy lejos de donde
empecé. Brooklyn, Mami había dicho, no era Nueva York.
Deseaba un mapa para hallarme en relación con Puerto Rico.
Pero todo lo que teníamos estaba empacado y amontonado
contra las paredes amarillas. De todas maneras, no había mapas
allí dentro tampoco.

No había nada que hacer, ni donde ir, ni nadie con quien
hablar. El apartamento era sofocante. Dentro de los cuartos cerrados el aire no se movía. No había ni motes de polvo en los
rayos de sol. Fuera de las ventanas, un murmullo continuo era
interrumpido por sirenas insistentes o los golpetazos de los
basureros, el aullido de motores de carros y el gemido de niños
llorando.

⮑ La *marqueta* ocupaba una cuadra completa. Era mucho más
grande y laberíntica que la plaza de mercado de Bayamón,
aunque vendían las mismas cosas, más o menos. Era un edificio
de ladrillos rojos con ventanas en el techo, cosa que cualquier
rayito de luz que quisiera entrar no llegaba sólo a las vigas de
acero, sino también a las instalaciones eléctricas suspendidas
de éstas. El piso era una mezcla arenosa de concreto y grava,

pegajoso en partes, manchado con lo que parecían charcos de aceite. Los tabancos formaban galerías, su mercancía en mostradores inclinados hacia los pasillos.

De camino a la *marqueta* habíamos pasado a dos hombres vestidos con largos abrigos negros, sus caras casi invisibles detrás de sus barbas. Rizos colgaban de sus sombreros a cada lado de sus caras.

—No te le quedes mirando —Mami me jaló de la mano.

—¿Por qué se visten así?

—Son judíos. No comen cerdo.

—¿Por qué no?

—Yo no sé. Ellos viven en su vecindario y sólo compran comidas de gente como ellos.

En la *marqueta,* casi todos los negociantes eran judíos, solo que éstos trabajaban en manga de camisa, y con un pañito redondo en la cabeza. Muchos de ellos hablaban español, tal que Mami podía negociar el precio de todo.

—Nunca debes de pagar el primer precio que te dicen —me enseñó—. A ellos les gusta regatear.

Fuimos de puesto en puesto, regateando por todo lo que seleccionábamos. Los negociantes siempre hacían como que nosotras les estábamos embaucando, pero Mami decía que todo era muy caro.

—Nunca compres lo primero que ves, porque lo vas a encontrar más barato más abajo.

Era un juego: los negociantes pidiendo más dinero de lo que Mami quería pagar, pero los dos sabiendo que, después de todo, ella soltaría sus monedas y ellos las cogerían. No tenía sentido. Se nos fue el día en comprar las cosas que necesitábamos para el apartamento. Si hubiera ella gastado menos tiempo buscando gangas, hubiéramos comprado más. Pero terminamos con mitad de las cosas que necesitábamos, y estábamos cansadas e irritadas cuando llegamos a casa. Habíamos pasado nuestro primer día en New York regateando por gangas.

El segundo día fue igual.

—Tenemos que comprarte un abrigo y ropa para la escuela —dijo Mami.

El invierno vendría pronto, dijo Tata, y con él, vientos helados, tormentas de nieve y días cortos.

—El primer invierno siempre es el peor —explicó Don Julio— porque la sangre todavía está rala de estar viviendo en Puerto Rico.

Me imaginé a mi sangre espesándose hasta que pareciera siró, pero no sabía cómo eso me iba a mantener caliente.

—Ojalá que nieve pronto —chirrió Edna.

—¡Ay, sí! —exclamó Raymond.

Dos días en Brooklyn y ya les gustaba todo lo que tenía que ver con los Estados Unidos. Tata los cuidaba mientras Mami y yo estábamos de compra. Los sentaba enfrente del televisor blanco y negro, les daba a cada uno un dulce de chocolate y les dejaba pasar el día mirando muñequitos, mientras ella se sentaba a beber cerveza y fumar cigarrillos.

—¡Qué bien se portan esos nenes! —felicitó a Mami cuando regresamos—. Ni un pío de ellos todo el día.

❧ Graham Avenue en Williamsburg era la calle más ancha que yo jamás había visto. Estaba flanqueada por casas de apartamentos de dos y tres pisos, con tiendas en el primer piso donde se podía comprar de todo. Casi todas estas tiendas eran atendidas por judíos, como en la *marqueta,* pero éstos no hablaban español. Tampoco eran tan amables, y no les gustaba regatear.

En la Graham Avenue había restaurantes especiales para judíos. Se llamaban *delis,* y tenían símbolos raros en las vidrieras, y bajo estos, la palabra *kosher.* Yo sabía que Mami no tenía la menor idea de lo que quería decir, así que no le pregunté. Me imaginé que sería una golosina que sólo los judíos comían, por lo cual los *delis* les dejaban saber que la podían conseguir adentro. Mami y yo no entrábamos a los *delis,* porque Mami dijo que a esa gente no le gustaban los puertorriqueños. En vez de ir a un *deli*, nos metimos a comer pizza.

—Es italiana —me dijo Mami.

—¿A los italianos les gustan los puertorriqueños? —le pregunté al morder el queso y la salsa caliente que me quemó la punta de la lengua.

—Son más como nosotros que los judíos —me dijo, lo cual no contestaba mi pregunta.

En Puerto Rico, los únicos extranjeros que yo había visto eran los americanos. En dos días en Brooklyn, ya había encontrado a judíos y, ahora, italianos. Había otro grupo de personas que Mami me había señalado, los "morenos." Pero no eran extranjeros, porque eran americanos. Eran negros, pero no como los negros puertorriqueños. Se vestían como americanos, pero caminaban con un paso garboso que les hacía verse como si estuvieran bailando, sólo que sus caderas no eran tan sueltas como las de los hombres puertorriqueños. Según Mami, ellos también vivían en sus vecindarios, iban a sus restaurantes y no se llevaban con los puertorriqueños.

—¿Por qué? —le pregunté, ya que en Puerto Rico todas las personas que yo jamás había conocido eran morenas o tenían familiares morenos. Yo hubiera pensado que los morenos nos hubieran apreciado mucho, ya que nos parecíamos.

—Ellos creen que nosotros les estamos quitando los trabajos.

—¿Y es verdad?

—En este país hay trabajo para todos —Mami contestó—, pero alguna gente piensa que ciertos trabajos no son suficientemente dignos para ellos. Para mí, si tengo que arrastrarme por el piso todo el día para ganarme el pan de cada día, lo hago. Yo no soy orgullosa en cuanto a eso.

No me imaginaba qué clase de trabajo necesitaría que una persona se arrastrase por el piso, pero me acordé de cuando Mami estregaba el piso de bruces, así que pensé que estaba hablando de las faenas domésticas. Aunque, según ella, no era muy orgullosa para limpiarles las casas a otras personas, yo deseaba que no lo tuviera que hacer. Para mí sería muy bochornoso que Mami viniera de Puerto Rico a servirle de sirvienta a otra persona.

 El primer día de clases, Mami me llevó a un edificio de piedra que dominaba una cuadra de Graham Avenue, su patio de concreto encerrado detrás de una verja de hierro con púas en las puntas. Los escalones del frente eran largos pero angostos, y daban a dos puertas pesadas que se cerraron de golpe cuando entramos y bajamos por un corredor bien pulido. Yo llevaba mi tarjeta de la escuela en Puerto Rico llena de *A*s y *B*s, y Mami tenía mi certificado de nacimiento. En la oficina, nos saludó un Mister Grant, un señor desanimado, con lentes bifocales y una sonrisa amable, que no hablaba español. Le dio a Mami un formulario a llenar. Yo entendía casi todas las palabras en los cuadritos que estábamos supuestas a llenar: *Name, Address (City, State)* y *Occupation*. Se la devolvimos a Mister Grant, quien la revisó, miró mi certificado de nacimiento, estudió mis notas y escribió en una esquina "7-18."

Don Julio me había dicho que si los estudiantes no hablaban inglés, las escuelas de Brooklyn los ponían un grado atrás hasta que lo aprendieran.

—¿Sében gré? —le pregunté a Mister Grant, enseñándole los números que él había escrito. Señaló con la cabeza que sí.

—Ay no guan sében gré. Ay eyt gré. Ay tineyer.

—Tú no hablas inglés —me dijo, pronunciando las palabras inglesas poco a poco para que lo entendiera mejor—. Tienes que volver al séptimo grado hasta que lo aprendas.

—Ay jab *A* in scul Puerto Rico. Ay lern gud. Ay no sében gré gerl.

Mami se me quedó mirando, no entendiendo lo que yo estaba diciendo, pero sabiendo que le estaba faltando el respeto a un adulto.

—¿Qué es lo que está pasando? —me preguntó. Yo le dije

que me querían poner en el séptimo grado, y que yo no quería. Este era el primer acto rebelde que me había visto fuera de mis malcrianzas en casa.

—Negi, déjalo. Así se hacen las cosas aquí.

—A mí no me importa cómo se hagan las cosas aquí. Yo no voy a repetir el séptimo grado. Yo no soy bruta.

Mami miró al Mister Grant, quien parecía estar esperando que ella hiciera algo conmigo. Ella le sonrió y encogió los hombros.

—Mister Grant —le dije, aprovechando el momento—, ay go eyt gré six mons. Iv ay no lern inglis, ay go sében gré. ¿Okey?

—Así no es como se hacen las cosas aquí —me dijo, vacilante.

—Ay gud studen. Ay lern quik. Yu sí notas —le enseñé las As en mi tarjeta de la escuela—. Ay pas sében gré.

Así regateamos.

—Tienes hasta las Navidades —me dijo—. Yo estaré siguiendo tu progreso.

Tachó "7-18" y escribió "8-23" en el margen del papel. Escribió unas palabras en un papel, lo metió dentro de un sobre y me lo dio.

—Tu maestra es Miss Brown. Llévale esta notita. Tu mamá se puede volver a su casa.

Se despidió y desapareció en su oficina.

—¡Qué bien puedes hablar inglés! —exclamó Mami.

Yo estaba tan orgullosa de mí misma que por poco exploto. En Puerto Rico, si hubiera sido tan atrevida, el equivalente del Mister Grant hubiera dicho que era una mal educada, y me hubiera mandado a casa con una nota para Mami. Pero aquí, era la maestra la que estaba recibiendo la nota, logré lo que yo quería y mandaron a mi mamá a su casa.

—Ya yo sé llegar a casa después de la escuela —le dije—. No me tienes que venir a buscar.

—¿Estás segura?

—No te apures.

Caminé por el corredor enlozado en blanco y negro, pasando muchas puertas con ventanas, cada una con su número en tinta

negra. Otros estudiantes se me quedaban mirando, trataban de
llamarme la atención o no me hacían caso de tal manera que
yo sabía que querían que yo supiera que no me estaban haciendo
caso. Les pasé como si supiera hacia dónde iba, encabezándome
hacia un letrero que decía STAIRS con una flecha apuntando
para arriba. Cuando llegué al fondo del corredor y miré hacia
atrás, Mami todavía estaba parada por la puerta del frente,
velándome, con una expresión intranquila. Le dije adiós con la
mano, y ella me lo devolvió. Subí las escaleras, mi estómago
amarrándoseme en nudos. De repente, me dio miedo de que
todos se iban a burlar de mí y mandarme para el séptimo grado
en medio semestre. Bajar de grado sería más humillante que
aceptar mi destino y brincar depués un grado si era tan buena
estudiante como había convencido al Mister Grant que era.

—¿Qué he hecho?

Me di una patada con la parte de atrás de mi zapato derecho,
sorprendiendo al chico detrás de mí, quien se echó una carcajada como si yo lo hubiera hecho por chiste.

La clase de Miss Brown era para estudiantes con problemas
que les impedían aprender. A este salón la administración escolar enviaba a niños con toda clase de problemas, ninguno de los
cuales, por lo que yo podía ver, tenía que ver con la habilidad
de aprender, pero más con su deseo de hacerlo. Era un grupo
desordenado, por lo menos los que se presentaban. La mitad
de la clase no se aparecía o, si llegaban, dormían durante las
lecciones y roncaban en medio de las oraciones que Miss Brown
cuidadosamente analizaba.

Eramos despreciados en una escuela donde los estudiantes
más inteligentes estaban en el grado 8-1, cada bajón indicando
un nivel menos de inteligencia. Por ejemplo, si uno estaba en
el grado 8-10, era listo pero no un genio. En cuanto bajaba a
los diecialgo, la inteligencia era dudosa, especialmente si los
números estaban en los altos diecialgos. Y peor si estaban en los
veinte. Mi clase, 8-23, era donde ponían a los más brutos de

la escuela, los más desdeñables. Mi clase era la equivalente al séptimo grado, o el sexto, o hasta el quinto.

Nuestra maestra, Miss Brown, enseñaba gramática del idioma inglés. Era una joven morena que usaba sobaqueras contra el sudor. Las cintas que las mantenía en su sitio a veces se le salían por las mangas de sus blusas blancas bien planchadas y tenía que darnos la espalda para ajustarlas. Era muy bonita, la Miss Brown, con ojos almendrados y un peinado lacio hasta las puntas, donde se hacía muchos rizos. Sus manos siempre estaban muy limpias, con las puntas de las uñas pintadas de blanco. Enseñaba las clases de composición y gramática como si a alguien le importara, lo cual yo encontraba fascinante.

Al final de la primera semana, me movió del último asiento al que estaba enfrente de su escritorio, y después de eso, me sentí como que me estaba enseñando a mí sola. Nunca hablábamos, a menos que no fuera cuando me invitaba a la pizarra.

—Esmeralda, por favor venga y marque la frase prepositiva.

En su clase, aprendí a reconocer la estructura del idioma inglés y a redactar frases y oraciones usando la posición de las palabras relativo a los pronombres, verbos y prepositivos, sin saber exactamente lo que querían decir.

La escuela era enorme y ruidosa. Había un orden social que, al principio, yo no entendía, pero contra el cual chocaba. Muchachas y muchachos vestidos con ropa semejante, caminaban por los corredores mano en mano, a veces escondiéndose detrás de los armarios a besarse y manosearse. Eran americanos, y pertenecían a las clases de números bajos.

Otro grupo de muchachas usaban mucho maquillaje, se subían las faldas sobre las rodillas, abrían un botón más en sus blusas y se peinaban el pelo en cascos sólidos con rizos en las puntas. En la mañana, se apoderaban de los baños, donde fumaban mientras se peinaban, atiborrando el ambiente de humo y espray. La única vez que entré al baño en la mañana, me sacaron con insultos y empujones.

Aprendí que esas muchachas atrevidas con pelo alto, maquillaje y faldas cortas, eran italianas. Los italianos se sentaban juntos en un lado del comedor, los morenos en otro. Los dos grupos se odiaban los unos a los otros más de lo que odiaban a los puertorriqueños. Por lo menos una vez a la semana, se peleaban los morenos con los italianos, en el baño, en el patio escolar o en un solar abandonado cerca de la escuela que dividía sus vecindarios y los separaba durante los fines de semana.

Las morenas tenían su propio estilo. No para ellas los peinados enlacados de las italianas. Sus cabellos eran lisos, enrizados sólo en las puntas, como Miss Brown, o enmoñado con pollinas sobre ojos pintados al estilo Cleopatra. Sus faldas también eran cortas, pero no parecían ser subidas cuando sus mamás no estaban mirando. Así venían. Tenían piernas bien formadas y fuertes, y usaban medias hasta las rodillas con zapatos pesados que se convertían en sus medios de defensa durante las contiendas.

Decían que los italianos llevaban cuchillas, hasta las chicas, y que los morenos llevaban manoplas en sus bolsillos y que las puntas de sus zapatos eran de acero. Yo le huía a los dos grupos, temiendo que, si me amigaba con una italiana, me cayeran encima las morenas, o vice versa.

Había dos clases de puertorriqueños en la escuela: los acabados de llegar, como yo, y los nacidos en Brooklyn de padres puertorriqueños. Los dos grupos no se juntaban. Los puertorriqueños de Brooklyn hablaban inglés, y ninguno hablaba español. Para ellos, Puerto Rico era el sitio donde vivían sus abuelos, un sitio que visitaban durante las vacaciones, un sitio que era, se quejaban, poco desarrollado y lleno de mosquitos. Nosotros, para quienes Puerto Rico era una memoria reciente, también nos dividíamos en dos grupos: los que no podían aguantar hasta el día que regresaran, y los que lo querían olvidar lo más pronto posible.

Yo me sentía como una traidora porque quería aprender el inglés, porque me gustaba la pizza, porque estudiaba a las muchachas con mucho pelo y probaba sus estilos en casa, encerrada en el baño, donde nadie me viera. Practicaba el andar de las morenas, pero en vez de caminar como que estaba bailando, parecía estar coja.

No me sentía cómoda con los puertorriqueños acabados de
llegar, quienes se juntaban en grupitos desconfiados criticando a
todos los que pasaban, temerosos de todo. Y no era aceptada
por los puertorriqueños de Brooklyn, quienes tenían el secreto
de la popularidad. Ellos caminaban por los corredores entre
los italianos y los morenos, siendo ni uno ni el otro, pero ac-
tuando y vistiéndose como una combinación de los dos, dependiendo de la textura de su cabello, el color de su piel, su maquillaje y su manera de andar.

❦ Un día llegué a casa de la escuela y encontré a Mami espe-
rándome con todas nuestras cosas empacadas.

—Ya pronto vienen los muchachos. Nos tenemos que mudar
a un apartamento más grande.

Tata y yo la ayudamos a sacar las cosas a la acera. En cuanto
estaba todo junto, Mami caminó hasta la Graham Avenue y
encontró un taxi. El chófer nos ayudó a poner las cosas en el
baúl, el asiento delantero y el piso de atrás, hasta que estábamos
sentados encima de nuestros paquetes y maletas todo el viaje
hacía la Varet Street, al otro lado de los *proyectos*.

Yo había leído acerca de los *proyectos*. El fin de semana
pasado un hombre había llevado a una nena de nueve años al
techo de uno de los edificios, la violó y la empujó veintiún pisos
para abajo. *El Diario* había reportado la historia en detalle,
con una foto del edificio en la Avenida Bushwick, con una línea
desde donde el hombre había empujado a la nena hasta donde cayó.

Pero Mami no hablaba de eso. Ella dijo que nuestro nuevo
apartamento era mucho más grande, y que Tata viviría con nosotros para que nos pudiera cuidar mientras Mami trabajaba.
Yo no tendría que cambiar de escuelas.

El aire estaba refrescando y, antes de que Delsa, Norma,
Héctor y Alicia llegaran, Mami y yo fuimos a comprar abrigos
y ropa de lana en un *séconjanstor*, para que los muchachos no
se resfriaran su primera semana en Brooklyn. También compra-

mos un sofá y dos butacas que le combinaban, dos camas de
dos plazas, un chiforobe con espejo y dos catres. Mami me dejó
a mí hacer la selección, y yo hice como si fuera rica, eligiendo
los muebles más emperifollados, con madera tallada y agarrade-
ros ornados en las gavetas.

Nuestro nuevo apartamento estaba en el segundo piso de una
casa de tres niveles. Había cuatro cuartos, uno dando al otro:
la sala daba a la Varet Street, después nuestro dormitorio, después
el de Tata y después la cocina. La bañera estaba en el baño esta
vez, y la cocina era suficientemente grande para acomodar una
mesa con sillas, dos perchas para secar ropa lavada a mano en
el fregadero y una alacena. El hogar de mármol en la sala estaba
cubierto con una hoja de metal, y le pusimos la televisión delante. Los pisos de madera eran oscuros y difíciles de limpiar, ya
que los hilos del mapo se entremetían en las grietas y astillas.
El cielo raso era alto, pero no tenía querubines bailando alrededor
con guirnaldas en las manos, y no había moldura entrenzada
alrededor de las paredes.

El 7 de octubre de 1961, Don Julio, Mami y yo fuimos al
aeropuerto a buscar a Delsa, Norma, Héctor y Alicia. Papi los
había mandado solos, con Delsa a cargo de todos. Lo primero
que noté fue que su carita se veía apretada y cansada. A los
once años, ya Delsa parecía una mujer, pero su cuerpecito era el
de una niñita.

En el taxi hacia casa, yo no podía dejar de hablar, enseñándole
a Delsa las aceras anchas, describiendo las escuelas enormes,
el tren subterráneo. Le dije de los morenos y los italianos y los
judíos. Le describí cómo en Brooklyn no teníamos que usar
uniforme para la escuela, pero que los viernes tenían una clase
llamada *asémbli* en un teatro en la misma escuela, y ese día
teníamos que usar una blusa blanca.

Tata preparó una cena especial: asopao, bizcochitos Drake,
Coke y papitas fritas. Los muchachos llevaban una expresión
asustada, y yo me pregunté si yo me vería así dos meses atrás,
y si ya se me habría quitado.

. . .

☙ Todos fueron retrasados un grado para que pudieran aprender el inglés, así que yo caminaba a la escuela intermedia sola, y ellos iban a la escuela elementaria en la Bushwick Avenue. Mami insistía en que yo caminara alrededor de los *proyectos* en vez de cruzarlos, pero una vez los crucé porque quería ver el sitio donde cayó la nena. Me preguntaba si estaba muerta cuando cayó, o si todavía estaba viva. Si había gritado al caer o si, cuando una cae de un sitio tan alto, se le va el aire y no puede hacer ningún sonido, como me pasaba a mí a veces si corría mucho. Las aceras anchas daban la vuelta alrededor de los edificios, los más altos en el vecindario. ¿Qué le pasaría a la gente que vivía ahí si hubiera un fuego? Me imaginaba a la gente brincando de las ventanas, lloviendo sobre los bomberos, estallando contra las aceras de cemento.

Las paredes de los proyectos y de los edificios cerca estaban cubiertos de palabras y dibujos. Yo no sabía lo que quería decir *"like a mother fucker"* cuando seguía al nombre de alguien. A veces la frase era abreviada: *"Slick L.A.M.F."* o *"Papote L.A.M.F."* Yo había oído a muchachos decir *"shet"* cuando se molestaban, pero cuando lo dije en casa, Mami me gritó por decir una mala palabra. Yo no entendía cómo ella sabía lo que quería decir y yo no, y ella no me lo explicó.

☙ —Mami. Necesito un brasier.

—¿Pa' qué? Tú no tienes na' que tapar.

—¡Oh, sí! Todas las muchachas en la escuela . . .

—Tú no necesitas brasier hasta que no seas señorita, así que no me molestes más.

☙ —Mami —le dije unos días más tarde—, voy a necesitar un brasier.

—¿Cómo? —se me quedó mirando, preparada para contradecirme, y su cara se iluminó—. ¿De veras? ¿Cuándo?

—Lo noté cuando llegué de la escuela.

—¿Sabes lo que tienes que hacer?

—Sí.

—¿Y quién te lo dijo? —su expresión era una confusión de desilusión y sospechas.

—Nos enseñaron en la escuela.

—Ah, pues está bien. Vente y te enseño dónde yo guardo mis Kotex —caminamos mano en mano hacia el baño. Tata estaba en la cocina—. ¡Tata, a que no adivinas! ¡Negi es señorita!

—¡Ay, qué bueno! —me abrazó y me besó. Puso sus manos sobre mis hombros, ojos serios. Su voz bajó a un tono grave—. Acuérdate que cuando estés así no comas piñas.

—¿Por qué no?

—Porque se te cuaja la sangre.

En el baño, Mami me enseñó su caja de Kotex, escondida en una tablilla alta detrás de las toallas.

—Cuando te cambies, envuelve las sucias en papel sanitario, para que nadie las vea. ¿Te enseño cómo ponértela?

—¡No!

—No te asustes, sólo te quiero ayudar.

Se fue y me dejó en el baño, pero la podía oír a ella y a Tata riéndose en la cocina. Al otro día, me trajo dos brasieres de algodón.

—Estos son de la factoría —me dijo—. Yo misma cosí las copas.

  Mientras Mami trabajaba en Manhattan, Tata nos cuidaba. Según los días se iban poniendo más cortos y el aire iba enfriando, empezaba a beber cerveza o vino cada vez más temprano, así que no era raro encontrarla borracha cuando llegábamos de la escuela, aunque aún así nos había preparado la comida e insistía en que comiéramos bien.

—Me duelen los huesos —decía—. La cerveza me quita el
dolor.

Su sangre nunca había espesado, explicó Don Julio, y por eso
Tata había desarrollado artritis. Tata había estado en Brooklyn
más de quince años y, si su sangre no había espesado todavía,
yo me preocupaba de cuánto iba a tardar la mía.

Nos quejábamos del frío, pero Mami no podía hacer nada.
Llamaba al *lánlor* desde el trabajo para que prendiera la calefacción en el edificio, pero nunca lo hacía.

En los días más fríos, Tata prendía el horno y las cuatro
hornillas de la estufa. Dejaba la puerta del horno abierta, y nos
turnábamos a sentarnos cerca del calor que emanaba.

Una noche, mientras estábamos agrupados alrededor de la
estufa, yo le hice un cuento a los muchachos. Don Julio se acu-
clilló en una esquina a escuchar. Igual que los muchachos, él
interrumpía frecuentemente para pedir más detalles, como el
color del caballo del príncipe, o el diseño del vestido de la hada
madrina. Mientras más preguntaban, más elaboraba, hasta que,
al llegar al fin, el cuento no era nada como cuando lo empecé.
Cuando se terminó, aplaudieron.

—Cuéntanos otro —clamoreó Héctor.

—Mañana.

—Si lo cuentas ahora —ofreció Don Julio— te doy un *dáim*.

—Por un *dáim* —dijo Delsa— yo hago el cuento.

—Yo lo hago por un vellón —retó Norma.

—¡Callénsen! Es mi *dáim*, así que yo hago el cuento.

Edna y Raymond se acurrucaron contra mis pies. Delsa y
Norma, quienes estaban estiradas en el piso de linóleo envueltas
en una sábana, discutían sobre quién se tenía que mover para
darle más espacio a la otra.

—Déjame buscar otra cerveza —dijo Don Julio, y se tambaleó
hacia la nevera.

Tata, acostada en su cuarto, llamó a Don Julio: —Tráeme
una a mí también. Y Negi, habla más alto para poder oírte acá.

—¿Quién quiere chocolate caliente con pan y mantequilla?

—preguntó Mami, y fue contestada por un coro: —¡Yo! ¡Yo! ¡Yo! ¡Yo!

—¿Hago el cuento, o no?

—Sí, claro que sí —contestó Don Julio—, pero déjanos acomodarnos un poquito.

—Empieza, Negi, que la leche se tarda en calentar y tengo que derretir el chocolate primero.

—Okey. Había una vez, y dos son tres . . .

—Un momentito, que tengo que ir al baño. *Don nobodi téik mai plais* —nos advirtió Alicia.

Sobre nuestras cabezas, las luces fluorescentes zumbaban y fluctuaban, irradiándonos con un color azul-gris que nos hacía vernos pálidos como muertos. La cara de Don Julio era amenazante en aquella luz, aunque sus ojos verdes y sonrisa de niño deleitada eran confortantes. Mis hermanas y hermanos se encorvaron unos contra los otros tan cerca de la puerta abierta del horno como les fuera posible sin tropezar a Mami, quien derretía una barra de Chocolate Cortés y ajustaba la llama bajo la olla llena de leche para que no se hirviera. El cuarto tomaba diferentes proporciones cuando estábamos juntos todos así, inclinados hacia el calor. Las paredes parecían más altas y empinadas, el cielo raso más lejos, los sonidos de la ciudad, su rugido constante, desaparecían detrás del tilín de la cuchara contra la olla, la respiración suave y continua de mis hermanas y hermanos, el tac cada vez que Don Julio bajaba su lata de cerveza a la mesa. Brooklyn se convertía en una memoria mientras yo los llevaba a tierras distantes donde castillos brillaban contra la arena de un desierto lejano y los pobres podrían llegar a ser reyes con el juóf de una varita mágica.

Todas las noches de ese primer invierno nos agrupábamos en la cocina alrededor de la puerta abierta del horno, y yo embelesaba cuentos en los cuales los personajes principales tenían los mismos nombres de mis hermanas y hermanos, quienes, no constante las dificultades en que se encontraban, siempre triunfaban y siempre terminaban viviendo felices por el resto de sus días.

. . .

❧ —¡Miren, nenes! ¡Vengan! ¡Está nevando!

Mami abrió la ventana, sacó su mano afuera y dejó que la nieve le cayera en la palma abierta. Parecía coco rayado, pero en cuanto caía en nuestras manos, se derretía en charquitos brillosos, los cuales lambíamos.

—¿Podemos bajar a jugar, Mami? —le rogamos, pero no nos dejó porque ya era de noche, y las calles eran peligrosas cuando oscurecía. Llenamos vasos con la nieve acumulándose en las escaleras de escape, y le pusimos siró de tamarindo para hacer piraguas al estilo Brooklyn. Pero no sabían como las piraguas de allá, porque la nieve se derretía muy rápido y no había pedacitos de hielo que masticar.

Al otro día, las escuelas no abrieron, y salimos envueltos en toda la ropa que encontramos. El mundo estaba limpio y refrescante. Una sábana blanca había descendido sobre todo el vecindario, cubriendo los zafacones llenos de basura y los esqueletos de carros abandonados, hasta que la calle parecía estar llena de vida y promesa.

Cuando abrieron las escuelas, los niños corrían en grupos y empelotaban la nieve, y tiraban las bolas contra las guaguas o contra sí mismos. Pero aunque era muy bonita, y aunque la gente al principio jugaba en ella y parecía disfrutarla, en Brooklyn hasta la nieve era peligrosa. A uno de mis compañeros de la escuela lo tuvieron que llevar en ambulancia al hospital porque alguien le tiró contra el ojo una bola de nieve que tenía dentro una piedra.

❧ Todos los días después de las clases yo iba a la biblioteca pública y sacaba cuantos libros infantiles me permitieran. Me había convencido de que, si los niños americanos aprendían su idioma por medio de libros, yo lo podía hacer también, aunque estuviera empezando tarde. Estudié las ilustraciones y aprendí las palabras para mi nueva vida en los Estados Unidos: *A* era

para *Apple,* B para *Bear* y C para *Cabbage.* Según crecía mi
vocabulario, empecé a leer libros de capítulos. Mami me compró
un diccionario inglés/inglés, para que, cuando buscara una palabra que no entendía, aprendiera otras.

Para el cuarto mes en Brooklyn, podía leer y escribir en inglés
mucho mejor de lo que lo podía hablar y, en los exámenes,
sorprendí a los maestros cuando saqué buenas notas en gramática, historia y estudios sociales. Durante la *asémbli* de enero,
el Mister Grant le dio un certificado a cada estudiante que recibió
notas altas en cada clase. Mi nombre fue llamado tres veces.
Los otros estudiantes del octavo grado me miraron diferente.
Todavía estaba en el 8-23, pero ellos sabían, y yo sabía, que no
pertenecía en esa clase.

❧ Ese primer invierno, Mami se enamoró de Francisco, quien
vivía al cruzar la calle. Tenía pelo negro y lacio, el cual se peinaba
hacia atrás, ojos bien negros y piel pálida. Miraba a Mami de
la manera que yo me imaginaba que el Príncipe miraría a la
Cenicienta, y ella se enrojecía cuando él la miraba. Cuando
nos venía a visitar, nos traía dulces, y una vez le trajo flores a
Mami.

La molestábamos:

—¡Mami tiene novio! ¡Mami tiene novio!

—¡Dejen eso! Me están faltando el respeto.

Pero vestía una sonrisa secreta en su cara, y sabíamos que no
estaba enojada.

Tata no se llevaba con Francisco.

—Es más joven que tú. Te debe de dar vergüenza.

Pero Mami no se abochornaba. En las tardes, después de
regresar del trabajo, cruzaba la calle a visitar a la familia de
Francisco. Después de que cenaran, ellos se sentaban alrededor
de la mesa y jugaban a las cartas. Mami nunca se quedaba
mucho tiempo, pero siempre regresaba bien contenta. Eso ponía
a Tata de mal humor, especialmente si había estando bebiendo.

—El vecindario está bochincheando —le decía.

—A mí no me importa —contestaba Mami—. Es mi vida.

Una vez, Tata y Don Julio habían estado bebiendo toda la tarde. Nosotros sabíamos que era mejor no entrar a la cocina, donde estaban discutiendo sobre la política, el precio del tocino, lo orgullosas que eran las hijas de él y cuál caballo había ganado en el hipódromo. Cuando Mami llegó del trabajo, se sirvió su comida y se trajo el plato a la sala, donde nosotros estábamos terminando las tareas de la escuela.

Alguien tocó a la puerta y, cuando Mami la abrió, ahí estaba Francisco, sonriendo tímidamente.

—¿Quién tocó? —llamó Tata desde la cocina.

Mami no le contestó, pero dejó a Francisco pasar. En cuanto lo vio, Tata salió corriendo de la cocina como una bruja en plena luna, gritándole insultos.

—Tata, por favor —le rogó Mami—, pórtate bien que tenemos visita. No me abochornes.

Pero Tata empujaba contra Don Julio como si quisiera caerle encima a Francisco. A Mami le brotaron lágrimas, y abrió la puerta para que Francisco se fuera. Entonces nos agrupó y preparó las camas para que nos acostáramos a dormir mientras Don Julio calmaba a Tata con otra cerveza. Apagamos las luces en nuestra parte del apartamento, pero todavía oíamos a Tata y a Don Julio discutiendo si estaba bien que una mujer de 30 años con siete muchachos debería estar enamorada de un muchacho en sus veintes.

—¿Y qué de tus hijas? —le gritaba a Mami—. ¿Qué ejemplo les estás dando?

Mami se tapó la cabeza con la sábana.

Una semana más tarde, nos mudamos a otro apartamento en la misma calle. Tenía dos cuartos situados en un edificio de ladrillo amarillo en frente de una distribuidora de refrescos. Francisco nos venía a visitar todas las tardes. Le gustaba jugar barajas con nosotros, nos compraba dulces y Coca-Cola y hacía a Mami sonreír como nunca. Un día vino a cenar y, al otro día, cuando nos levantamos, todavía estaba. Después de eso, vivía con nosotros.

. . .

&❧ Ese verano Marilyn Monroe se suicidó.

Al cruzar la calle de nuestro apartamento, camiones esperaban día y noche en frente del almacén para que le llenaran la parte de atrás con cajones de cola y soda de uva y de naranja. Muchas veces yo me sentaba en la ventana a mirar las puertas enormes del almacén subir y bajar, los tractores entrando y saliendo, cargando cajas sobre cajas de las bebidas deliciosas.

Yo escuchaba las anécdotas sobre Marilyn Monroe en la radio, y miraba la actividad más arriba de la calle, donde alguien le había abierto la llave a la boca de riego para incendios y niños jugaban y gozaban bajo el agua refrescante. No importaba lo caluroso que estuviera el día, Mami no nos dejaba mojarnos, porque decía que los muchachos que abrían la llave eran unos títeres.

Un camión se estacionó delante del almacén. El chófer se apeó, entró al edificio, salió y se montó de nuevo en el camión, esperando que le llenaran la parte de atrás de sodas. Me llamó la atención con la mano y, cuando miré, metió la mano entre sus piernas y sacó lo que parecía ser un salami pálido. Yo no le podía quitar los ojos, mientras él lo sobaba de arriba a abajo en compás con la música rocanrolera de su radio. Estuvo sobándose por un buen rato, y yo perdí el interés, cerré la ventana y me senté en frente de la televisión con mis hermanas y hermanos. Pero, después de un rato, me picó la curiosidad, y me asomé por la ventana. Todavía estaba el chófer, pero sus manos rebuscaban entre sus piernas como si se le hubiera perdido algo. En cuanto me vio, volvió a sobarse de nuevo, haciendo muecas como si le doliera.

Yo había cambiado suficientes pañales para saber lo que le pasaba a un varón si se tocaba de cierta manera, pero este hombre, tocándose él mismo, y sólo excitándose si yo le miraba, añadió una nueva dimensión a mi escasa información sobre la sexualidad.

Que su pene había crecido cuando yo estaba mirando era

significante. Yo no había hecho ninguna de las cosas que hacían las mujeres para interesar a los hombres. Yo estaba tranquila en mi casa, no me había vestido como para salir, no había actuado provocativamente, no había coqueteado, no había, estaba segura, sonreído cuando él me llamó la atención con su mano. Era alarmante, y de repente supe por qué Mami se pasaba diciéndome que fuera más disimulada cuando miraba a la gente, como si no estuviera interesada.

Los hombres sólo quieren una cosa, me habían dicho. La mirada de una hembra era suficiente para hacerlos rebuscarse los huevos. Por eso era que la Marilyn Monroe siempre miraba a la cámara con su sonrisa seductiva. Los hombres sólo quieren una cosa, y, hasta ese entonces, yo pensaba que estaba en mi poder darle lo que querían. Pero no era así. Una nena mirando su mundo pasar por una ventana satisfacía las promesas de una Marilyn Monroe. Yo, que no había prometido nada, que no sabía nada de eso, cuyo cuerpo me confundía tanto como los versos de las canciones de *rocanrol* acompañando al chófer sobándose para arriba y para abajo al compás de palabras no cantadas, sino gritadas.

Dejé la ventana y busqué a Mami en la cocina. Estaba en su bata de casa, su cabello desgreñado, sus cejas no pintadas.

—¿Qué te pasa? ¿Por qué te ves tan asustada? —me preguntó.

—Ná' —le contesté.

Yo tenía la culpa. Algo que yo había hecho cuando estaba mirando por la ventana había cautivado al chófer. Volví a la ventana, abrí las cortinas, y le miré abiertamente. Estaba gozando allá abajo, mientras yo vacilaba entre el miedo y la curiosidad, entre la vergüenza y la realización que, quisiera o no, ésta era mi primera experiencia sexual.

Entonces le sonreí, una sonrisa abierta y seductiva, como las de Marilyn Monroe, que lo tomó de sorpresa. Sus ojos se cerraron un poco, como para verme mejor, y miró a ver si había alguien más mirando por las ventanas del edificio. Pero éramos sólo nosotros dos, yo sonriendo descaradamente mientras por dentro estaba temblando de miedo, y él, aturdido.

No sé lo que hice, por qué él metió su miembro, de repente flojo, dentro de sus pantalones, cerró el *zíper,* recostó su codo izquierdo contra la ventana de su camión, barbilla en la mano, ojos enfocados hacia el almacén lleno de bebidas burbujeantes, el círculo calvo encima de su cabeza hacia mí, inerte. Lo que había querido de mí, ya no lo quería, y yo estaba segura de que era porque estuve muy dispuesta a dárselo.

NI TE LO IMAGINES

Dime con quién andas, y te diré quién eres.

❧

Al mismo tiempo que a Mami se le empezó a notar la barriga, llevaron a Francisco al hospital con un dolor de estómago. Creíamos que tenía apendicitis, pero después de muchas pruebas y operaciones Mami le dijo a Tata que Francisco tenía cáncer. Nos mudamos otra vez, por la cuarta vez en doce meses, a un apartamento más grande en el edificio de al lado para que Tata pudiera vivir con nosotros otra vez. Todos los días Mami iba de su trabajo directamente al hospital. Se quedaba con Francisco hasta que las horas de visita terminaran, y llegaba a casa cansada, hambrienta, ojos enrojecidos. Estaba bien delgada, pero su barriga le crecía alta y redonda, y todos decían que iba a tener un varón.

Francisco entraba y salía del hospital. Cuando estaba en casa, Tata lo trataba bien, le preparaba caldos, le hacía comer arroz con leche. Pero cuando se emborrachaba, a veces lo insultaba.

Nosotros no nos atrevíamos a entrar al cuarto que Mami compartía con Francisco, bajábamos el volumen de la televisión y hacíamos las tareas escolares y nos peleábamos en la cocina, desde donde él no nos podía oír. De vez en cuando salía de su cuarto vestido en piyamas, una bata de algodón envuelta alrededor de su cuerpo enflaquecido, sus manos enormes y huesudas agarrando el nudo de la bata como si temiera que se le soltara. Aún con mucha ropa encima parecía un esqueleto. Sus codos se habían agudizado, y la piel de su cara, sus manos y sus pies parecía ser transparente. Huesos le salían de la espalda como alas truncadas. Su pelo negro, por el cual no se preocupaba tanto últimamente, le creció largo y lacio, y a veces le cubría los ojos, haciéndolo verse más nene.

El bebé de Mami y Francisco nació en marzo. Francisco estaba en el hospital, pero lo mandaron a casa el mismo día que vino Mami. Por días se quedaba en su cama con Franky sobre su pecho, cantándole canciones jíbaras en su voz dulce.

La familia de Francisco no quería que él viviera con nosotros. Cada vez que entraba al hospital para otra operación, se reñían con Mami que él debía estar en casa de ellos. Yo me abochornaba al verlos discutiendo sobre su cama, como si él no los pudiera oír.

Una vez, Mami me llevó a verlo en el King's County Hospital. Estaba en una cuadra enorme de pisos encerados, las camas alineadas contra las paredes, cada una con su mesita a su derecha y una cortina amarilla dividiéndola de las otras. Al otro lado de la cama había una silla de metal verde.

Mami me mandó a buscar agua en una palangana. Bañó y empolvó a Francisco, le cambió la ropa, lo afeitó y lo peinó. Sus ojos se habían agrandado y penetrado dentro de su cráneo. Su piel pálida se había puesto gris y diáfana. Se veía tan sosegado como el difuntito a quien yo le había cerrado los ojos en El Mangle.

—Vi un ángel anoche —le dijo a Mami.

—¡Ay, no hables tonterías! —le contestó Mami con una mirada asustada.

—Estaba vestida de blanco y volaba dentro de una pelota de luz.

—Una enfermera, seguramente.

Cuando llegamos a casa, Mami lloró al contarle a Tata lo que Francisco había visto.

Unos días más tarde, lo mandaron del hospital a la casa de sus padres. Al otro día se murió. Tata dijo que fue porque le dieron maní que le cayó mal y lo mató.

Mami lloró por días y días. Tata se encargó de ella, cocinándole caldos, y se llevaba a Franky a su cama para que Mami pudiera descansar.

Mami vistió luto por más de un año, y por todo ese tiempo mantuvo velas blancas en su tocador, sus llamaradas haciendo fantasmas en el cielo raso, donde todos los podíamos ver.

☙ Yo había correspondido con Papi cuando llegamos a Brooklyn. Le describía nuestros apartamentos, la *marqueta,* los judíos, las italianas y los libros que estaba leyendo. El me contestaba con recuerdos de Abuela y recortes del periódico. Pero cuando mis hermanas y hermanos llegaron, trajeron cuentos que él no había incluido en sus cartas.

Papi, Delsa dijo, se había casado en cuanto Mami salió conmigo, Edna y Raymond. Había mandado a Delsa, Norma, Héctor y Alicia a quedarse con familiares, no los visitaba y parecía no importarle lo que les sucediera. Es más, parecía feliz de deshacerse de los muchachos, para entonces poder empezar su nueva vida, igual que nosotros empezábamos la nuestra.

Yo le pregunté a Mami si era verdad. Ella contestó que sí, Papi se había casado, y que ya no podríamos vivir con él. Le escribí una carta preguntándole por qué no me lo había dicho, y que de ahora en adelante era como si estuviera muerto. El le escribió a Mami acusándola de estar volviendo a sus hijos contra él. Mami me gritó a mí por estarle mintiendo a Papi acerca de lo que ella nos decía a nosotros en cuanto a él. ¡Qué lío! Mami me echaba la culpa a mí. Papi le echaba la culpa a Mami. Yo le echaba la culpa a Papi. Pero ninguno de nosotros nos disculpábamos.

Pero Mami insistía en que le escribiéramos.

—Nunca deben de olvidar a su papá —nos recordaba en las Navidades, en el Día del Padre y en su cumpleaños—. Ustedes son sus hijos, y aunque él tenga su familia por allá, todavía los quiere a ustedes.

No se lo creíamos. De mala gana le mandábamos sus tarjetas en los días especiales, copiábamos nuestras mejores composiciones de la escuela, nos manteníamos en contacto, sabiendo que era sólo por mantener apariencias. Porque en Brooklyn, después que murió Francisco, Mami se convirtió, más que antes, en madre y padre de nosotros. Podíamos contar con ella como no podíamos contar con Papi, Tata o Francisco, quien nos había hecho a todos tan felices por tan poco tiempo antes de morirse y convertirse en un fantasma que nos perseguiría el resto de nuestras vidas.

❧ Por las mañanas, Mami salía de la casa de madrugada para el viaje por tren subterráneo hacia Manhattan. Se vestía "para ir a trabajar," en ropa que se cambiaba en cuanto llegaba para que no se manchara con aceite, achiote o salsa de tomate. Empezó en su trabajo como cortadora de hilos, aunque en Puerto Rico se había graduado a operadora de máquinas.

—Aquí uno tiene que hacer más de lo que se le pide —decía. Trabajaba duro, lo cual impresionó a sus supervisores, y fue movida rápidamente al trabajo de costura que tanto le gustaba.

Compró un par de tijeras especiales para su trabajo. Cuando cruzaba los *proyectos* al regresar del trabajo, las metía en su bolsillo y las aguantaba allí hasta que llegara dentro de la casa. Entonces les limpiaba el sudor y las ponía en un bolsillo especial que había hecho para guardarlas.

Nos reíamos de su cartera, la cual decíamos invitaba a los pillos porque era grande y se veía llena. En ella llevaba nuestros certificados de nacimiento, registros de nuestras vacunas, y papeles de nuestras escuelas. También tenía una libretita donde escribía las horas que trabajaba, para que el *bosso* no la defraudara el día de cobrar. Guardaba su maquillaje (polvo, lápiz de cejas, colorete y pintalabios) en su propia bolsita. Si un pillo le robara la cartera, no encontraría dinero, porque lo llevaba en una monedera en el bolsillo de su falda, debajo de su abrigo.

Cuando trabajaba, Mami era feliz. Se quejaba de estar sentada en frente de una máquina de coser todo el día, o que los *bréiks* eran muy cortos, o que el *bosso* era antipático. Pero tomaba orgullo en las cosas que hacía. A veces traía ejemplos de los brasieres y fajas en los que estaba trabajando, y nos enseñaba cómo se usaba una máquina de dos agujas, o cómo ella había descubierto que si cosía la copa de tal manera, quedaría mejor. Pero aunque ella tomaba orgullo en su trabajo, no quería que nosotras siguiéramos en sus pasos.

—Yo no estoy trabajando tan duro para que ustedes trabajen en factorías todas sus vidas. Tienen que estudiar, sacar buenas notas y graduarse de la escuela para que tengan una profesión, no sólo un trabajo.

Nunca insistía en ver nuestras tareas, pero cuando le traíamos las tarjetas de la escuela, nos hacía que le leyéramos las notas y que tradujéramos los comentarios de las maestras para así ella saber cómo andábamos en la escuela. Cuando las notas eran buenas, se ponía contenta, como si hubiera sido ella quien se las ganó.

—Así es cómo se hace en este país. El que quiera trabajar, puede adelantarse.

Le creíamos, y tratábamos de complacerla. Desde que habíamos llegado a Brooklyn, su mundo se había convertido en uno lleno de posibilidades, y yo traté lo más que pude de compartir su entusiasmo acerca de la buena vida que íbamos a tener algún día. Pero frecuentemente sospechaba que el optimismo de Mami era una actuación. Nadie, yo pensaba, podía ser tumbada tantas veces y levantarse sonriendo cada vez.

A veces me tiraba en la cama, en los cuartos sin calefacción llenos de camas y ropas y cuerpos durmiendo, aterrorizada de que lo que estaba al otro lado de la esquina no era mejor que lo que habíamos dejado, que Brooklyn no era una nueva vida, sino la continuación de la de antes. Que todo había cambiado, pero nada había cambiado, que lo que Mami había estado buscando cuando nos trajo a Brooklyn no estaba aquí, así como no había estado en Puerto Rico.

🙠 Chico, el hermano de Tata, no vivía con nosotros, pero se pasaba en nuestro apartamento. El, Tata y Don Julio compartían lo que se ganaban en sus trabajos, o jugando a los números, para comprar vino barato o cajas de cerveza. Tata y Don Julio bebían sólo en la tarde, pero Chico siempre andaba borracho. Una vez, cuando estábamos tratando nuevas palabras en inglés, uno de nosotros le llamamos un *bón*. Mami nos dio un cocotazo a cada uno y dijo que no nos atreviéramos a decirle eso otra vez.

Los bolsillos de Chico tintineaban con monedas, las cuales nos daba si le hacíamos favores.

—Tráeme una cerveza —decía, y salíamos corriendo hacia la nevera.

—Préndeme el cigarrillo —y tres o cuatro fósforos se prendían a la misma vez. Nos pagaba a todos.

Mientras Tata era una desordenada cuando se emborrachaba, Chico era callado y taciturno. Mami decía que era un borracho sano, "como un nene," y siempre le hacía comer algo cuando estaba en casa.

—Por lo menos sabe aguantar las borracheras —decía Mami.

🙠 Yo salía camino a la escuela. Chico venía de su trabajo nocturno a dormir en nuestro sofá.

—Enséñame y te doy una peseta.

—¿Enséñate qué?

—Abrete la chaqueta y déjame ver. Te pago.

—¡No!

Estiró sus brazos de pared a pared para impedirme el paso.

—No te voy a tocar. Sólo quiero una miradita —sus ojos estaban húmedos.

—Si no me dejas pasar, voy a gritar.

—Por Dios, Negi. Yo soy familia —barba cerdosa cubría su cara. Se lambió los labios.

—Si me vuelves a molestar, se lo voy a decir a Mami.

Lo empujé y salí corriendo escaleras abajo hasta que llegué a la calle.

Al otro día me estaba peinando en frente del tocador en el cuarto del apartamento. Chico estaba acostado en el sofá, mirando televisión con los muchachos, pero de vez en cuando noté su ojos fijados en mí. Le di la espalda, mi cara ruborosa, alzándoseme la carne de gallina. Tata lo llamó desde la cocina. Sus huesos crujieron cuando se levantó. Al pasar detrás de mí, metió su mano debajo de mi brazo y me pilló el pezón izquierdo.

—No se lo digas a nadie —murmuró en mi oído.

Me caí en la cama, aguantándome el dolor y la humillación, pero no grité. Cuando pasó de vuelta, me tiró un peso. Estaba sucio y arrugado, sus orillas deshiladas. Lo estiré y lo alisé en la palma de mi mano. George Washington, había aprendido recientemente, era el padre de nuestro país. Lo puse dentro de mi libro de historia. Al otro día, camino a casa de la escuela, me comí mi primer *ice cream sundae,* con tres diferentes clases de mantecado, piña en cubitos, nueces, siró de chocolate y *marshmelos.*

☙ —Mañana no vas para la escuela. Necesito que vengas conmigo a la oficina del *welfear.*

—¡Ay, Mami! ¿Por qué no te llevas a Delsa?

—Porque no puedo.

Cuando a Mami le daban *leyof,* teníamos que aceptar *welfear.* Me llevaba porque necesitaba a alguien que le tradujera. Seis meses después de llegar a Brooklyn, yo hablaba suficiente inglés para explicar nuestra situación.

—Mai moder shí no spik inglis. Mai moder shí luk for uerk evri dei an notin. Mai moder shí sei shí no guan jer children sófer. Mai moder shí sei shí uant uerk bot shí leyof. Mai moder shí onli nid jelp e litel juail.

Temía que si decía algo mal, o si pronunciaba las palabras mal, las trabajadoras sociales dirían que no, y nos desalojarían de nuestro apartamento, o nos cortarían la luz, o nos congelaríamos porque Mami no podía pagar la calefacción.

La oficina de asistencia pública quedaba en un edificio de ladrillos con alambre alrededor de las ventanas. La antesala siempre estaba llena, y la recepcionista nunca nos podía decir cuándo nos iban a atender o dónde estaban las trabajadoras sociales. Era un sitio a donde se iba a esperar por horas, con nada que hacer menos mirar las paredes verdes. En cuanto se llegaba, no se podía salir, ni siquiera a comer algo, porque podían llamarte en cualquier minuto, y si no estabas, perdías tu turno y tenías que regresar al otro día.

De camino, Mami compraba el periódico, y yo me traía el libro más grande que podía encontrar en la biblioteca. Las primeras dos o tres horas pasaban rápido, ya que había formularios que llenar y conversaciones interesantes a nuestro alrededor mientras las mujeres compartían sus historias. Nunca había hombres, sólo mujeres cansadas, algunas con niños, como si el traerlos haría que las trabajadoras sociales les hablaran.

Mami insistía que las dos nos vistiéramos bien para ir al *welfear*.

—No vamos a ir como si fuéramos pordioseras —decía y, mientras esperábamos, me recordaba que me sentara derecha, que atendiera, que me portara con la dignidad de las mujeres al otro lado de la división, teléfonos al oído, plumas listas sobre los papeles que la recepcionista, quien no sonreía ni aunque le pagaran, les pasaba con una expresión agria.

De vez en cuando había peleas. Mujeres le caían encima a las empleadas que no les ayudaban, o a quienes las hacían esperar su turno por días, o a quienes rehusaban hablarles después de que las mujeres habían esperado el día entero. Una vez, Mami le pegó a una empleada que le faltó el respeto.

—Nos tratan como a animales —lloró después que la separaron—. No les importa que somos seres humanos, como ellos.

Su maquillaje veteado, pelo enmarañado, salió de la oficina del *welfear* con su espalda doblada y su mirada avergonzada. Yo estaba segura que todos los pasajeros en la guagua sabían que habíamos pasado el día en el *welfear* y que Mami le había caído encima a una *sócheluerker*. Esa noche, al contarle a Tata y Don Julio lo que había pasado, Mami lo hizo sonar como si fuera un chiste, no gran cosa. Yo añadí mis detalles exagerados de cuántas personas se necesitaron para separarla de la *sócheluerker*, sin mencionar lo asustada que estuve, y la vergüenza que me dio verla perder el control en frente de toda esa gente.

Muchas veces, me pedían que tradujera para otras mujeres en el *welfear*, ya que Mami les decía a todos que yo hablaba un buen inglés. Sus historias no eran tan diferentes de la de Mami. Necesitaban un poquito de ayuda hasta que pudieran conseguir trabajo.

Pero, de vez en cuando, me daba cuenta de que algunas de las mujeres estaban mintiendo.

—¿Qué tú crees? ¿Les digo que mi marido se desapareció, o que es un sinvergüenza que no me quiere ayudar con los muchachos?

Mujeres con acentos que no eran puertorriqueños decían que lo eran para poder recibir los beneficios de la ciudadanía americana. Una mujer para quien yo traduje una vez me dijo:

—Estos gringos no tienen la menor idea de dónde somos. Para ellos, todos somos *spiks*.

Yo no sabía qué hacer. Decirle a la *sócheluerker* que la mujer estaba mintiendo me parecía peor que traducir lo que decía tan bien como me fuera posible y dejarla a ella que lo descubriera. Pero me preocupaba que si personas de otros países se pasaban como puertorriqueños para defraudar, éramos nosotros los que íbamos a salir mal.

Nunca supe si mis traducciones ayudaban, pero, una vez, una jíbara viejita me besó las manos, lo cual me hizo sentir como la mejor persona del mundo.

. . .

  ❧ —¿Dónde has estado? —Mami me gritó en cuanto llegué a
casa de la escuela un poco más tarde de lo regular.

—En la biblioteca —le enseñé los libros.

—Tú bien sabes que yo no te quiero en la calle después que
oscurezca. Las calles son peligrosas. ¿Y si algo te sucediera?

—No me pasó ná'.

—No me faltes el respeto.

—No te estoy faltando . . .

Mis hermanas y hermanos salieron corriendo. Tata, Don Julio
y Chico dejaron su juego de dominó en la cocina para ver lo
que pasaba.

—Monín, déjala quieta —dijo Tata, su mano en el hombro
de Mami.

—¡No me vengas a decir cómo tratar a mis hijos! —Mami le
gritó.

Me temblaban las rodillas. ¿Sería que Mami sabía que yo me
doblaba la falda en la cintura para que me quedara más corta?
¿O que a veces me maquillaba y me lavaba la cara antes de llegar
a casa? Quizás alguna de esas vecinas chismosas me había visto
la vez que un muchacho caminó a mi lado desde la biblioteca.

Parada en la puerta, brazos llenos de libros, mi abrigo todavía
puesto, aterrorizada de Mami, no me atreví a mover. Sabía que
había hecho algo malo que la enojaba, pero no sabía lo que era.
Y no iba a admitir nada antes de que me acusara.

—Tú te crees que porque hablas un poquito de inglés puedes
hacer lo que te da la gana.

—¡Eso no es verdad!

Vino hacia mí, manos levantadas, listas a pegarme. Mis libros
se me cayeron al piso y, sin saber cómo, le aguanté las manos
por las muñecas. Yo no sabía la fuerza que tenía, ni Mami tampoco, porque se echó para atrás, cara asustada.

—¡Pégame! ¡Dame si me quieres dar! ¡Mátame si te hace
sentir mejor! —le grité suficientemente duro que el mundo lo
escuchó. Me paré en frente de ella, temblando, manos a mi lado,

como una mártir, sabiendo que el momento dramático podía volverse en mi contra en cualquier momento.

—¿Cómo? —graznó, y volvió hacia mí. No me moví. Se paró antes de pegarme. Yo fijé mi vista en la de ella. Debía haber visto el miedo en mis ojos, pero también el desafío—. ¡Sal de mi frente! —me gritó, y Tata me agarró y me llevó a la cocina.

Mami y yo no hablamos por días. Pero nunca más volvió a pegarme.

⭐ Vivir en Brooklyn quería decir que no salíamos de la casa. Vivíamos enjaulados, porque el vecindario estaba lleno de gente mala. La historia de la nena de nueve años que fue ultrajada y tirada de un edificio de veintiún pisos era sólo uno de los crímenes gráficos publicados en *El Diario*. Todos los días reportaban homicidios, ultrajes, robos, cuchillazos y balazos. En Puerto Rico, los crímenes siempre habían sucedido en otro sitio, en ciudades lejos de Macún. Pero en Brooklyn, cosas malas sucedían en nuestro bloque.

Un día, Don Julio, quien tenía la cara de un boxeador a quien se le habían dado muchos puños en la nariz, llegó a casa sangrando y golpeado, sus ojos invisibles detrás de la nariz y mejillas hinchadas.

—¡Ay, Señor, Dios Santo! —lloró Mami—. ¿Qué le pasó?

—Me dieron un *jolópe* cuando salí del *sóbuey*.

Habían usado bates, tubos y cadenas. Lo empujaron contra la acera y le robaron la cartera, en la cual Don Julio dijo que tenía cuatro dólares, y un reloj Timex que su hija le había regalado para el día de los padres.

—No vieron mi cadena con la medalla de la Virgen —la sacó de adentro de su camisa y la besó—. Parece que Ella me estaba velando, o me matan esos bandidos.

Todavía era temprano, las 7:30 de la noche, cuando Don Julio fue atacado en la misma estación del *sóbuey* donde Mami cogía su tren a diario. Desde ese día, me sentaba por la ventana haciéndome que estaba leyendo, mirando hasta que Mami bajara por la calle cuando estaba supuesta a venir. Cada minuto que pasaba y ella no llegaba añadía leña a las imágenes en los periódicos de mujeres en charcos de sangre en calles agrietadas, sus carteras tumbadas de sus hombros, abiertas como las mandíbulas de un animal, los contenidos como si fueran basura, tirados sobre sus cuerpos inertes.

A los hombres les caían encima, a las mujeres las violaban. Yo no podía quitarme eso de la mente camino a casa de la escuela, o de la biblioteca: Cada hombre que me pasaba era un estuprador, y cada entrada oscura era un sitio donde alguien que me quería hacer mal se podía esconder.

Había *pandillas,* cuyos miembros pintaban sus nombres y apodos en letras grandes en los setos de los edificios o en las aceras.

—Nunca camines por aquel lado de la calle —me dijo una compañera de la escuela—. No es nuestro *térf.*

—¿Y qué es eso de *térf?*

—Es la parte del vecindario que pertenece a las *pandillas.*

—Pero, ¿y si tengo que visitar a alguien en ese lado de la calle?

—No te creas que tú vas a querer conocer a nadie que vive por allá.

Mami decía que de noche las *pandillas* andaban por las calles haciendo toda clase de fechoría.

—¿Como qué? —le pregunté.

—Ni te lo imagines —me advirtió.

Cuando los días se acortaron y anochecía más temprano, sólo se nos permitía salir afuera para ir a la escuela. No podíamos salir ni a la bodega de en frente. Cuando el clima mejoró y la gente se salía afuera y se sentaba en las escalinatas de la entrada, Mami insistía que nos quedáramos adentro a menos que ella estuviera velándonos. No confiaba ni en Tata para velarnos afuera, y menos en mí, comprobada no muy responsable que digamos cuidando muchachos.

Si le decía a Mami hacia dónde iba, con quién, cuánto tiempo estaría fuera y cuándo regresaría, a veces me dejaba salir sola los sábados en la tarde.

—No te metas por los callejones, camina siempre en las avenidas. No le hables a nadie. No le aceptes *pon* a nadie. Si ves que hay mucha gente congregada en una esquina, cruza la calle y camina por el otro lado.

En Puerto Rico, cuando Mami nos daba más o menos las mismas instrucciones, yo había encontrado maneras de, si no completamente ignorarlas, por lo menos doblarlas a mi gusto para complacer mi curiosidad. Su cautela entonces tenía que ver más con prevenir que nos lastimáramos nosotros mismos. Pero ahora estaba dirigida hacia prevenir que otras personas nos hicieran mal.

Yo no me imaginaba cómo era posible que vecinos nos trataran de hacer daño. Pero tampoco entendía cómo nos podrían ayudar si los necesitásemos. Vivíamos separados por puertas gruesas con muchos cerrojos, ventanas enrejadas, mirillas. Nadie se aparecía a visitar a menos que no fueran invitados. Un toque en la puerta nos hacía latir el corazón a carrera, y nos mirábamos los unos a los otros con preguntas en los ojos antes de mirar por el boquetito en la puerta, o abrirla un poquito con la cadena puesta.

—Yo no puedo depender en nadie —Mami nos decía, y sabíamos que era la verdad. El *bosso* le podía dar *leyof* cuando quisiera. Las *sócheluerkers* nunca creían que una mujer fuerte y joven como Mami no podía conseguir trabajo. Tata a veces era responsable, pero muchas veces más se emborrachaba, o no salía de la cama porque le dolía el cuerpo. Nuestros vecinos eran desconocidos, o peor, gente mala. Había una familia extensa, tías, tíos y primos hermanos y hermanas de Mami, quienes entraban y salían de nuestras vidas con ropa de invierno, consejos y advertencias. Pero Mami era muy orgullosa para pedirle más de lo que ellos le daban, y estábamos todos desarrollando el mismo orgullo obstinado, detrás del cual escondíamos nuestro temor, pretendiendo que todo estaba bien.

NOS VA A
SALIR LA COSA

Te conozco bacalao, aunque vengas disfrazao.

Mientras Francisco aún vivía, nos habíamos mudado a la Ellery Street. Eso quiso decir que yo tuve que cambiar de escuelas, así que Mami me llevó a la P.S. 33, donde haría mi noveno grado. Durante la primera semana en la nueva escuela me dieron una serie de exámenes, los cuales indicaron que, aunque no podía hablar el inglés muy bien, lo podía escribir y leer al nivel del décimo grado. Me pusieron en el 9-3, con los estudiantes inteligentes.

Un día, Mister Barone, el consejero vocacional de la escuela, me llamó a su oficina. Era un hombre bajito, cabezudo, con ojos grandes color castaño bajo cejas bien formadas. Su nariz era larga y redonda en la punta. Siempre vestía en colores otoñales, y frecuentemente ponía sus lentes en su frente, como si tuviera un par de ojos allá arriba.

—Bueno —empujando sus lentes a su frente, hablándome despacio para que yo entendiera—, ¿qué quieres ser cuando seas grande?

—Yo no sé.

Rebuscó entre sus papeles.

—Vamos a ver . . . tienes catorce años, ¿verdad?

—Sí, señor.

—¿Y no has pensado en lo que vas a ser cuando seas grande?

Cuando yo era nena, quería ser una jíbara. Cuando me hice mayor, quería ser cartógrafa, después topógrafa. Pero desde que llegamos a Brooklyn, no había pensado mucho en el futuro.

—No, señor.

Bajó los lentes a sus ojos y rebuscó entre los papeles otra vez.

—¿Tienes *jóbis*? —no entendí lo que me decía—. *Jóbis. Jóbis* —meneaba las manos como si estuviera pesando algo—, cosas que te gustan hacer en tu tiempo libre.

—¡Ah, sí! —traté de imaginar qué yo hacía en casa que pudiera calificar como un *jóbi*.

—Me gusta leer.

Parece que lo decepcioné.

—Sí, eso ya lo sabemos —sacó un papel de su escritorio y lo estudió—. Uno de los exámenes que tomaste era para descubrir aptitud. Nos dice qué clase de trabajo te gustaría. En tu caso resulta que a ti quizás te guste ayudar a las personas. Dime, ¿te gusta ayudar a las personas?

Tenía miedo de contradecir los exámenes.

—Sí, señor.

—Podemos ponerte en una escuela donde aprenderás biología y química, lo cual te preparará para una carrera como enfermera.

Hice una mueca. Consultó sus papeles otra vez.

—También puede ser que te guste la comunicación. Como maestra, por ejemplo.

Recordé a Miss Brown parada al frente de un salón lleno de *tineyers* desordenados, algunos más grandes y gordos que ella.

—No creo que me gustaría.

Mister Barone subió sus lentes a su frente otra vez y se inclinó hacia mí sobre los papeles en su escritorio.

—¿Por qué no lo piensas, y hablamos otro día? —me dijo, cerrando la carpeta con mi nombre en la orilla. La cubrió con sus manos peludas, como si estuviera exprimiéndole algo—. Eres una chica inteligente, Esmeralda. Vamos a ver si te ponemos en una escuela académica para que puedas estudiar en colegio.

Camino a casa, me acompañaba otra niña del noveno grado, Yolanda. Llevaba tres años en Nueva York, pero hablaba tan poco inglés como yo. Hablábamos en espanglés, una combinación de inglés y español en la cual saltábamos de un idioma al otro.

—¿Te preguntó el Mister Barone, llu no, lo que querías hacer juén llu gro op?

—Sí, pero, ay dint no. ¿Y tú?

—Yo tampoco sé. Ji sed que ay laik tu jelp pipel. Pero, llu no, a mí no me gusta mucho la gente.

Cuando me oyó decir eso, Yolanda me miró de reojo, esperando ser la excepción. Pero cuando me vine a dar cuenta, había subido las escaleras de su edificio. No se despidió al entrar, y al otro día me despreció. Me pasé el resto del día en aislamiento vergonzoso, sabiendo que había revelado algo negativo acerca de mí a la única persona que me había ofrecido su amistad en la Junior High School 33. Tenía que disculparme o vivir con las consecuencias de lo que se estaba convirtiendo en la verdad. Nunca le había dicho algo así a nadie, ni a mí misma. Era un peso más sobre mis hombros, pero no lo iba a cambiar por compañerismo.

☙ Unos días más tarde, el Mister Barone me llamó a su oficina.

—¿Y? —manchitas verdes bailaban alrededor de las pupilas negras de sus ojos castaños.

La noche anterior, Mami nos había llamado a la sala. En el televisor, "cincuenta de las jóvenes más bellas de los Estados Unidos" desfilaban en vestidos de tul y volantes en frente de una cascada de plata.

—¡Qué lindas! —murmuró Mami mientras las muchachas, acompañadas por muchachos uniformados, flotaban enfrente de la cámara, daban una vuelta y se desaparecían detrás de una cortina, mientras la orquesta tocaba un vals y un locutor anunciaba sus nombres, edades y los estados que representaban. Mami miró todo el espectáculo como hipnotizada.

—Quisiera ser una modelo —le dije al Mister Barone.

Se me quedó mirando, bajó los lentes de su frente, miró los papeles en la carpeta con mi nombre en la orilla y me volvió a mirar, echando fuego por los ojos.

—¿Una modelo? —su voz era áspera, como si le fuera más cómodo gritarle a las personas que hablarle.

—Yo quiero aparecer en la televisión.

—Ah, pues entonces quieres ser actriz —como si fuera un poco mejor que la primera carrera que seleccioné. Nos miramos por unos segundos. Empujó sus lentes a su frente de nuevo, y sacó un libro de la tablilla detrás de su escritorio—. Yo sólo sé de una escuela que entrena actores, pero nunca le hemos mandado un estudiante de aquí.

Performing Arts, decía el libro, era una escuela pública académica, no vocacional, que entrenaba a estudiantes que deseaban una carrera en el teatro, la música o el baile.

—Dice aquí que tienes que ir a una prueba —se paró y acercó el libro a la luz pálida que entraba por las ventanas angostas sobre su cabeza—. ¿Has desempeñado alguna vez un papel dramático en frente del público?

—Un año fui la maestra de ceremonias en el programa musical de mi escuela. En Puerto Rico. Y también he recitado poemas . . . allá, no aquí.

Cerró el libro y lo apretó contra su pecho. Su dedo índice tocó un compás contra su labio. Se volvió hacia mí.

—Déjame llamarles y averiguar lo que necesitas hacer. Ya más tarde hablamos.

Salí de su oficina feliz, confiando en que algo bueno había pasado, pero no sabiendo lo que era.

❧ "No tengo miedo . . . No tengo miedo . . . No tengo miedo . . ." Todos los días andaba de la escuela a casa repitiéndome esas palabras. Las calles anchas y las aceras que tanto me impresionaron los primeros días después de llegar ahora eran tan familiares como el camino de Macún a la carretera. Sólo que mi curiosidad acerca de la gente que vivía detrás de estas paredes concluía donde los frentes de los edificios daban a corredores oscuros o puertas cerradas. Nada bueno, me imaginaba, podía haber dentro, si tantas puertas y cerrojos se tenían que abrir antes de entrar o salir a la luz del día.

Fue en estas caminatas angustiadas que decidí que me tenía que salir de Brooklyn. Mami había seleccionado este sitio como nuestro hogar, y, como las otras veces que nos mudamos, yo había aceptado lo que me ocurría, porque yo era una niña sin opciones. Pero en ésta, yo no iba a aceptar la decisión de Mami.

—¿Cómo puede vivir la gente así? —le grité una vez, desesperada por correr por un pastizal, de sentir hojas debajo de mis pies en vez de concreto.

—¿Vivir como qué? —preguntó Mami, mirando a su alrededor, a la cocina y la sala cruzadas con sogas llenas de pañales y sábanas tendidas.

—Unos encima de los otros. Sin espacio para hacer nada. Sin aire.

—¿Qué tú quieres? ¿Volver a Macún, a vivir como salvajes sin luz, ni agua? ¿Haciendo lo que tenemos que hacer en letrinas apestosas?

—¡Por lo menos se podía salir afuera to' los días sin que los vecinos te dispararan!

—¡Ay, Negi, déjate de estar exagerando las cosas!

—¡Odio esta vida!

—¡Pues haz algo pa' cambiarla!

Cuando el Mister Barone me habló de Performing Arts High School, supe lo que tenía que hacer.

❧ —¡Las pruebas son en menos de un mes! Tienes que aprender una escena dramática, y la vas a realizar en frente de un jurado.

Si lo haces bien, y tus notas aquí son altas, puede ser que te admitan a la escuela.

El Mister Barone se encargó de prepararme para la prueba. Seleccionó un soliloquio de una obra de Sidney Howard titulada *The Silver Cord*, montada por primera vez en 1926, pero la acción de la cual acontecía en una sala de estrado en Nueva York alrededor del año 1905.

—Mister Gatti, el maestro de gramática, te dirigirá ... Y Missis Johnson te hablará acerca de lo que te debes de poner y esas cosas.

Mi parte era la de Cristina, una joven casada confrontando a su suegra. Aprendí el soliloquio fonéticamente, bajo la dirección de Mister Gatti. Mis primeras palabras eran: *"You belong to a type that's very common in this country, Mrs. Phelps, a type of self-centered, self-pitying, son-devouring tigress, with unmentionable proclivities suppressed on the side."*

—No tenemos tiempo de aprender lo que quiere decir cada palabra —dijo Mister Gatti—. Sólo asegúrate de que las pronuncies todas.

Missis Johnson, quien era la maestra de artes domésticas, me llamó a su oficina.

—¿Así es que entras a un sitio? —me preguntó en cuanto pisé su alfombra—. Trátalo otra vez, y esta vez, no te lances adentro. Entra despacio, frente alta, espalda derecha, con una sonrisa en tu cara. Así mismo —respiré y esperé sus instrucciones—. Ahora, siéntate. ¡No, así no! ¡No te tires en la silla! Tienes que flotar hacia el asiento con las rodillas juntas —lo demostró, y yo la copié—. ¡Mucho mejor! ¿Y qué vas a hacer con las manos? No, no te aguantes la barbilla, eso no es para damas. Pon tus manos en tu falda, y déjalas ahí. No las uses tanto cuando hablas.

Me senté tiesa mientras Missis Johnson y Mister Barone me hacían preguntas que se imaginaban el jurado en Performing Arts me iba a preguntar.

—¿De dónde eres?

—De Puerto Rico.

—¡No! —dijo Missis Johnson—, Porto Rico. Pronuncia la *r* suave. Otra vez.

—¿Tienes algún *jóbi?* —me preguntó Mister Barone, y ésta vez supe cómo contestar.

—Me gusta bailar, y me gusta el cine.

—¿Por qué quieres estudiar en esta escuela?

Missis Johnson y Mister Barone me habían hecho memorizar lo que debía decir si me preguntaban eso.

—Quiero estudiar en la Performing Arts High School por su reputación académica y para recibir entrenamiento en las artes dramáticas.

—¡Muy bien! ¡Muy bien! —Mister Barone se frotó las manos y le guiñó a Missis Johnson—. Creo que nos va a salir la cosa.

—Recuerda —dijo Missis Johnson—, cuando compres tu vestido, busca algo bien simple, en colores oscuros.

Mami me compró un traje de cuadros rojos con camisa blanca, mi primer par de medias de nilón y zapatos de cuero con un bolsillito donde se le ponía una moneda de diez centavos. La noche antes de la prueba, me puso el pelo en rolos rosados que me pinchaban el cuero cabelludo y me hicieron desvelar. Para la prueba, me permitió que me pintara los ojos y los labios.

—¡Qué grande te ves! —exclamó Mami, su voz triste pero contenta, al verme dar vueltas enfrente de ella y de Tata.

—¡Toda una señorita! —añadió Tata, sus ojos lagrimosos.

Salimos hacia Manhattan un día en enero bajo un cielo nublado con la promesa de nieve.

—¿Por qué no escogiste una escuela más cerca a casa? —refunfuñó Mami al subirnos al tren que nos llevaría a Manhattan. Yo temía que, aunque me aceptaran a la escuela, ella no me dejaría ir porque quedaba tan lejos, una hora en cada dirección por tren. Pero, aunque se quejaba, estaba orgullosa de que por lo menos yo calificaba para ser considerada para una escuela tan famosa. Y hasta parecía estar excitada de que yo saldría del vecindario.

—Vas a conocer una clase de gente diferente —me aseguró, y yo sentí la fuerza de su ambición sin saber exactamente lo que eso quería decir.

❧ Tres mujeres estaban sentadas detrás de una mesa larga en un salón donde los pupitres habían sido empujados contra las paredes. Al entrar, mantuve mi frente alta y sonreí, floté hacia el asiento en frente de ellas, puse mis manos en mi falda y sonreí otra vez.

—Buenos días —dijo la señora alta con pelo color de arena. Era huesuda y sólida, con ojos intensamente azules, una boca generosa y manos suaves con uñas cortas. Estaba vestida en tintes pardos de la cabeza a los pies, sin maquillaje y sin joyas, menos la cadena de oro que amarraba sus lentes sobre un pecho amplio. Su voz era profunda, modulada, cada palabra pronunciada como si la estuviera inventando.

A su lado estaba una mujercita con tacos altísimos. Su cabello corto formaba una corona alrededor de su cara, la pollina cepillando las puntas de sus pestañas falsas. Sus ojos oscuros vestían una línea negra a su alrededor, y su boca pequeña parecía haber sido dibujada y luego pintada en rojo vivo. Su cara dorada por el sol me miró con la inocente curiosidad de un bebé listo. Estaba vestida de negro, con muchas cadenas alrededor del cuello, pantallas colgando hasta los hombros, varias pulseras y sortijas de piedras en varios colores en cuatro dedos de cada mano.

La tercera mujer era alta, delgada, pero bien formada. Su cabello negro estaba peinado contra su casco en un moño en la nuca. Su cara angular atrapaba la luz, y sus ojos, como los de un cervato, eran inteligentes y curiosos. Su nariz era derecha, sus labios llenos pintados un color de rosa un poco más vivo que su color natural. Puños de seda verde se veían bajo las mangas de su chaqueta color vino. Aretes de diamante guiñaban desde los lóbulos de orejas perfectamente formadas.

Yo había soñado con este momento durante varias semanas.

Más que nada, quería impresionar al jurado con mi talento para que me aceptaran en Performing Arts High School y para poder salir de Brooklyn todos los días, y un día nunca volver.

Pero en cuanto me enfrenté con estas tres mujeres bien cuidadas, se me olvidó el inglés que había aprendido y las lecciones que Missis Johnson me había inculcado sobre cómo portarme como una dama. En la agonía de contestar sus preguntas incomprensibles, puyaba mis manos hacia aquí y hacia allá, formando palabras con mis dedos porque no me salían por la boca.

—¿Por qué no nos dejas oír tu soliloquio ahora? —preguntó la señora de los lentes colgantes.

Me paré como asustada, y mi silla cayó patas arriba como a tres pies de donde yo estaba parada. La fui a buscar, deseando con toda mi alma que un relámpago entrara por la ventana y me hiciera cenizas allí mismo.

—No te aflijas —dijo la señora—. Sabemos que estás nerviosa.

Cerré los ojos y respiré profundamente, caminé al centro del salón y empecé mi soliloquio.

—Llu bilón tú é tayp dats beri cómo in dis contri Missis Felps. É tayp of selfcente red self pí tí in són de baurin taygrés huid on menshonabol proclibétis on de sayd.

A pesar de las instrucciones de Mister Gatti de hablar lentamente y pronunciar bien las palabras aunque no las entendiera, recité mi monólogo de tres minutos en un minuto sin respirar ni una vez.

Las pestañas falsas de la señora bajita parecían haber crecido de sorpresa. La cara serena de la señora elegante temblaba con risa controlada. La señora alta vestida de pardo me dio una sonrisa dulce.

—Gracias, querida. ¿Puedes esperar afuera un ratito?

Resistí el deseo de hacerle reverencia. El pasillo era largo, con paneles de madera angostos pegados verticalmente entre el piso y el cielo raso. Lámparas con bombillas grandes y redondas colgaban de cordones largos, creando charcos amarillos en el piso pulido. Unas muchachas como de mi edad estaban sentadas

en sillas a la orilla del corredor, esperando su turno. Me miraron
de arriba a abajo cuando salí, cerrando la puerta tras de mí.
Mami se paró de su silla al fondo del corredor. Se veía tan asustada como me sentía yo.

—¿Qué te pasó?

—Ná' —no me atrevía a hablar, porque si empezaba a contarle lo que había sucedido, empezaría a llorar enfrente de
las otras personas, cuyos ojos me seguían como si buscando se-
ñas de lo que les esperaba. Caminamos hasta la puerta de sa-
lida—. Tengo que esperar aquí un momentito.

—¿No te dijeron nada?

—No. Sólo que espere aquí.

Nos recostamos contra la pared. Enfrente de nosotras había
una pizarra de corcho con recortes de periódico acerca de grad-
uados de la escuela. En las orillas, alguien había escrito en
letras de bloque, "P.A." y el año cuando el actor, bailarín o
músico se había graduado. Cerré mis ojos y traté de imaginar
un retrato de mí contra el corcho y la leyenda "P.A. '66" en la
orilla.

La puerta al otro lado del pasillo se abrió, y la señora vestida
de pardo sacó la cabeza.

—¿Esmeralda?

—¡Presente! quiero decir, aquí —alcé la mano.

Me esperó hasta que entré al salón. Había otra muchacha
adentro, a quien me presentó como Bonnie, una estudiante en
la escuela.

—¿Sabes lo que es una pantomima? —preguntó la señora.
Señalé con la cabeza que sí—. Bonnie y tú son hermanas deco-
rando el árbol de Navidad.

Bonnie se parecía mucho a Juanita Marín, a quien yo había
visto por última vez cuatro años antes. Decidimos dónde poner
el árbol invisible, y nos sentamos en el piso y actuamos como
que estábamos sacando las decoraciones de una caja y colgán-
dolas en las ramas.

Mi familia nunca había puesto un árbol de Navidad, pero yo

me acordaba de cómo una vez yo ayudé a Papi a ponerle luces
de colores alrededor de una mata de berenjenas que dividía
nuestra parcela de la de Doña Ana. Empezamos por abajo, y le
envolvimos el cordón eléctrico con las lucecitas rojas alrededor
de la mata hasta que no nos quedaba más. Entonces Papi enchufó
otro cordón eléctrico con más luces, y seguimos envolviéndolo
hasta que las ramas se doblaban con el peso y la mata parecía
estar prendida en llamas.

En un ratito se me olvidó dónde estaba, y que el árbol no
existía, y que Bonnie no era mi hermana. Hizo como que me
pasaba una decoración bien delicada y, al yo extender la mano
para cogerla, hizo como que se me cayó y se rompió. Me asusté
de que Mami entraría gritándonos que le habíamos roto una de
sus figuras favoritas. Cuando empecé a recoger los fragmentos
delicados de cristal invisible, una voz nos interrumpió y dijo:

—Gracias.

Bonnie se paró, sonrió y se fue.

La señora elegante estiró su mano para que se la estrechara.

—Notificaremos a tu escuela en unos días. Mucho gusto en
conocerte.

Le estreché la mano a las tres señoras, y salí sin darles la
espalda, en una neblina silenciosa, como si la pantomima me
hubiera quitado la voz y el deseo de hablar.

De vuelta a casa, Mami me preguntaba qué había pasado, y
yo le contestaba, "Ná'. No pasó ná'," avergonzada de que,
después de tantas horas de práctica con Missis Johnson, Mister
Barone y Mister Gatti, después del gasto de ropa y zapatos
nuevos, después de que Mami tuvo que coger el día libre sin
paga para llevarme hasta Manhattan, después de todo eso, no
había pasado la prueba y nunca jamás saldría de Brooklyn.

EPÍLOGO:
UN DÍA
DE ÉSTOS

El mismo jíbaro con diferente caballo.

❧❧

Diez años después de mi graduación de Performing Arts High School, volví a visitar la escuela. Estaba viviendo en Boston, una estudiante becada en la universidad Harvard. La señora alta y elegante de mi prueba se había convertido en mi mentora durante mis tres años en la escuela. Después de mi graduación, se había casado con el principal de la escuela.

—Me acuerdo del día de tu prueba —me dijo, su cara angular soñadora, sus labios jugando con una sonrisa que todavía parecía tener que controlar.

Me había olvidado de la niña flaca y trigueña con el pelo enrizado, el vestido de lana y las manos inquietas. Pero ella no. Me dijo que el jurado tuvo que pedirme que esperara afuera para poderse reír, ya que les parecía tan cómico ver a aquella chica puertorriqueña de catorce años chapurreando un soliloquio acerca de una suegra posesiva durante el cambio de siglo, las palabras incomprensibles porque pasaban tan rápido.

—Admiramos el valor necesario para pararte al frente de nosotras y hacer lo que hiciste.

—¿Quiere decir que me aceptaron en la escuela no porque tenía talento, sino porque era atrevida?

Nos reímos juntas.

—¿Cuántos de tus hermanos y hermanas llegaron a la universidad?

—Ninguno. Yo soy la única todavía.

—¿Cuántos son?

—Cuando me gradué ya éramos once.

—¡Once! —me miró por un rato, hasta que tuve que bajar la vista—. ¿Piensas a veces en lo lejos que has llegado?

—No. Nunca me paro a reflexionar. Si lo hago, ahogo el impulso.

—Déjame contarte otra historia, entonces. El primer día de tu primer año, no llegaste a la escuela. Llamamos a tu casa. Me dijiste que no podías venir a la escuela porque no tenías qué ponerte. Yo no estaba segura de si estabas bromeando. Pedí hablar con tu mamá, y tú tradujiste lo que ella dijo. Necesitaba llevarte a un sitio para que le interpretaras. Primero no me querías decir a dónde, pero luego admitiste que iban para el departamento de asistencia pública. Estabas llorando, y te tuve que asegurar que tú no eras la única estudiante en la escuela que recibía asistencia pública. Al otro día, llegaste feliz y contenta. Y ahora, aquí estás, casi graduándote de Harvard.

—Gracias por hacer esa llamada.

—Y gracias a ti por venirme a visitar. Pero ahora, tengo una clase —se paró, elegante como siempre—. Cuídate.

Su abrazo cálido, fragante a perfume caro, me sorprendió.

—Gracias —le dije a su espalda.

Anduve los pasillos de la escuela, buscando el salón donde había cambiado mi vida. Quedaba al frente del laboratorio del maestro de ciencia, unas puertas más abajo del pizarrón encorchado donde alguien con letra bonita todavía escribía "P.A." seguido por el año del graduado.

—Un día de éstos —me dije a mí misma—. Un día de éstos.

LAS CHRISTMAS

Escritores Latinos Recuerdan Las Tradiciones Navideñas

edited by Esmeralda Santiago and Joie Davidow

From Julia Alvarez's tale of how Santicló delivered a beloved uncle from political oppression to Junot Díaz's story of his own uneasy assimilation on his first Christmas in America, to Sandra Cisnero's poignant memories of his late father's holiday dinners, *Las Christmas* gives us true stories from writers of many traditions—memories of Christmas and Hanukkah that vividly capture the pride and pain, joy and heartbreak, that so often accompany the holidays in the Americas.

Antologia/Festivas/0-375-70169-9

CASI UNA MUJER

by Esmeralda Santiago

Esmeralda Santiago's new memoir describes her American life that began in Brooklyn in 1961, where she shared a three-bedroom apartment with seven young siblings, an alcoholic grandmother, and a strict mother. Quick to learn English, and eager to embrace America while maintaining her Puerto Rican identity, Negi longs for her own bed, a connection to her estranged father, independence from her domineering Mami, and a place to call home.

Forthcoming from Vintage Español in October 1999
Memoir/0-375-70526-0